Erfahrungswissen in der Zivilgesellschaft

Sonja Kubisch • Mario Störkle

Erfahrungswissen in der Zivilgesellschaft

Eine rekonstruktive Studie zum nachberuflichen Engagement

 Springer VS

Prof. Dr. Sonja Kubisch
Fakultät für Angewandte
Sozialwissenschaften
Fachhochschule Köln
Köln, Deutschland

Mario Störkle
Institut für Soziokulturelle Entwicklung
Hochschule Luzern – Soziale Arbeit
Luzern, Schweiz

Die Publikation und die ihr zugrunde liegende Studie wurden von der Hochschule Luzern – Soziale Arbeit und dem Migros-Kulturprozent (Schweiz) gefördert.

ISBN 978-3-658-02101-6   ISBN 978-3-658-02102-3 (eBook)
DOI 10.1007/978-3-658-02102-3

Die Deutsche Nationalbibliothek verzeichnet diese Publikation in der Deutschen Nationalbibliografie; detaillierte bibliografische Daten sind im Internet über http://dnb.d-nb.de abrufbar.

Springer VS
© Springer Fachmedien Wiesbaden 2016

Lektorat: Anja Feldhorst (Berlin)

Gedruckt auf säurefreiem und chlorfrei gebleichtem Papier

Springer Fachmedien Wiesbaden ist Teil der Fachverlagsgruppe Springer Science+Business Media
(www.springer.com)

Danksagung

„Erfahrungen gibt es überhaupt nicht von einer gesicherten Position aus, auch nicht der einer ausgearbeiteten wissenschaftlichen Fragestellung, sondern um Erfahrungen zu machen, muß man sich engagieren, man muß sich dem aussetzen, was an Unerwartetem auf einen zukommt. Erfahrungen gibt es nur, wenn man offen ist für das, was einem an Unerwartetem entgegentritt."

(Bollnow 2013: 30)

Zuallererst möchten wir uns bei den Innovage-Berater/inne/n für ihre Beteiligung an der Studie bedanken. Sie haben uns wertvolle Einblicke in die Praxis ihres bürgerschaftlichen Engagements gewährt. Die Ernsthaftigkeit, mit der sie sich diesem widmen, ihr Interesse an der Reflexion und ihr Anliegen, Innovage zu einem Erfolgsprojekt zu machen, haben uns sehr beeindruckt. Danken möchten wir auch den Kooperationspartner/inne/n von Innovage, die sich für Interviews zur Verfügung gestellt haben.

Unser Dank gilt ferner den Auftraggeber/inne/n und Financiers der Studie, die zugleich die Initiator/inn/en von Innovage sind: Colette Peter von der Hochschule Luzern – Soziale Arbeit und Heinz Altorfer vom Migros-Kulturprozent haben die Studie nicht nur ermöglicht, sie waren uns auch aufmerksame Gesprächspartner/innen und haben uns mit ihrem Interesse an neuen Erkenntnissen bei der Arbeit an dem Buch motiviert und inspiriert.

Als Forscher/innen haben wir Innovage von einem anderen Standort aus betrachtet als die freiwillig engagierten Innovage-Berater/innen, die Kooperationspartner/innen und die Initiator/inn/en des Projekts. Nicht in die alltägliche Praxis von Innovage involviert, gelangten wir vor dem Hintergrund unserer Fragestellungen und auf der Basis systematischer Rekonstruktionen zu vermutlich anderen Sichtweisen und Erkenntnissen als die genannten Akteurinnen und Akteure. Wir würden uns freuen, wenn die Differenz der Perspektiven als interessante Bereicherung verstanden würde und auch möglicherweise irritierende Erkenntnisse unserer Studie für produktive Diskussionen im Rahmen von Innovage und darüber hinaus genutzt würden.

Bedanken möchten wir uns des Weiteren bei Bernhard Soland und Rike Stotten, die als wissenschaftliche Mitarbeiter/innen an der Hochschule Luzern an der Erhebung und Auswertung der Daten beteiligt waren, bei den studentischen Mitarbeiter/inne/n, die die Interviews und Gruppendiskussionen transkribiert haben, sowie bei Anja Feldhorst und Anette Villnow für die angenehme Zusammenarbeit und das sorgfältige Lektorat. Ralf Bohnsack und Sarah Thomsen danken wir für wertvolle Hinweise zu verschiedenen Kapiteln des Buches.

Nicht zuletzt haben wir uns über die Unterstützung und Nachsicht unserer Familien, Freundinnen und Freunde gefreut. Schließlich nimmt so ein Buchprojekt viele Stunden Lebenszeit in Anspruch, in denen man auch gemeinsam hätte fremde Städte erkunden, Berge erklimmen, Musik machen und hören, Kaffee trinken und plaudern oder auf der Wiese in der Sonne liegen können …

Sonja Kubisch und Mario Störkle
Köln und Zürich, im Juli 2015

Inhalt

Einleitung

„also ich muss sagen wenn meine Agenda nicht einfach da, äh einfach voll Terminen ist, dann dann habe ich mit mir ein Problem, weil ich bin ja immer so getickt, oder. wieso soll ich jetzt einfach nur weil ich jetzt pensioniert bin, plötzlich anfangen kontemplativ in der Gegend herumzulatschen."

(Innovage-Berater, Gruppe Lima, II, 97-101)

Die vorliegende Studie handelt vom bürgerschaftlichen Engagement in der nachberuflichen Lebensphase. Diejenigen, die im Mittelpunkt der Studie stehen, haben sich entschieden, ihre freie Zeit nach Beendigung des Berufslebens und der aktiven Familienphase dafür zu nutzen, sich freiwillig zu engagieren, ihre Erfahrungen, Kenntnisse und Kompetenzen, ihre Zeit und Energie also anderen zur Verfügung zu stellen. Sie tun dies, indem sie gemeinnützige Initiativen und Organisationen beraten oder diese zeitweise bei der Planung und Realisierung spezifischer Projekte unterstützen, d. h., sie gehen Kooperationen mit anderen Akteuren und Akteurinnen in der Zivilgesellschaft ein. Dabei organisieren sie sich selbst in regionalen Netzwerken. Die Studie interessiert sich am Beispiel des Schweizer Projekts *Innovage* für diese *Praxis der Selbstorganisation in Netzwerken der Zivilgesellschaft* sowie für das *Erfahrungswissen der älteren Engagierten*. Sie wendet sich damit gesellschaftlich und wissenschaftlich aktuellen und hochrelevanten Themen zu, die im Schnittfeld von Engagement- und Alterspolitik bzw. -forschung zu verorten sind.

Mit dem *bürgerschaftlichen Engagement* werden gegenwärtig vielfältige Hoffnungen und Erwartungen im Hinblick darauf verbunden, wie mit den komplexen gesellschaftlichen Herausforderungen, der globalisierten Wirtschaft, der Krise des Sozialstaats oder dem demografischen Wandel – um nur einige zu nennen –, umgegangen werden kann. Da Staat und Markt bei der Bewältigung dieser Herausforderungen zunehmend an ihre Grenzen geraten, wird die Entwicklung neuer Strategien für notwendig erachtet, bei denen der Zivilgesellschaft eine bedeutsame Rolle zugesprochen wird und die auch neue Formen von Bürgerbeteiligung und sektorenübergreifender Kooperation implizieren (vgl. z. B. Stadelmann-Steffen et al. 2010: 25, Klie 2013, Olk et al. 2011). Zudem wird aktuell immer wieder auf die wichtige Funktion von bürgerschaftlichem Engagement verwiesen, soziale Teilhabe und gesellschaftlichen Zusammenhalt zu

fördern. Bürgerschaftliches Engagement, so heißt es, ist der „soziale Kitt", der
die Gesellschaft zusammenhält (Peter 2010: 140).

Quantitative Studien wie der Freiwilligensurvey in Deutschland oder der
Freiwilligen-Monitor in der Schweiz belegen den hohen Anteil von etwa einem
Drittel bzw. einem Viertel der jeweiligen Wohnbevölkerung, der sich freiwillig
engagiert bzw. im Sinne formeller Freiwilligkeit tätig ist (vgl. Gensicke et al.
2010: 5ff., Stadelmann-Steffen et al. 2010: 15ff.).[1] Darüber hinaus stellt der Freiwilligensurvey fest, dass eine ebenfalls vergleichsweise große Anzahl der Befragten, die noch nicht engagiert sind, sich vorstellen könnte, sich zukünftig zu
engagieren (vgl. Gensicke et al. 2010: 127), und dass ein Teil der bereits Engagierten bereit wäre, das Engagement auszuweiten (vgl. ebd.: 109).[2] Vor diesem
Hintergrund überrascht es kaum, dass von Seiten vieler politischer, öffentlicher
und wissenschaftlicher Akteurinnen und Akteure bessere Rahmenbedingungen
zur Förderung von bürgerschaftlichem Engagement gefordert werden, die geeignet sind, solche Engagementpotenziale zu heben und bestehendes Engagement
zu stabilisieren (vgl. z. B. ebd.: 46).

Im Zuge des demografischen Wandels rückt seit einigen Jahren eine Gruppe
bei der Förderung des bürgerschaftlichen Engagements besonders in den Blick
des sozialpolitischen Interesses: die Gruppe der *älteren Menschen*. Deren Potenziale werden herausgestellt (vgl. BMFSFJ 2010, 2005), und der „hohe gesellschaftliche Nutzen des Engagements älterer Menschen" für Wirtschaft und Gesellschaft betont (BMFSFJ 2005: 381). Der Fokus ist dabei hauptsächlich auf die
Gruppe der so genannten „neuen Alten"[3] (vgl. z. B. Aner et al. 2007) oder „jun-

---

1   In den genannten Studien in Deutschland und in der Schweiz werden unterschiedliche Begriffe
     bzw. Konzepte verwendet: freiwilliges Engagement und öffentliche Aktivitäten auf der einen
     Seite, formelle und informelle Freiwilligkeit auf der anderen Seite. Im Freiwilligensurvey wird
     zudem die deutsche Wohnbevölkerung ab 14 Jahren berücksichtigt, im Freiwilligen-Monitor
     die Schweizer ständige Wohnbevölkerung ab 15 Jahren (siehe ausführlich dazu Kap. 2).
2   Der Freiwilligensurvey hat für das Erhebungsjahr 2009 festgestellt, dass unter den nicht Enga-
     gierten 11 % „bestimmt bereit" und 26 % „eventuell bereit" waren, sich zukünftig zu engagie-
     ren (Gensicke et al. 2010: 127). Weiterhin hat die Bereitschaft zur Ausdehnung des Engage-
     ments seit 1999 über alle Altersgruppen hinweg zugenommen; waren 1999 bei den 14- bis 30-
     Jährigen bspw. 17 % der Engagierten bereit, das Engagement auszuweiten, so waren es 2009
     bereits 23 %. Ähnliche Zuwächse sind auch für andere Altersgruppen zu verzeichnen: von
     12 % auf 17 % bei den 31- bis 45-Jährigen, von 11 % auf 16 % bei den 45- bis 65-Jährigen und
     von 5 % auf 8 % bei den 66-Jährigen und älteren (vgl. ebd.: 109).
3   Es gab bzw. gibt unterschiedliche Auffassungen dazu, welche Kohorten bzw. Generationen die
     Gruppe der „neuen" Alten bilden. In den Diskussionen, die Ende der 1980er-Jahre geführt
     wurden, wurden mit diesem Begriff die vor und nach 1930 Geborenen bezeichnet (vgl. Karl
     2012: 7). Rosenmayr setzt die Zäsur dort, wo die 1968er-Generation ins Alter kommt (vgl.
     2002: 7).

gen Alten"[4] (vgl. z. B. Denninger et al. 2014, van Dyk/Lessenich 2009) gerichtet, die noch bei guter Gesundheit sind, über eine höhere Lebenserwartung, bessere Bildung sowie ein besseres Einkommen verfügen als frühere Generationen und daran interessiert sind, einen aktiven Lebensstil bis ins hohe Alter hinein zu pflegen (vgl. z. B. BMFSFJ 2005, Gensicke et al. 2010, Höpflinger 2009).[5] So wird bei dieser Gruppe eine zunehmende Bereitschaft angenommen, sich zu engagieren und die zeitlebens gesammelten Kompetenzen und Erfahrungen weiterzugeben (vgl. z. B. Gensicke et al. 2010: 38, BBE 2007: 5). Zugleich werden die positiven Effekte des Engagements für die Älteren selbst, z. B. durch eine Eröffnung neuer Möglichkeiten nachberuflicher Sinnerfahrung, Aktivität und Teilhabe, betont (vgl. z. B. Zeman 2008, Klie 2013). „Active Aging" ist zu einem gesellschaftlichen Leitbild avanciert.[6]

Die gegenwärtige „Neuverhandlung des Alters in der Aktivgesellschaft" (Denninger et al. 2014) wird im Zusammenhang mit den Transformationen des Sozialstaats allerdings auch durchaus kritisch diskutiert:

> „Ein absehbar steigender Anteil älterer Menschen an der Gesamtbevölkerung auf der einen, im weitesten Sinne jüngere Alte auf der anderen Seite: Was läge da in Zeiten, da sozialstaatliche Leistungssysteme als zunehmend schwer finanzierbar gedeutet und allfällige Lebensrisiken – von der Arbeitslosigkeit bis zur Pflegebedürftigkeit – tendenziell individualisiert werden, funktionslogisch näher, als das neue Nicht-Alter der ehedem Alten als sozialpolitische Ressource zu entdecken?" (ebd.: 10)

Aus gouvernementalitätstheoretischer Perspektive wird das altenpolitische Leitkonzept eines aktiven Alters in diesem Zusammenhang als diskursive Anrufung, konkreter: als eine „politische Anleitung zur persönlichen Selbststeuerung in aktivistischer Absicht" (ebd.: 14) gedeutet, die letztlich geeignet ist, auch ältere Menschen zu „funktionsfähigen Subjekt[en]" auf den Wohlfahrtsmärkten werden zu lassen (ebd.: 13).[7]

---

4   Mit diesem Begriff wird eine Differenz zum „alten Alter" bzw. zur Hochaltrigkeit markiert. In der Gerontologie wird auch zwischen dem Dritten und dem Vierten Alter unterschieden, was als Alternative oder als Weiterentwicklung der Differenzierung zwischen dem „jungen" und „alten Alter" betrachtet wird (vgl. z. B. Baltes/Smith 2003: 124f.).

5   Für Deutschland bietet der Alterssurvey auf der Basis einer Langzeitstudie differenzierte Ergebnisse zum Wandel der Lebenssituation und Lebensqualität in der zweiten Lebenshälfte (vgl. Motel-Klingebiel et al. 2010).

6   Die Weltgesundheitsorganisation hat „Active Aging" bereits 2002 zu einem Leitbild erklärt (vgl. z. B. WHO 2002). 2012 rief die Europäische Union das Jahr des „Aktiven Alterns und der Solidarität zwischen den Generationen" aus.

7   Dieser Diskurs wird in Deutschland geführt und bezieht sich auf die Entwicklungen in Deutschland. In der Schweiz deuten die Publikationen nicht auf einen vergleichbaren Diskurs hin.

Dass in Sozialpolitik und Wissenschaft die *Schnittstelle zwischen Engagement- und Alterspolitik bzw. -forschung* zunehmend Aufmerksamkeit erfährt, darauf deutet unter anderem eine Konferenz mit dem Titel „Die Vielfalt gestalten! Senioren- und engagementpolitische Herausforderungen vor Ort" hin, die das Bundesministerium für Familie, Senioren, Frauen und Jugend Ende 2014 in Berlin veranstaltete, um die gemeinsamen Fragen und Themen des siebten Altenberichts sowie des zweiten Engagementberichts zu diskutieren (BMFSFJ 2015). Beide Berichte, die 2015 erscheinen, befassen sich mit kommunaler Politik, lokalen Strukturen und Netzwerken sowie der Entwicklung des Gemeinwesens. Sie sollen Antworten auf die Fragen geben, was Kommunen dazu beitragen können, dass sich Menschen aller Altersstufen im Wohnquartier gegenseitig unterstützen, und wie Professionelle und bürgerschaftlich Engagierte bei der Unterstützung älterer Menschen erfolgreich zusammenarbeiten können (vgl. ebd.). Die Stoßrichtung der Konferenz und der Berichte zeigt, wie bedeutsam das praktische Zusammenwirken von Engagementförderung und Altenarbeit ist. Dies gilt sowohl im Hinblick auf zukünftige Sorgestrukturen für ältere Menschen als auch in Bezug auf entsprechende Rahmenbedingungen und Formen des Engagements, die den Interessen und Bedürfnissen älterer Menschen Rechnung tragen (vgl. dazu auch Zeman 2008, 2010).

Vor diesem Hintergrund wird das bürgerschaftliche Engagement älterer Menschen auch zu einem Thema der *Sozialen Arbeit*. Zum einen findet ein großer Teil dieses Engagements in den Organisationen Sozialer Arbeit bzw. den Spitzenverbänden der freien Wohlfahrtspflege, ihren Mitgliedsorganisationen und Einrichtungen statt. Zum anderen sind die genannten Organisationen gefordert, auf kommunaler Ebene mit neuen Zusammenschlüssen älterer freiwillig Engagierter zu kooperieren. Dass der in den letzten Jahrzehnten festgestellte und viel diskutierte Wandel von Organisationen der Sozialen Arbeit auch am bürgerschaftlichen Engagement nicht spurlos vorübergeht, darauf weisen aktuelle Studien in diesem nach wie vor wenig erforschten Feld hin (vgl. z. B. Backhaus-Maul et al. 2015, Rauschenbach/Zimmer 2011). Festgestellt werden muss, dass in den Fachdiskursen der Sozialen Arbeit nicht nur das bürgerschaftliche Engagement eher wenig Aufmerksamkeit erfährt, sondern auch „der Themenkreis Alter(n) keine prominente Rolle [spielt]" (Hammerschmidt et al 2014: 9).

In der Schweiz hat sich das Projekt *Innovage* zum Ziel gesetzt, das freiwillige Engagement[8] älterer Menschen zu fördern und das „Potential der älteren

---

8   In der Engagementdiskussion in Deutschland und der Schweiz werden unterschiedliche Begriffe verwendet. Während in der Schweiz hauptsächlich von „freiwilligem Engagement" gesprochen wird, hat sich im deutschen Fachdiskurs die Bezeichnung „bürgerschaftliches Engagement" etabliert. Da sich die Publikation auf beide Diskurse bezieht, wäre die Bezeichnung „bürgerschaftliches resp. freiwilliges Engagement" nahe liegend, um beiden Bereichen voll-

Generation [zu] nutzen" (Altorfer/Peter 2010: 11). Dieses Projekt bildete das Feld, in dem die vorliegende Studie ihren Erkenntnisinteressen im Hinblick auf die Selbstorganisation in der Zivilgesellschaft und das Erfahrungswissen älterer Menschen nachgegangen ist.

Innovage spricht vorrangig hoch qualifizierte Menschen in der nachberuflichen Lebensphase an, die ihr Erfahrungswissen in zivilgesellschaftliche Projekte einbringen möchten. Während des Erhebungszeitraums der Studie waren über 100 ältere Menschen in der Schweiz als Innovage-Berater/innen aktiv. Bevor sie sich freiwillig engagieren, absolvieren Interessierte eine Weiterbildung[9], in der sie sich mit Fragen der Zivilgesellschaft auseinandersetzen, ihr Erfahrungswissen reflektieren und eigene Projektideen entwickeln. Nach Abschluss der Weiterbildung unterstützen und beraten die Innovage-Berater/innen auf Anfrage zivilgesellschaftliche Organisationen und Projekte für eine befristete Zeit oder realisieren eigene Projektideen gemeinsam mit anderen (vgl. Bühlmann 2010).

Innovage wurde 2006 vom Migros-Kulturprozent[10] initiiert und im Folgenden finanziell gefördert. Die Hochschule Luzern – Soziale Arbeit war gemeinsam mit dem Migros-Kulturprozent für die Gesamtsteuerung des Programms verantwortlich. Beide Institutionen finanzierten auch die vorliegende Studie, die dazu dient, grundlegendes Wissen zum selbstorganisierten nachberuflichen Engagement zu generieren. Im Zeitraum der Erhebung wurde Innovage an sechs Standorten in der Schweiz realisiert.[11] An diesen Standorten haben die Innovage-Berater/innen regionale Netzwerke gebildet, die sich in der Rechtsform von Vereinen selbst organisieren. Von 2009 an haben sie zunehmend auch Aufgaben übernommen, die der schweizweiten Vernetzung von Innovage dienen. Seit Mitte 2010 wird Innovage von den älteren Engagierten in Selbstorganisation fortgeführt. Heute delegieren insgesamt neun Innovage-Netzwerke je eine Vertretung in die Innovage-Geschäftsleitung „innovage.ch", die die Aktivitäten schweizweit koordiniert. Zwei Stiftungen konnten für die finanzielle Unterstüt-

---

ständig gerecht zu werden. Aufgrund der besseren Lesbarkeit haben sich die Autor/inn/en entschieden, im Folgenden in der Publikation durchgängig die Bezeichnung „bürgerschaftliches Engagement" zu verwenden, womit dann – falls nicht gesondert beschrieben – das Engagement in Deutschland ebenso wie in der Schweiz gemeint ist. Zu den Begrifflichkeiten siehe auch Kap. 2.1.

9   Die Weiterbildung im Rahmen von Innovage war nicht Gegenstand der vorliegenden Studie.

10   Im Migros-Kulturprozent (Schweiz) ist das unternehmerische Engagement der genossenschaftlich organisierten Migros institutionalisiert, das sich aus Beiträgen des Migros-Genossenschafts-Bundes und der Migros-Genossenschaften speist. Initiiert und finanziert werden Aktivitäten und Projekte in den Bereichen Kultur, Gesellschaft, Bildung, Freizeit und Wirtschaft (www.migros-kulturprozent.ch).

11   Die Standorte waren: Bern-Solothurn, Nordwestschweiz, Ostschweiz, Suisse Romande, Zentralschweiz und Zürich. Mittlerweile bestehen weitere Netzwerke im Tessin, im Oberwallis und in Graubünden (siehe www.innovage.ch).

zung des Projekts gewonnen werden, und das Migros-Kulturprozent steht Innovage auch weiterhin beratend zur Seite.

Die Initiierung von Innovage in der Schweiz wurde vom *Bundesmodellprogramm „Erfahrungswissen für Initiativen" (EFI)* inspiriert, das von 2002 bis 2006 in Deutschland durchgeführt wurde. Rund 1.000 ältere Menschen engagierten sich in diesem Rahmen als seniorTrainer/innen. Anschließend wurde das Programm in verschiedenen Bundesländern fortgeführt. Die freiwillig Engagierten gründeten die Bundesarbeitsgemeinschaft seniorTrainer/in, um die im Laufe der Zeit gesammelten Erfahrungen zu bündeln und allen Bundesländern zur Verfügung zu stellen.[12] Teil des vom Bundesministerium für Familie, Senioren, Frauen und Jugend finanzierten Programms war eine umfassende Begleitforschung, deren Erkenntnisse und Ergebnisse ebenso wie die Beiträge des wissenschaftlichen Beirats in verschiedenen Veröffentlichungen dokumentiert sind (vgl. Braun et al. 2004, 2005, Engels et al. 2007, Karl et al. 2008). Darüber hinaus wurden Konzeptionen für Weiterbildung und Engagementförderung in Form von Rahmencurricula und Leitfäden einer breiten Öffentlichkeit zugänglich gemacht (vgl. Knopf/Hinsching 2002, Bischoff et al. 2005, Burmeister et al. 2005).

Mit dem Projekt Innovage in der Schweiz wurde ebenso wie mit dem Bundesmodellprogramm Erfahrungswissen für Initiativen[13] in Deutschland ein *neuer Weg der Engagementförderung älterer Menschen* beschritten[14], da diese nicht einfach in zivilgesellschaftliche Organisationen ‚vermittelt' und dort langfristig ‚eingesetzt' werden, sondern ausgehend von ihren Interessen, ihrem Erfahrungswissen und dem regional festgestellten Bedarf eigene Projekte entwickeln oder sich befristet für zivilgesellschaftliche Organisationen engagieren, für die sie Projekte konzipieren und umsetzen oder die sie in spezifischen Fragen beraten. Der erste Generationenbericht der Schweiz hob Innovage entsprechend als eine Initiative hervor, die die wachsenden Kompetenzen älterer Menschen gesellschaftlich nutzbar macht (vgl. Höpflinger/Perrig-Chiello 2008: 351). Die selbstorganisierten Netzwerkstrukturen von Innovage dienen – wie die seniorKompetenzteams im Modellprogramm Erfahrungswissen für Initiativen – der Kooperation der Berater/innen untereinander, stellen aber auch sicher, dass ihr Engagement öffentlich wahrgenommen wird, sodass Interessierte sich auf der Basis freiwilligen Engagements beteiligen und zivilgesellschaftliche Organisationen ihre Anliegen adressieren können.

---

12   Siehe http://seniortrainer.net/home/.

13   Vgl. zu weiteren Modellprogrammen des Bundes, die auf das Modellprogramm „Erfahrungswissen für Initiativen" folgten (z. B. „Aktiv im Alter" sowie Ansätze im Bereich der Freiwilligendienste), z. B. Wegner 2014.

14   Im Rahmen des Bundesmodellprogramms „Erfahrungswissen für Initiativen" war in diesem Zusammenhang von einer „neuen Verantwortungsrolle" die Rede (vgl. z. B. Engels et al. 2007).

Jenseits der erwähnten Begleitforschung sind innovative Formen des bürgerschaftlichen Engagements Älterer, wie sie bei Innovage, im Modellprogramm Erfahrungswissen für Initiativen oder vergleichbaren Projekten in anderen Ländern[15] umgesetzt wurden, noch kaum erforscht. Betrachtet man den *Forschungsstand* zum bürgerschaftlichen Engagement älterer Menschen (s. Kap. 2.4), so findet man für die Schweiz und Deutschland etablierte, auf Repräsentativität ausgerichtete quantitative Studien vor, auf deren Basis Aussagen zu Umfang, Ausprägung, Motivation und regionalen Besonderheiten des bürgerschaftlichen Engagements im Allgemeinen und des Engagements älterer Menschen im Speziellen gemacht werden können. Dazu gehören etwa der bereits erwähnte Freiwilligen-Monitor (vgl. Stadelmann-Steffen et al. 2010), der Freiwilligensurvey (vgl. Gensicke et al. 2010) oder auch der Deutsche Alterssurvey (vgl. Motel-Klingebiel et al. 2010). Anders ist die Situation bei qualitativen Studien. So weisen etwa Klein und Schwalb im Rahmen einer Forschungsexpertise zum Ersten Engagementbericht auf einen Bedarf an qualitativen Daten hin, der sich auf das Engagement im Allgemeinen bezieht (vgl. 2013: 8). Dieser Bedarf ist unserer Meinung nach auch mit Blick auf das nachberufliche Engagement im Speziellen zu konstatieren. Neben Berichten, die im Rahmen von Begleitforschungen entstanden sind, und Studien, die sich für die Selbstpositionierungen älterer Menschen interessieren (vgl. Denninger et al. 2014), liegen in diesem Bereich Studien vor, die sich dem bürgerschaftlichen Engagement älterer Menschen in biografieanalytischer Perspektive nähern, also das individuelle Engagement in den Blick nehmen. In der Auswertung verfahren diese Studien überwiegend kategorienbildend und verbleiben damit auf der Ebene des reflexiven Wissens (vgl. z. B. Aner 2005, Steinfort 2010). Sie leisten damit ohne Frage wertvolle Beiträge im Hinblick auf spezifische Aspekte des nachberuflichen Engagements. Es mangelt jedoch an Studien, die das bürgerschaftliche Engagement älterer Menschen in seiner *Kollektivität* erfassen und einen Zugang zu den *impliziten Wissensbeständen und Orientierungen* der Akteurinnen und Akteure eröffnen.

Diese Aspekte fokussierend ist die vorliegende Studie als *rekonstruktive Studie* angelegt (vgl. Bohnsack 2010a). Sie nimmt das Projekt Innovage zum Ausgangspunkt, um *Selbstorganisation* und *Erfahrungswissen* im nachberuflichen Engagement zu erforschen. Im Hinblick auf diese zentralen Begriffe schließt sie zunächst an Diskurse an, die sich aus verschiedenen Disziplinen

---

15 Projekte, die mit dem Schweizer Projekt Innovage und dem deutschen Modellprogramm Erfahrungswissen für Initiativen (EFI) vergleichbar sind, gibt es auch in anderen europäischen Ländern. Zu nennen sind die „Ausbildung zum Seniorenberater" in Belgien sowie die SESAM Academie in den Niederlanden. Zusammen mit dem Modellprogramm EFI bildeten sie den Ausgangspunkt für vier Pilotprojekte, die im Rahmen des EU-Projekts „Lifelong Learning and Active Citizenship in Europe's Ageing Society (LACE)" (2005-2007) in Slowenien, Irland, Spanien und Italien durchgeführt wurden (vgl. Brauers 2008).

(bspw. den Politikwissenschaften) speisen. Sie entwickelt die Begriffe dann in
der Auseinandersetzung mit metatheoretischen Konzepten dergestalt weiter, dass
sie im Rahmen einer rekonstruktiven Studie empirisch gefüllt und so genauer
bestimmt werden können.
    Der Begriff der *Selbstorganisation* spielt in Diskursen zur Zivil- bzw. Bür-
gergesellschaft eine zentrale Rolle (s. Kap. 1.1, 1.2). So sah die Enquete-
Kommission „Zukunft des Bürgerschaftlichen Engagements" des Deutschen
Bundestages in der Bürgergesellschaft

> „eine gesellschaftliche Lebensform, in der sowohl den bürgerschaftlich Engagierten als auch
> ihren vielfältigen Formen und Vereinigungen mehr Raum für Selbstbestimmung und Selbst-
> organisation überlassen wird" (Enquete-Kommission 2002: 25).

Mit dem Begriff der Selbstorganisation werden zum einen die verschiedenen
zivilgesellschaftlichen Organisationen zwischen Staat, Markt und Familie charakterisiert (vgl. WZB 2009: 14), zum anderen werden Selbstorganisation und
Selbstständigkeit als wesentliche Aspekte des Handelns in der Zivilgesellschaft
verstanden, das – und hier deutet sich die normative Färbung des Begriffs an –
u. a. auf Verständigung zielt und durch eine Orientierung am Gemeinwohl gekennzeichnet ist (ebd.). Enger gefasst verweist der Begriff der Selbstorganisation
im Rahmen von Bundesmodellprogrammen, die auf die Förderung des Engagements älterer Menschen zielten („Selbstorganisation älterer Menschen", „Erfahrungswissen für Initiativen"), auf neue Engagementformen. Diese unterscheiden
sich vom traditionellen Ehrenamt durch ein höheres Maß an Gestaltungs- und
Partizipationsmöglichkeiten, insbesondere weil die Engagierten hier unter Berücksichtigung ihrer Interessen und Zielsetzungen eigene Angebote aufbauen
und neue Organisationsformen schaffen (vgl. Breithecker 2008: 193f.).
    Als eine spezifische, von Bürger/inne/n geschaffene Organisationsform er-
fahren *Netzwerke* im Bereich des bürgerschaftlichen Engagements seit einigen
Jahren zunehmend Aufmerksamkeit (s. Kap. 1.3), denn ihnen werden Merkmale
zugesprochen, die besonders gut mit den spezifischen Anforderungen bürgerschaftlichen Engagements einhergehen (vgl. z. B. Olk 2005, Olk et al. 2011,
Röbke 2009, Rüttgers 2011). Allerdings sind Netzwerke engagierter Bür-
ger/innen empirisch noch kaum untersucht.
    In ähnlicher Weise wird auch das *Erfahrungswissen* älterer Menschen (s.
Kap. 2.3) innerhalb gerontologischer Diskurse zwar immer wieder thematisiert
und zum Teil auch theoretisch bestimmt (vgl. z. B. Bubolz-Lutz 2012, Knopf
1989, Rosenmayr 2010, Zeman 2002, Zeman/Kubisch 2005), jedoch mangelt es
auch hier an Studien, die das Erfahrungswissen empirisch aufzuschließen ver-
mögen. Zwar finden sich durchaus kritische Reflexionen zu den Voraussetzungen der Weitergabe des Erfahrungswissens, doch was genau vonstattengeht,

wenn sich ältere Menschen in für sie zum Teil neuen Kontexten und in Kooperation mit anderen engagieren, und in welcher Weise hier Erfahrung(swissen) mit ins Spiel kommt, ist bislang noch weitgehend unerforscht. Es liegen verschiedene Definitionen dazu vor, was unter Erfahrungswissen beispielsweise im Verhältnis zu anderen Formen des Wissens zu verstehen ist. Weitgehend einig ist man sich, dass es sich beim Erfahrungswissen in erster Linie um ein *handlungspraktisches und implizites Wissen* handelt. Dieses „implizite Wissen" (Polanyi 1985) oder auch ,atheoretische Wissen' (vgl. z. B. Mannheim 1980: 71ff., 2004: 107ff.) steht im Zentrum der vorliegenden Studie.

Die *dokumentarische Methode* und deren Grundlagentheorie, die *praxeologische Wissenssoziologie* (vgl. z. B. Bohnsack 2010a, 2013a, s. Kap. 3), unterscheiden im Anschluss an Mannheim grundlegend zwischen einem *kommunikativen* und einem *konjunktiven Wissen*. Dabei wird davon ausgegangen, dass alltägliche Verständigung und Interaktion immer eine „Doppelstruktur" aufweisen (Bohnsack 2011a: 42, s. Kap. 3), also beide Arten des Wissens enthalten. Während es sich beim kommunikativ-generalisierten Wissen um ein öffentliches Wissen handelt, das den Akteuren und Akteurinnen reflexiv zugänglich ist, hat das konjunktive Wissen seinen Ursprung in kollektiv geteilter Praxis und orientiert Wahrnehmung und Handeln präreflexiv. Einen Zugang zu diesem konjunktiven Wissen zu eröffnen, ist das Anliegen der dokumentarischen Methode (vgl. z. B. Bohnsack 2010b). Die dargelegte methodologische Positionierung bestimmt die Analyseeinstellung der Studie. Selbstorganisation und Erfahrungswissen werden aus einer spezifischen Perspektive beleuchtet, die als *praxeologisch* bezeichnet wird.

Die Studie wurde in zwei Teilprojekten durchgeführt, denen jeweils unterschiedliche Erkenntnisinteressen zugrunde liegen (s. Kap. 3.5) und die dementsprechend auch methodisch unterschiedlich ausgerichtet sind (s. Kap. 4).

Das Teilprojekt 1 richtet seinen Fokus auf die Selbstorganisation in den Innovage-Netzwerken. Aus der Perspektive der dokumentarischen Methode geht es dabei um die Frage, wie die Akteurinnen und Akteure sich im nachberuflichen Engagement selbst organisieren. Welche Aufgaben und Problemstellungen sind von den freiwillig Engagierten zu bewältigen und wie gehen sie diese an? Damit steht also die Praxis der Selbstorganisation im Zentrum des Erkenntnisinteresses. Diese wird als eine kollektive Praxis begriffen, der bestimmte handlungsleitende Orientierungen zugrunde liegen. Vor diesem Hintergrund wurden Gruppendiskussionen an den damals existierenden sechs Standorten von Innovage durchgeführt.

Teilprojekt 2 nimmt das Erfahrungswissen der freiwillig Engagierten in den Blick. Die Studie widmet sich dazu der Frage, wie die Innovage-Berater/innen Situation und Entwicklung in den Projekten, in denen sie sich engagieren, vor dem Hintergrund ihrer Erfahrungen wahrnehmen und wie sie das (kooperative) Engagement auf der Basis ihres Erfahrungswissens gestalten. Darüber hinaus interessiert sich das Teilprojekt für die Perspektive der Kooperationspartner/innen: Wie nehmen sie die Innovage-Berater/innen, deren Erfahrungen und handlungspraktische Gewohnheiten wahr? Es interessieren also die Perspektiven der verschiedenen an den Kooperationen Beteiligten. Vor diesem Hintergrund wurden an zwei ausgesuchten Standorten narrative Interviews mit Innovage-Berater/inne/n und deren jeweiligen Kooperationspartner/inne/n in zivilgesellschaftlichen Initiativen bzw. Organisationen durchgeführt.

Im Sinne praxisorientierter Forschung wurden während des gesamten Forschungsprozesses Zwischenergebnisse an die beteiligten Akteurinnen und Akteure – Programminitiator/inn/en bzw. Auftraggeber/innen der Studie sowie freiwillig engagierte Innovage-Berater/innen – zurückgemeldet und mit ihnen diskutiert. Dies geschah im Rahmen von *Feedbackgesprächen*, wie sie insbesondere in der dokumentarischen Evaluationsforschung üblich sind (vgl. z. B. Bohnsack/Nentwig-Gesemann 2010, Lamprecht 2012, Kubisch/Lamprecht 2013). So konnte die Studie, auch wenn sie nicht als Begleit- oder Evaluationsforschung angelegt war, im Prozess einen Beitrag zur Reflexion und Weiterentwicklung der Praxis im Rahmen von Innovage leisten.

Zugleich ist die Studie auf die Generierung grundlegender Erkenntnisse ausgerichtet, und hierauf fokussiert die vorliegende Veröffentlichung. Sie möchte in diesem Sinne die Konzepte der „Selbstorganisation" und des „Erfahrungswissens" auf der Basis empirischer Rekonstruktionen und (meta-)theoretischer Reflexionen einer genaueren Bestimmung zuführen und damit einen Beitrag zur Engagement- und Alter(n)sforschung sowie zur Forschung in der Sozialen Arbeit leisten.

Zum Aufbau der Arbeit

In den *Kapiteln 1 und 2* erfolgt eine Annäherung an die für die Arbeit gegenstandstheoretisch relevanten Diskurse. In Kapitel 1 wird auf die Selbstorganisation in der Zivilgesellschaft als zentrales Moment in der Diskussion um bürgerschaftliches Engagement sowie auf Netzwerke eingegangen, denen als spezifische Organisationsform in diesem Kontext besondere Bedeutung beigemessen wird. Kapitel 2 nimmt das bürgerschaftliche Engagement und Erfahrungswissen älterer Menschen in den Blick. Dabei wird zunächst in verschiedene Begrifflichkeiten (z. B. Freiwilligenarbeit, bürgerschaftliches Engagement) eingeführt. Dies ist insbesondere deshalb erforderlich, weil in den entsprechenden Studien und Veröffentlichungen in der Schweiz und in Deutschland unterschiedliche Begriffe zu finden sind. Dann wird genauer auf den Diskurs zum Engagement älterer Menschen und die in diesem Zusammenhang zentrale Kategorie des Erfahrungswissens eingegangen. Schließlich wird der für die Studie relevante Stand der Forschung dargestellt; den Schwerpunkt bilden hierbei quantitative und qualitative Studien in Deutschland und in der Schweiz.

Kapitel 3 legt die Perspektive dar, aus der sich die Studie der Praxis der Selbstorganisation in den Netzwerken und dem Erfahrungswissen älterer Menschen zuwendet. Hierzu wird auf die dokumentarische Methode und deren Grundlagentheorie, die praxeologische Wissenssoziologie, eingegangen; zentrale metatheoretische Begriffe werden erläutert. Vor diesem Hintergrund können am Ende des Kapitels die forschungsleitenden Fragen präzise gefasst werden.

Kapitel 4 beschreibt das methodische Vorgehen der Studie. Die Anlage als rekonstruktive Studie wird vorgestellt, gefolgt von Ausführungen zu den Teilprojekten 1 und 2, in denen die Erhebungsmethoden, Gruppendiskussionsverfahren und narratives Interview, und das Sampling dargelegt werden. Für beide Teilprojekte wird abschließend das Auswertungsverfahren auf der Basis der dokumentarischen Methode erläutert.

Die umfangreichen *Kapitel 5 und 6* stellen die Ergebnisse der rekonstruktiven Studie vor. Dabei fokussiert Kapitel 5 auf das Teilprojekt 1 und damit auf die Praxis der Selbstorganisation in den Netzwerken. Kapitel 6 widmet sich dem Teilprojekt 2, handelt also vom Erfahrungswissen der freiwillig Engagierten und der Wahrnehmung dieses Wissens und der handlungspraktischen Gewohnheiten der Innovage-Berater/innen seitens ihrer Kooperationspartner/innen.

In *Kapitel 7* werden die Ergebnisse zusammengefasst und diskutiert. Das Kapitel schließt mit einem Ausblick.

1 Selbstorganisation in der Zivilgesellschaft

Das Projekt Innovage, das im Zentrum der vorliegenden Studie steht, versteht sich als „Kooperationspartnerin der Zivilgesellschaft" (Peter 2010: 140). Zugleich ist es selbst Teil dieser Zivilgesellschaft. Die bei Innovage freiwillig Engagierten haben sich zu regionalen Netzwerken zusammengeschlossen und koordinieren darin ihre Projektarbeit in Selbstorganisation (vgl. Graf 2010: 178, Kubisch 2010a, Altorfer/Peter 2010: 8ff.).

Die genannten Begriffe – *Zivilgesellschaft, Netzwerke und Selbstorganisation* – sind in den Fachdiskussionen zum bürgerschaftlichen Engagement von zentraler Bedeutung. Was konkret unter Zivilgesellschaft und Selbstorganisation verstanden wird und wie beide Begriffe miteinander verschränkt sind, wird in den folgenden Kapiteln 1.1 und 1.2 behandelt. Das Kapitel 1.3 beschäftigt sich mit Netzwerken in der Zivilgesellschaft. Damit bildet das Kapitel 1 die Grundlage, um in den weiteren Kapiteln auf den Diskurs und den Forschungstand zum bürgerschaftlichen Engagement und das Erfahrungswissen älterer Menschen eingehen und später Verknüpfungen mit metatheoretischen Begriffen und den empirischen Teilen dieser Studie herstellen zu können.

1.1 Zum Begriff der Zivilgesellschaft

Der Begriff *Zivilgesellschaft* oder *bürgerliche Gesellschaft* geht auf Aristoteles' Begriff der *politike koinonia* (lat. *societas civilis*) zurück. Zivilgesellschaft wird hier mit dem Herrschaftsverband der athenischen Bürgergemeinde (*polis*) gleichgesetzt, in der sich ausschließlich männliche, freie Bürger zum Zweck des „guten", d. h. des tugendhaften und glücklichen Lebens zusammenschließen und sich für öffentliche Belange einsetzen (Adloff 2005: 17).

Der Beginn eines neueren „Diskurs[es] der Zivilgesellschaft" (Klein 2001) wird auf das Ende der 1970er-Jahre datiert. Klein fasst diesen Diskurs als

> „weit ausholende und unabgeschlossene theoretische Suchbewegung nach den politischen Handlungsmöglichkeiten gesellschaftlicher Akteure zur Herstellung und Fortentwicklung demokratischer Formen der Politik" (2011: 33)

zusammen. Hier sind z. B. die Diskussionen um Zivilgesellschaft in den osteuropäischen Dissidentenbewegungen Ende der 1970er-Jahre zu nennen, die eine antitotalitäre Ausrichtung hatten und in der Trennung von Staat und Gesellschaft eine wesentliche Voraussetzung für Freiheit sahen (vgl. ebd.). Auch bei den so genannten *neuen sozialen Bewegungen* erlangte der Begriff der Zivilgesellschaft in den 1970er- und den frühen 1980er-Jahren zunehmend Bedeutung. Sie brachten ein Modell radikaldemokratischer Reformpolitik mit Zivilgesellschaft in Verbindung (vgl. Klein 2001: 33, vgl. hierzu auch Roth 2010, Roth/Rucht 2008, Keupp 2010, Brand 2011). Der in westlich-demokratischen Ländern geführte Diskurs zielte auf einen Gegenentwurf zum Staatsinterventionismus und zur reinen Marktwirtschaft; zudem wurde mit dem Konzept der Zivilgesellschaft die Hoffnung auf eine Selbststeuerung der Gesellschaft verbunden (vgl. Adloff 2005: 12). Trotz der unterschiedlichen Kontexte der neueren Diskurse zur Zivilgesellschaft in den 1980er Jahren offenbaren alle eine kritische Haltung gegenüber dem Staat. Ihr Ziel war es, „in ein Projekt der Transformation bestehender Zivilgesellschaften [zu] münden" (ebd., vgl. Cohen/Arato 1992: 70f.). Zivilgesellschaft wurde somit als ein Begriff wiederentdeckt, der etwas Wünschenswertes ausdrückte und für ein „positives Zukunftsprojekt" stand (Adloff 2005: 129).

Zu Beginn der 1990er-Jahre wurde der Begriff Zivilgesellschaft (*Civil Society*) in den USA breit diskutiert. Insbesondere im Rahmen des US-amerikanischen Kommunitarismus, einer philosophisch-politischen Strömung, die sich für die Wiederbelebung und Stärkung der Gemeinschaftsbindung „unter den Bedingungen postmoderner Informations- und Dienstleistungsgesellschaften" stark machte, wurde auf den Begriff Bezug genommen (Reese-Schäfer 2001: 7, vgl. Haus 2003). In der Tradition des Kommunitarismus steht auch Robert Putnam, der den Begriff des „Sozialkapitals"[16] maßgeblich prägte, auf den in den Diskursen zu Zivilgesellschaft und bürgerschaftlichem Engagement regelmäßig zurückgegriffen wird (vgl. z. B. Enquete-Kommission 2002: 34, Klein et al. 2004). Putnam beschäftigt sich in seinen Untersuchungen, die er unter dem Titel „Bowling Alone" (2000) veröffentlichte, mit dem schwindenden Zusammenhalt in der amerikanischen Gesellschaft, für den er den Verlust an Sozialkapital verantwortlich machte. Unter Sozialkapital versteht Putnam soziale Sachverhalte wie soziale Netzwerke, Vertrauen, Werte oder Normen, die die Koordination von Handlungen in Gemeinschaften ermöglichen und dazu beitragen, Gesellschaft zu verbessern (vgl. Putnam 2000: 22ff.). Nach Putnam sind es insbesondere die zivilgesellschaftlichen Organisationen und Vereinigungen, in denen Sozialkapital entsteht, da die Mitglieder dort lernen, sich wechselseitig zu unterstützen, zu kooperieren und gemeinschaftsbezogen zu kommunizieren; die Mitglieder bauen

---

16   Zu erwähnen sind in diesem Zusammenhang auch die Arbeiten von James S. Coleman (1988).

Vertrauen auf und teilen gemeinsame Werte (vgl. Putnam/Goss 2001: 20f.).
Soziale Interaktionen in diesen zivilgesellschaftlichen Organisationen tragen
dazu bei, so Putnam, dass sich „Normen einer verallgemeinerten Gegenseitig-
keit" herausbilden können (ebd.: 21), d. h., die Mitglieder sind bereit, sich nicht
nur gegenseitig zu unterstützen, sondern auch der Gesellschaft Unterstützungs-
leistungen zur Verfügung zu stellen. Mit Blick auf Organisationen und Netzwerke unterscheidet Putnam zwischen abgrenzenden (*bonding*) und brückenbildenden (*bridging*) Wirkungsformen (vgl. Putnam 2000: 22ff.) und betont, dass es
vor allem die brückenbildenden Organisationen und Vereinigungen sind, denen
eine besondere Bedeutung zukommt, da sie dazu beitragen, „generalisiertes Vertrauen" herzustellen und den gesellschaftlichen Zusammenhalt, auch unter den
Bedingungen moderner Gesellschaften, zu erhalten und wieder herzustellen
(ebd.: 136). Den Verlust an Sozialkapital in den USA versuchte Putnam in seinen Untersuchungen dadurch zu belegen, dass er einen deutlichen Rückgang an
zivilgesellschaftlichen Organisationen und Vereinigungen feststellte (vgl. z. B.
ebd.: 31ff.). Putnams Thesen über den Verfall des Sozialkapitals blieben nicht
ungehört und wurden auch in Europa stark, zum Teil auch durchaus kritisch
diskutiert (vgl. z. B. Reese-Schäfer 2001: 107ff., Adloff 2005: 74ff., Kaiser
2007, Klein et al. 2004).

Einen wesentlichen Bezugspunkt bildete der Begriff der Zivilgesellschaft
resp. Bürgergesellschaft[17] für *die Enquete-Kommission „Zukunft des bürgerschaftlichen Engagements" des Deutschen Bundestages,* die ihn in ihrem im Jahr
2002 vorgelegten Bericht als Leitbild für das bürgerschaftliche Engagement
verstand:

> „Die Bürgergesellschaft ist das Leitbild des bürgerschaftlichen Engagements. Bürgergesell-
> schaft beschreibt ein Gemeinwesen, in dem die Bürgerinnen und Bürger auf der Basis gesi-
> cherter Grundrechte und im Rahmen einer politisch verfassten Demokratie durch das Enga-
> gement in selbstorganisierten Vereinigungen und durch die Nutzung von Beteiligungsmög-
> lichkeiten die Geschicke des Gemeinwesens wesentlich prägen können" (Enquete-Kommis-
> sion 2002: 59).

---

17 Zunächst verwendet die Enquete-Kommission die Begriffe Zivilgesellschaft und Bürgergesell-
     schaft synonym und verweist zugleich auf die vielfältige und differenzierte Verwendung beider
     Begriffe (vgl. Enquete-Kommission 2002: 59, Fußnote 2). Ein Sondervotum des sachverstän-
     digen Mitglieds Graf Strachwitz weist jedoch auf die Problematik einer solchen synonymen
     Verwendung hin: „Während Bürgergesellschaft die Vision einer Gesellschaft beschreibt, in der
     Bürgerinnen und Bürger ihre Rechte und Pflichten im Sinne von *citoyens* voll ausleben kön-
     nen, kennzeichnet der Begriff Zivilgesellschaft den Ausschnitt der gesellschaftlichen Wirk-
     lichkeit, der die selbstermächtigten, selbstorganisierten und selbstverantwortlichen Tätigkeiten
     und Körperschaften beinhaltet" (ebd., Fußnote 3, Herv. i. O.): In der Folge wird im Bericht
     primär der Begriff Bürgergesellschaft verwendet.

Bürgerschaftliches Engagement gilt, so konstatiert die Kommission, als Garant für eine lebendige Zivilgesellschaft und als Kennzeichen dafür, dass ausreichend Sozialkapital vorhanden ist, um das Auseinanderdriften der Gesellschaft zu verhindern (vgl. Enquete-Kommission 2002: 40). Entgegen den Ergebnissen, die Putnam für die USA vorlegte, konnte die Enquete-Kommission für Deutschland keinen Rückgang des bürgerschaftlichen Engagements feststellen. Allerdings weist der Bericht mit Bezug auf entsprechende Studien darauf hin, dass sich Motivlagen und Art des Engagements von einer längerfristigen Pflichterfüllung hin zu zeitlich befristeten Projekten verändert haben (vgl. ebd.: 49ff., vgl. auch z. B. Klages 2000: 11ff., Klages/Gensicke 1999).

Im Rückblick wird die Verwendung des Begriffs Zivilgesellschaft bereits ab Mitte der 1990er-Jahre als „kaum noch überschaubar" beschrieben, da zahlreiche Wissenschaftler/innen, Politiker/innen oder Aktivist/inn/en weltweit Bezug auf ihn nehmen und ihm immer wieder neue Bedeutungen zuschreiben (Adloff 2005: 12). Gegenwärtig wird der Begriff Zivilgesellschaft bspw. synonym für den Dritten Sektor und Non-Profit-Organisationen verwendet (vgl. Evers 2011: 208, Evers 2009: 79). Andere sehen in der Zivilgesellschaft vor allem ein demokratieförderndes Korrektiv gegenüber einem übermächtigen Staat (vgl. Peter 2010: 146) und heben zugleich hervor, dass eine Zusammenarbeit von Zivilgesellschaft und Staat es ermöglicht, mit den immer komplexer werdenden Herausforderungen einer globalisierten Welt umzugehen (vgl. ebd., vgl. auch Klein 2001, Knodt/Finke 2005). In den Debatten um den Umbau des Sozialstaates verweisen wieder andere hingegen auf die Eigenverantwortung der Bürger/innen; hierbei ist von einer den Sozialstaat substituierenden Zivilgesellschaft die Rede, die Bürger/innen aktiv werden lässt (vgl. kritisch dazu Dahme/Wohlfahrt 2009: 241).

Aktuell bedeutsam sind laut Klein Fragen einer internationalen oder transnationalen Zivilgesellschaft, die im Zuge der wirtschaftlichen Globalisierung diskutiert werden (vgl. 2011: 33). Dieser Ansatz von Zivilgesellschaft, auf den sich vor allem Nichtregierungsorganisationen (NGOs) und globalisierungskritische Bewegungen beziehen, zielt auf die Entwicklung transnationaler Netzwerke mit einer gemeinsamen normativen Basis ab, um als transnationale Öffentlichkeit Einfluss auf politische Entscheidungsfindungen nehmen zu können (vgl. ebd.: 34).

Im Diskurs wird zwischen einem *bereichslogischen* und einem *handlungslogischen Verständnis* von Zivilgesellschaft unterschieden. In einem *bereichslogischen Verständnis* wird unter Zivilgesellschaft der Teil einer Gesellschaft verstanden, in dem sich Menschen freiwillig und im Rahmen von öffentlichen Vereinigungen für gesellschaftliche oder gemeinwohlorientierte Belange einsetzen. Zivilgesellschaft meint somit die

„Gesamtheit der öffentlichen Assoziationen, Vereinigungen, Bewegungen und Verbände (…), in denen sich Bürger auf freiwilliger Basis versammeln und auch Einfluss auf politische Meinungsbildung nehmen" (ebd.: 29).

Die Zivilgesellschaft umfasst also eine große Bandbreite an Bereichen: von Vereinen über Stiftungen, Nachbarschaftshilfen, Initiativen und Mäzenatentum bis hin zu Nichtregierungsorganisationen (NGOs) (vgl. Gosewinkel et al. 2004: 11). Im Sinne eines bereichslogischen Zugangs lässt sich die Sphäre der Zivilgesellschaft von den Bereichen Staat und Markt sowie von der Privatsphäre abgrenzen (vgl. ebd.). Zivilgesellschaft stellt einen „intermediären Raum der Öffentlichkeit" *zwischen* all diesen Bereichen dar und ist grundsätzlich für alle offen (Klein 2011: 29). So lassen sich auch Formen „ungebundenen Engagements" wie bspw. Demonstrationen, Streiks oder Petitionen zur Sphäre der Zivilgesellschaft zählen, solange diese sich „durch Freiwilligkeit, Öffentlichkeit, Gemeinschaftlichkeit" sowie durch die „Transzendierung privater Interessen" auszeichnen (ebd.). Hierbei bilden die Einhaltung der Menschen- und Bürgerrechte, insbesondere der staatliche Schutz der Versammlungs-, Meinungs- und Pressefreiheit die Rahmenbedingungen, auf die Zivilgesellschaft angewiesen ist (vgl. Adloff 2005: 8).

Folgt man dem *handlungslogischen Zugang* zur Zivilgesellschaft, lässt sich nach Gosewinkel et al. (vgl. 2004: 11) für die Sphäre, die als Zivilgesellschaft verstanden wird, folgendes Muster im sozialen Handeln erkennen: Zivilgesellschaftliche Akteurinnen und Akteure handeln *erstens* selbstorganisiert und selbstbestimmt (im Sinne einer gemeinsam wahrgenommenen kollektiven Selbstorganisation) und orientieren sich *zweitens* an Austausch und Diskussion; die Interaktionen zielen prinzipiell auf Verständigung ab. Zivilgesellschaftliche Akteurinnen und Akteure handeln zudem immer öffentlich und erkennen Vielfalt und Heterogenität an. Konflikte und Kontroversen werden *drittens* mit friedlichen Mitteln ausgetragen. Zivilgesellschaftliches Handeln ist also friedliches Handeln, es umschließt aber auch Protestaktionen, Boykotte und zivilen Ungehorsam, sofern diese ohne Gewalt vonstattengehen. *Viertens* müssen sich die individuellen Motivlagen Einzelner für ein zivilgesellschaftliches Engagement, das am Gemeinwohl orientiert ist, kollektivieren lassen (vgl. ebd., vgl. auch Klein 2011: 29). Es fällt auf, dass diese Definition eine deutlich normative Ausrichtung aufweist, die im Diskurs zur Zivilgesellschaft immer wieder aufscheint und insofern für ihn charakteristisch ist. Gerade in einer solchen normativen Ausrichtung wird Zivilgesellschaft mit „empathischen Erwartungen" (Bode et al. 2009: 7) verknüpft, die sie auch anfällig für Ideologien macht (vgl. Peter 2010: 147). Dies gilt vor allem im Hinblick auf damit verbundene Vorstellungen wie etwa Gemeinwohl oder Gemeinschaft, die das Verständnis von Zivilgesellschaft auch rasch in Richtung moralisierender Diskurse (vgl. ebd.) oder „neuautoritäre[r] Fundamentalismen" (Reese-Schäfer 2001: 7) drängen können.

1.2 Selbstorganisation als Charakteristikum der Zivilgesellschaft

Die Enquete-Kommission (2002) „Zukunft des Bürgerschaftlichen Engagements" des Deutschen Bundestages wählte, wie dargestellt, das Leitbild der Bürger- bzw. Zivilgesellschaft als Bezugsrahmen für ihren Bericht und nutzte es für die genauere Bestimmung des Begriffs des bürgerschaftlichen Engagements. Dabei wies sie der *Selbstorganisation* eine zentrale Rolle zu:

> „Bürgergesellschaft beschreibt eine gesellschaftliche Lebensform, in der sowohl den bürgerschaftlich Engagierten als auch ihren vielfältigen Formen und Vereinigungen mehr Raum für Selbstbestimmung und Selbstorganisation überlassen wird." (ebd.: 25)

Das von der Enquete-Kommission vertretene Verständnis der Bürgergesellschaft impliziert ein Staatsverständnis, das sich von der Vorstellung einer „Staatsgesellschaft" verabschiedet, in der vorrangig der Staat die Verantwortung für die Zukunft der politischen Gemeinschaft trägt, und stattdessen davon ausgeht, dass die Bürgerinnen und Bürger in größerem Maße Sorge für die Geschicke des Gemeinwesens tragen (ebd.: 33):

> „Der Gedanke der Selbstorganisation meint schließlich, die Bürgerinnen und Bürger als Akteure für das Gemeinwesen ernst zu nehmen." (ebd.)

Deutlich wird hier, dass Bürgergesellschaft nicht nur als wissenschaftlicher Terminus zur Beschreibung eines Sachverhalts verwendet wird, sondern dass dem Begriff, wie bereits dargestellt wurde, eine stark normative Dimension innewohnt.

Je nachdem, ob Zivilgesellschaft in einem bereichs- oder handlungslogischen Sinne verstanden wird, kommt auch dem Begriff der Selbstorganisation eine je unterschiedliche Bedeutung zu. Ein bereichslogisches Verständnis von Zivilgesellschaft richtet den Fokus auf zivilgesellschaftliche Organisationen zwischen Staat, Markt und Familie:

> „Zivilgesellschaft wird dabei vor allem als Selbstorganisation von Bürgerinnen und Bürgern und als deren freiwilliges Engagement in einer Vielzahl von Organisationsformen, z. B. in Vereinen, Verbänden, Initiativen oder Stiftungen, definiert. Diese Organisationen sind durch ihre gemeinnützige Ausrichtung und gleichzeitige organisatorische Unabhängigkeit vom Staat gekennzeichnet." (WZB 2009: 14)

In einem handlungslogischen Verständnis stellen Selbstorganisation und Selbstständigkeit wesentliche Aspekte des Handelns in der Zivilgesellschaft dar, neben denen weitere Aspekte thematisiert werden (vgl. ebd.; vgl. auch Kap. 1.1).

Von diesem grundlegenden Verständnis der Selbstorganisation als Charakteristikum von Zivilgesellschaft ist ein *engeres Verständnis von Selbstorganisa-*

tion zu unterscheiden, das sich in verschiedenen Bundesmodellprogrammen in Deutschland zeigt, mit denen in den letzten Jahren das bürgerschaftliche Engagement älterer Menschen gefördert wurde. So heißt es bspw. im Kontext von Veröffentlichungen zum Bundesmodellprojekt „Selbstorganisation älterer Menschen" (BMFSFJ, 2005-2007), das auf eine Übernahme freiwilliger kommunaler Aufgaben durch ältere Engagierte zielte:

> „Der Begriff Selbstorganisation verweist darauf, dass hier neue Engagementformen erfasst werden sollen. Gemeint sind insbesondere von Bürger/innen neu geschaffene Organisationsformen unter Berücksichtigung eigener Zielsetzungen sowie eigenständig entwickelter und aufgebauter Angebote, die sich vom traditionellen Ehrenamt mit seinen vorgegebenen Aufgaben, festen Zuschreibungen und relativ geringen Gestaltungs- und Partizipationsmöglichkeiten unterscheiden." (Breithecker 2008: 193f.)

Hier geht es also weniger um die grundsätzliche Verortung der Vereinigungen zwischen Staat, Markt und Familie, als vielmehr um ein Engagement außerhalb traditioneller Organisationen. Auch im Bundesmodellprogramm „Erfahrungswissen für Initiativen" (BMFSFJ, 2002-2006), in dessen Zentrum das bürgerschaftliche Engagement älterer Menschen stand, fand der Begriff der Selbstorganisation Verwendung, insbesondere im Kontext der so genannten seniorKompetenzteams. Diese wurden als „selbstorganisierte Gruppenzusammenschlüsse" der freiwillig Engagierten verstanden, die unter anderem dazu beitragen sollten, das Erfahrungswissen der Älteren „besser zur Entfaltung" zu bringen (Engels et al. 2007: 83, vgl. auch Karl et al. 2008). Dabei wurden die seniorKompetenzteams als „dauerhafte Organisationsform" verstanden (Engels et al. 2007: 84). Auch hier geht es also um eine Institutionalisierung des freiwilligen Engagements älterer Menschen außerhalb bestehender Organisationen, die sich eher auf traditionelle Engagementformen fokussieren.

> „Das Kompetenzteam bündelt und potenziert die individuellen Möglichkeiten und kann dadurch den Aktionsradius und die Wirksamkeit von seniorTrainerinnen beträchtlich erweitern. Es wird zur Basis, das Engagementangebot in der Öffentlichkeit und bei möglichen Nutzerinnen und Nutzern bekannt zu machen und im jeweiligen Engagementbereich gezielt zu platzieren." (Zeman 2005: 112)

Selbstorganisation in Form von seniorKompetenzteams verfolgte damit zwei Ziele: Zum einen hatte sie eine integrierende Binnenfunktion für die Gruppe derer, die sich zusammenschloss; zum anderen förderte sie die Integration in externe (sozialräumliche bzw. kommunale) Kontexte (vgl. ebd.: 111).

Ein zusätzlicher Aspekt der Selbstorganisation kommt im Rahmen einer *erwachsenenbildnerischen bzw. geragogischen Perspektive* zum Tragen: Selbstorganisation wird hier mit selbstgesteuertem Lernen verknüpft. Dabei geht es einerseits um die Organisation von Lernarrangements für ältere Bildungsteil-

nehmer/innen, in denen es ausgehend von einem selbstbestimmten Lernen einen
fließenden Übergang zu (gemeinschaftlichem) selbstorganisiertem Handeln geben kann (vgl. Bubolz-Lutz 2012: 16ff.). Andererseits interessieren in dieser
Perspektive selbstorganisierte Gruppen Älterer, in denen Lern-/Bildungsprozesse
festgestellt werden können (vgl. Kade 2001: 10). „Selbstorganisierte Initiativen"
Älterer werden bspw. von Kade zwischen privater Selbsthilfe und öffentlicher
Organisation verortet; sie betont, dass weder ein Anschluss an Organisationen
noch eine öffentliche Förderung dem Konzept der Selbstorganisation entgegen-
stehen (ebd.: 9).

Bei Innovage ist die Selbstorganisation der dort freiwillig Engagierten ein
wesentliches Merkmal des Projektes (vgl. Altorfer/Peter 2010: 9). Innovage legte
von Beginn an Wert auf die „starke Partizipation der Mitglieder bei der Organisation" und ist als dynamisches Projekt angelegt, „das sich auf der Basis gemeinsamer Erfahrungen und Lernprozesse auch in Zukunft ständig weiterentwickeln
wird" (ebd.). Charakteristisch für Innovage ist der Zusammenschluss zu regiona-
ler Netzwerken, in denen die freiwillig Engagierten ihre Projektarbeit in Selbstorganisation koordinieren. Vor diesem Hintergrund wird das folgende Kapitel
einen kurzen Einblick in die Thematik von Netzwerken in der Zivilgesellschaft
geben.

1.3 Netzwerke in der Zivilgesellschaft

Als netzwerkförmige Organisation befindet sich Innovage in guter Gesellschaft.
Denn seit den 1970er-Jahren sind netzwerkartige Zusammenschlüsse im Bereich
des bürgerschaftlichen Engagements in der Schweiz und Deutschland zunehmend beliebte Organisationsformen und werden zugleich auch Thema im Engagementdiskurs (vgl. Olk 2005: 2, vgl. z. B. auch Graf 2010, Röbke 2011).
Netzwerke weisen Merkmale auf, die nach Ansicht verschiedener Expert/inn/en
besonders gut mit den spezifischen Anforderungen bürgerschaftlichen Engagements einhergehen. Ihnen wird zudem die „Ermöglichung innovativer Wege der
Kooperation zwischen Staat, Markt und zivilgesellschaftlichen Organisationen"
zugesprochen (Olk et al. 2011: 4).

Im Unterschied zu (klassischen) Organisationen gelten Netzwerke als offen
und hierarchiearm; sie funktionieren auf freiwilliger Basis (vgl. ebd.). Für das
Funktionieren von Netzwerken spielen Kommunikation und Interaktion eine
wesentliche Rolle (vgl. Rüttgers 2011: 515). Mit Netzwerken lassen sich zudem
auf spezifische Weise Handlungen bei komplexen Akteurskonstellationen koordinieren, wie sie typisch für den Bereich der Förderung des bürgerschaftlichen
Engagements sind (vgl. ebd.); sie werden als eine Form „weicher Steuerung"

betrachtet (Olk et al. 2011: 4). Es scheint, so lässt sich zusammenfassen, eine Organisationsform zu sein, die sich besonders gut mit der in diesem Bereich vorherrschenden Logik verbinden lässt. Netzwerke sind hier

> „freiwillige Zusammenschlüsse von Einzelpersonen und/oder Organisationen mit langfristigem Charakter, die sich für Fortschritte im Hinblick auf spezifische Fragestellungen, Ziele oder Problemstellungen einsetzen. Sie lassen sich nach verschiedenen Kriterien unterscheiden; so ist etwa danach zu fragen, wie viele Mitglieder ein Netzwerk umfasst, wie dicht die Netzwerkknoten verknüpft sind und wie eng die Beziehungen zwischen den einzelnen Mitgliedern und wie hoch die Interaktionsdichte ausfällt." (Olk 2005: 2)

Die Vorteile von Netzwerken aus Perspektive der Netzwerkmitglieder lägen vor allem darin, dass man sich nicht zu sehr binden müsse. Man müsse nicht formell Mitglied sein, sondern könne vielmehr einfach bei etwas mitmachen, was den Bedürfnissen vieler potenzieller Mitglieder im Engagementsektor entspräche (vgl. ebd.). Die Stärken des Netzwerks als Organisationsform im Bereich des bürgerschaftlichen Engagements seien vor allem in den Punkten Erfahrungsaustausch, Erweiterung der Kontakte, Vertrauensbildung, Kooperation, Zusammenlegung von Ressourcen sowie dem gemeinsamen Vertreten von Zielen in der Öffentlichkeit zu erkennen (vgl. ebd.: 3, vgl. auch Olk et al. 2011: 4). Netzwerke sind in dieser Perspektive vor allem „Beziehungsstifter" und „Lernzentren" (Olk 2005: 3), die die Kontakte und Beziehungen untereinander steigern und so zu erweiterten Handlungsoptionen ihrer Mitglieder beitragen; das sei gerade auch im Hinblick auf die neuen Herausforderungen des bürgerschaftlichen Engagements von großer Bedeutung. An dieser Stelle werden vor allem die neue „Formenvielfalt des Engagements" jenseits des klassischen Ehrenamtes[18] sowie der zunehmend bereichs- und sektorenübergreifende Charakter des bürgerschaftlichen Engagements angesprochen (vgl. ebd.: 4ff.).

Röbke weist allerdings darauf hin, dass Netzwerke in ihrer Wirkungsweise ambivalent sind und nicht per se der „natürliche[n] Organisationsform der Bürgergesellschaft, die auf freiwilligen, solidarischen und gleichberechtigten Beziehungen aufbaut", entsprechen; schließlich könnten sie auch vorhandene Machtkonstellationen verstärken (2009: 20). Er zeigt dies anhand der häufig nicht einfachen Zugänge für Menschen aus so genannten bildungsfernen Milieus oder Menschen mit Migrationshintergrund zu den etablierten, mittelstandsorientierten Netzwerken des bürgerschaftlichen Engagements (vgl. ebd.: 12)[19]. Nolte (2004) hat hierzu treffend bemerkt:

---

18 Vgl. „neues" und „altes" Ehrenamt, Kapitel 2.1, Fußnote 27.
19 Vgl. zu den Zugangsschwierigkeiten sozial Benachteiligter und Menschen mit Migrationshintergrund zum bürgerschaftlichen Engagement auch Munsch 2003 und Jagusch 2011.

„Die Zivilgesellschaft ist eben nicht jener geschützte, egalitäre Binnenraum der sozialen Harmonie. Sie ruht vielmehr auf einem Fundament realer gesellschaftlicher Ressourcenverteilung auf, von dem weder die einzelnen Akteure noch das System ganz absehen kann." (2004: 85)

„Netzwerke", so formuliert Röbke, „können nicht nur verbinden, sondern auch spalten" (2009: 12). Zudem weist er darauf hin, dass zivilgesellschaftliche Netzwerke Gefahr laufen können, instrumentalisiert zu werden, wenn sie für professionelle Zwecke wie etwa die persönliche Karriereplanung genutzt werden. Zivilgesellschaftliche Beziehungsnetzwerke beinhalten in diesem Sinne auch das Risiko, sich „für fremde Zwecke dienstbar zu machen und neue gesellschaftliche Barrieren zu errichten" (ebd.).

1.4 Zusammenfassung

Selbstorganisation spielt im Kontext von Zivilgesellschaft und bürgerschaftlichem Engagement eine bedeutende Rolle. Je nachdem, ob Zivilgesellschaft in einem bereichs- oder handlungslogischen Sinne verstanden wird, kommt auch der Selbstorganisation eine je unterschiedliche Bedeutung zu. Bei einem bereichslogischen Verständnis von Zivilgesellschaft liegt der Fokus auf den zivilgesellschaftlichen Organisationen zwischen Staat, Markt und Familie. Zivilgesellschaft wird hier als „Selbstorganisation von Bürgerinnen und Bürgern und als deren freiwilliges Engagement in einer Vielzahl von Organisationsformen" (WZB 2009: 14) definiert. Bei einem handlungslogischen Zugang stellen Selbstorganisation und Selbstständigkeit wesentliche Aspekte zivilgesellschaftlichen Handelns dar. Zivilgesellschaft zielt dabei auf ein Handeln im öffentlichen Raum ab, bei dem Austausch, Diskurs, Verständigung, aber auch Konflikte eine Rolle spielen (vgl. ebd.: 13). Der Organisationsform des Netzwerks wird hierbei eine zunehmende Bedeutung beigemessen, da diese als besonders gut vereinbar mit der spezifischen Anforderungen bürgerschaftlichen Engagements gilt.

Bei Innovage haben sich die freiwillig Engagierten zu regionalen Netzwerken zusammengeschlossen, um in diesem Rahmen die Projektarbeit in Selbstorganisation durchzuführen. Welche handlungsleitenden Orientierungen ihrer Praxis der Selbstorganisation in den Netzwerken zugrunde liegen, ist eine der zentralen Fragen, der die vorliegende Studie nachgeht.

Festzustellen ist, dass die dargestellten Diskurse zu Zivilgesellschaft und Selbstorganisation, wie an verschiedenen Stellen deutlich wurde, zum Teil stark normative Züge aufweisen. Die vorliegende Studie interessiert sich für das Handeln der Akteurinnen und Akteure in einem Bereich, der als ‚zivilgesellschaftlich' bezeichnet wird. In diesem Sinne knüpft die Studie an einem handlungslogischen Verständnis von Zivilgesellschaft an, ohne sich jedoch der normativen

Variante des Begriffs zu bedienen. Sie beforscht die Praxis der Selbstorganisation im Kontext von Netzwerken und nimmt dabei eine praxeologische Perspektive ein. Bevor in Kapitel 3 anhand zentraler metatheoretischer Begriffe genauer dargelegt wird, was diese praxeologische Perspektive kennzeichnet, wird in Kapitel 2 auf den relevanten Diskurs und den Forschungstand zum bürgerschaftlichen Engagement und Erfahrungswissen älterer Menschen eingegangen.

2 Bürgerschaftliches Engagement und Erfahrungswissen älterer Menschen

Innovage zielt darauf ab, das nachberufliche Engagement in der Schweiz zu fördern und das „Potential der älteren Generation [zu] nutzen" (Altorfer/Peter 2010: 11). Es schließt damit an jene Diskurse an, in denen das bürgerschaftliche Engagement älterer Menschen als positives Gegengewicht zu den problematischen Folgen des demografischen Wandels gehandelt und das Erfahrungswissen Älterer hervorgehoben wird.

Im Folgenden werden zunächst die im deutschen und schweizerischen Engagementdiskurs zentralen Begrifflichkeiten – bürgerschaftliches Engagement, freiwilliges Engagement, Freiwilligenarbeit und Ehrenamt – kurz vorgestellt (Kap. 2.1). Daran anschließend wird genauer auf den Diskurs zum bürgerschaftlichen Engagement älterer Menschen (Kap. 2.2) und auf die Kategorie des Erfahrungswissens eingegangen, die darin eine zentrale Rolle spielt (Kap. 2.3). Schließlich folgt der auf das bürgerschaftliche Engagement älterer Menschen bezogene Forschungstand (Kap. 2.4).

2.1 Eine Einführung in zentrale Begrifflichkeiten im Engagementdiskurs

Der aktuelle Engagementdiskurs verwendet verschiedene Begriffe, die keineswegs inhaltlich deckungsgleich sind und je nach länderspezifischem Kontext unterschiedlich gebraucht werden.

Der Begriff des *bürgerschaftlichen Engagements* hat vor allem in der Fachdiskussion in Deutschland einen prominenten Stellenwert erlangt. Dies ist wesentlich auf die Arbeit der Enquete-Kommission des Deutschen Bundestages und die in der Folge entstandenen Institutionen (Unterausschuss „Bürgerschaftliches Engagement" des Deutschen Bundestags und „Bundesnetzwerk Bürgerschaftliches Engagement") zurückzuführen. Beim bürgerschaftlichen Engagement handelt es sich laut Enquete-Kommission um eine Tätigkeit, die aus freiem Willen und aufgrund der eigenen Motivation verrichtet wird. Bürgerschaftliches Engagement ist nicht auf materiellen Gewinn ausgerichtet; ferner handelt es sich um einen Einsatz für Dritte bzw. für das Gemeinwesen. Und schließlich wird bürgerschaftliches Engagement im Unterschied zur Haus- oder Familienarbeit im öffentlichen Raum und dabei gemeinschaftlich bzw. kooperativ ausgeübt (vgl. Enquete-Kommission 2002: 86ff.).

Der Begriff des *freiwilligen Engagements* wird in verschiedenen Kontexten eingesetzt. Er wird bspw. gebraucht, wenn die Freiwilligkeit des Engagements hervorgehoben werden soll (vgl. Olk/Hartnuß 2011: 146). Das Engagement als solches erscheint hier als

> „eine selbst gewählte Aktivität, die den subjektiven Bedürfnissen, Interessen und Sinnorientierungen der Individuen entspricht und deshalb als Ausdruck eines individuellen Lebensstils" (ebd.)

in Abgrenzung zu Formen der Pflichterfüllung betrieben wird. Im Freiwilligensurvey (vgl. Gensicke et al. 2006, 2010) stützt sich der Begriff des freiwilligen Engagements hingegen auf eine „operationale Definition" (Olk/Hartnuß 2011: 149), die der gerade vorgestellten Definition von bürgerschaftlichem Engagement der Enquete-Kommission entspricht, sodass in diesem Kontext die Unterscheidung zwischen beiden Bezeichnungen undeutlich bleibt. Demgegenüber stellt beispielsweise Olk fest, dass es sich im Vergleich zum Begriff des freiwilligen Engagements

> „bei dem Begriff des ‚bürgerschaftlichen Engagements' um keine rein analytische Kategorie [handelt], sondern immer auch um eine normativ-programmatische Leitformel" (Olk 2002: 29, vgl. auch Roth 2000: 31f.).

In der Schweiz ist der Begriff des bürgerschaftlichen Engagements weniger gebräuchlich, jedoch wird im Diskurs durchaus auf den Terminus ‚freiwilliges Engagement' zurückgegriffen. Vor allem wird jedoch in der deutschsprachigen Schweiz *Freiwilligenarbeit* als Oberbegriff für verschiedene Formen des Engagements verwendet, in der französischen Schweiz ist entsprechend von *bénévolat* die Rede (vgl. Nadai 2004: 19). *Freiwilligkeit* umfasst neben der Freiwilligenarbeit weitere Formen, sich für die Allgemeinheit einzusetzen; dazu gehören der Einsatz von Prestige für gemeinnützige Anliegen und die Weitergabe von Geld oder Naturalien (vgl. Ammann 2001: 17, Stadelmann-Steffen et al. 2010: 29, vgl. auch Ammann 2008).

Der Freiwilligen-Monitor der Schweiz unterteilt Freiwilligenarbeit grundsätzlich in *formelle* und *informelle freiwillige Tätigkeiten* (vgl. Stadelmann-Steffen et al. 2010: 28f.). Informelle freiwillige Tätigkeiten finden ohne festen organisationalen Rahmen statt und beruhen auf individueller Initiative. Unter formell freiwillige Tätigkeiten werden dagegen Arbeiten im Rahmen von Organisationen, Vereinen und Institutionen gefasst. Sitzungsgelder, Spesenvergütungen oder symbolische Beiträge gelten hier nicht als Bezahlung. Diese Tätigkeiten werden je nach Verpflichtungsgrad weiter unterschieden in *formell freiwillige Tätigkeiten im Allgemeinen* und *das Ehrenamt im Besonderen* (vgl. ebd.).

In der Fachdiskussion in der Schweiz wie auch in Deutschland ist die Bezeichnung *Ehrenamt* solchen Tätigkeiten vorbehalten, für die man berufen oder gewählt wird und mit denen Führungs- und Repräsentationsfunktionen verbunden sind (vgl. Nadai 2004: 26, vgl. auch Stadelmann-Steffen et al. 2010: 28f., Nadai 1996).[20] Im Alltag der Engagierten wird dagegen häufig keine Differenzierung zwischen Ehrenamt und Freiwilligenarbeit vorgenommen, vielmehr wird der Begriff des Ehrenamts hier als „Oberbegriff für alle Ausdrucksformen des freiwilligen, unentgeltlichen und gemeinwohlorientierten Engagements" in den verschiedenen Bereichen verwendet (Olk/Hartnuß 2011: 146, vgl. auch Gensicke et al. 2006, 2010).

Wie gezeigt wurde, greifen die Engagementdiskurse in Deutschland und der Schweiz auf unterschiedliche Begrifflichkeiten zurück. Da sich die Publikation in beiden Feldern bewegt, wäre zum Beispiel die Bezeichnung „bürgerschaftliches resp. freiwilliges Engagement" oder „bürgerschaftliches Engagement resp. Freiwilligenarbeit" angebracht, um beiden Kontexten gerecht zu werden. Aufgrund der besseren Lesbarkeit haben wir uns entschieden, in der Publikation durchgängig die Bezeichnung „bürgerschaftliches Engagement" als Oberbegriff für die verschiedenen Formen von Engagement zu verwenden, die Akteurinnen und Akteure bezeichnen wir in erster Linie als „freiwillig Engagierte".

2.2 Bürgerschaftliches Engagement älterer Menschen

Sowohl in Deutschland als auch in der Schweiz wird sich die Anzahl der älteren Menschen in den nächsten Jahrzehnten deutlich erhöhen (vgl. Statistisches Bundesamt 2015: 6, Bundesamt für Statistik 2010: 22). So wird der Anteil der 65-Jährigen und älteren in Deutschland nach aktuellen Schätzungen zwischen 2013 und 2060 von 21 % auf rund 33 % ansteigen. Diese Veränderungen schlagen sich vor allem in den Zahlen der Hochbetagten (80 Jahre und älter) nieder: Wa-

---

20 Die *Milizarbeit* in der Schweiz stellt dabei einen Sonderfall des Ehrenamts dar. Während bei der Freiwilligenarbeit die Freiwilligkeit und die Unentgeltlichkeit der Tätigkeiten im Zentrum stehen, werden bei der Milizarbeit nebenberuflich öffentliche Funktionen und Aufgaben übernommen (vgl. Linder 2005: 73). Diese sind nicht zwangsläufig freiwillig und unbezahlt (wie z. B. die unfreiwilligen Tätigkeiten in der Schweizer Milizarmee). Es handelt sich dabei um „eine auf nichtberufliche Rollen abgestützte Form öffentlicher Organisation, bei der exekutive Aufgaben in Politik und Verwaltung von quasi beliebigen, nicht besonders qualifizierten Bürgern während einer limitierten Amtszeit übernommen und für eine geringe, zum Lebensunterhalt niemals ausreichende Honorierung neben ihren normalen Berufsverpflichtungen ausgeführt werden" (Geser 1987: 172, zit. n. Nadai et al. 2005: 72).

ren in Deutschland im Jahr 2013 4,4 Millionen Menschen (5,4 % der Bevölkerung) 80-jährig oder älter, wird diese Altersgruppe 2060 mit neun Millionen Menschen in Deutschland mehr als doppelt so groß sein. Laut Vorausberechnung des Statistischen Bundesamts ist davon auszugehen, dass im Jahre 2060 13 % der Bevölkerung (d. h. jede/r Achte) 80-jährig und älter sind (vgl. 2015: 6). Für die Schweiz zeichnet sich ein vergleichbares Szenario ab: So wird sich der Anteil der 65-Jährigen und älteren an der Bevölkerung von 17 % (im Jahr 2010) auf 28 % (im Jahr 2060) erhöhen (vgl. Bundesamt für Statistik 2010: 22), für die Anteile der Hochbetagten (80 Jahre und älter) an der Gesamtbevölkerung wird eine Entwicklung von 5 % (2010) auf 12 % (2060) prognostiziert (ebd.: 28).[21]

In den öffentlichen Diskussionen werden häufig in erster Linie die prognostizierten problematischen Folgen des demografischen Wandels thematisiert; im Fokus stehen dabei die steigenden Belastungen für den Sozialstaat infolge der wachsenden Zahl Hochbetagter.[22] Zunehmend wird jedoch auch auf die *Potenziale* älterer Menschen aufmerksam gemacht, sich bürgerschaftlich zu engagieren und einen Beitrag zum Gemeinwohl zu leisten (vgl. BMFSFJ 2005, 2010, Naegele 2006, Kruse 2010, 2013).

Die „Potenziale des Alters in Wirtschaft und Gesellschaft" standen bspw. im fünften Altenbericht in Deutschland (BMFSFJ 2005) im Zentrum der Ausführungen; der „hohe gesellschaftliche Nutzen des Engagements älterer Menschen" (ebd.: 381) wurde darin explizit hervorgehoben. Ziel der fünften Altenberichtskommission war es,

„gegenüber der weitgehend von ökonomischen Belastungsargumenten geprägten Diskussion eine differenzierte Beschreibung der Folgen des demografischen Wandels vorzunehmen und die *Chancen* dieser Entwicklung" (ebd.: 27, Herv. i. O.)

in den Mittelpunkt der Diskussion zu stellen. Dabei wurde bzw. wird der Blick insbesondere auf die „neuen" (vgl. Aner et al. 2007) bzw. „jungen" Alten (vgl. Denninger et al. 2014, van Dyk/Lessenich 2009, Pichler 2010) gerichtet, die im Vergleich zu früheren Generationen im Durchschnitt gesünder, höher gebildet und finanziell besser ausgestattet sind und darüber hinaus einen aktiven Lebensstil bis ins hohe Alter hinein pflegen möchten (vgl. z. B. BMFSFJ 2005, Gensicke et al. 2010: 156, Höpflinger 2009).

---

21   Die dargestellten Zahlen stützen sich auf die jeweiligen mittleren Szenarien der Bevölkerungsentwicklung für Deutschland und die Schweiz (vgl. Statistisches Bundesamt 2015, Bundesamt für Statistik 2010).

22   Es wurde bereits verschiedentlich problematisiert, dass der demografische Wandel in den letzten Jahrzehnten immer wieder als Begründung für Leistungseinschränkungen im System der sozialen Sicherung angeführt wurde. In diesem Zusammenhang werden auch die der Argumentation zugrunde gelegten Daten mitunter kritisch hinterfragt (vgl. aktuell z. B. Hammerschmidt et al. 2014: 17ff.).

Der sechste Altenbericht in Deutschland (vgl. BMFSFJ 2010) schließt im Hinblick auf die Potenziale des Alters an den fünften Altenbericht an, weist zudem aber auf die Notwendigkeit von differenzierten Altersbildern hin, da die gegenwärtig vorherrschenden Altersbilder der „Vielfalt des Alters" nicht gerecht würden (ebd.: 19). Diejenigen Altersbilder, die das Alter(n) hauptsächlich mit Defiziten in Zusammenhang brächten, übersähen die vorhandenen Stärken und Kompetenzen und schränkten die „Entwicklungsmöglichkeiten im Alter" ein (ebd.). Ein Ziel der Kommission des sechsten Altenberichts war es daher, „unterschiedliche gesellschaftliche Akteure für die potenziell negativen Auswirkungen spezifischer Altersbilder in verschiedenen Bereichen zu sensibilisieren" und zu fragen, inwieweit diese Altersbilder auch dazu beitragen, dass die Potenziale des Alters „nicht erkannt werden und ungenutzt bleiben" (ebd.: 20). In dem Kapitel des Berichts, das sich explizit mit Altersbildern und Rollenmodellen des Alters in der Zivilgesellschaft befasst, wird formuliert:

> „Eine Gesellschaft des langen Lebens ist auf die Aktivitätspotenziale von älteren Menschen angewiesen und hat Rahmenbedingungen dafür zu schaffen, dass zivilgesellschaftliches Engagement für ältere Menschen entstehen kann." (ebd.: 78)

Und wenig später heisst es unter Betonung der integrativen Funktion der Zivilgesellschaft weiter:

> „Zivilgesellschaft grenzt nicht aus; sie eröffnet gerade auch älteren Menschen Möglichkeiten der Beteiligung und des Handelns und nutzt so ihre Aktivitätspotenziale, und zwar jenseits von marktbezogener Erwerbsarbeit, privaten und familiären Orientierungen und jenseits von Konsum und untätigem Ruhestand." (ebd.)

Kritisch werden die gegenwärtig vorherrschenden Leitbilder und Diskurse in Bezug auf die Förderung des bürgerschaftlichen Engagements Älterer sowie die Soziale Altenarbeit und Altenbildungsarbeit im Rahmen gouvernementalitätstheoretischer Ansätze betrachtet, die an Foucault (z. B. 2000) anschließen (vgl. Karl 2006, Denninger et al. 2014). Ute Karl konstatiert bspw., dass sich in den proklamierten Leitbildern des „aktiven, erfolgreichen und produktiven Alter(n)s" (2006: 303),

> „zunehmend neoliberale Rationalitäten abzeichnen: Die Einzelnen werden nicht nur für ihr Wohlbefinden im Alter verantwortlich gemacht und Vorsorge privatisiert, sondern Selbstbild und Selbstmanagement werden zu wichtigsten Bezugspunkten der Altenbildungsarbeit bei gleichzeitiger vorgesehener Gemeinschaftsbildung der Individuen mit dem Ziel, die Einzelnen ohne Zwang zu sozial nützlichem Verhalten zu veranlassen." (ebd.: 301)

Anhand einer Analyse des bereits erwähnten Modellprojekts „Erfahrungswissen für Initiativen" (EFI)[23] legt Karl dar, wie ältere Menschen vor allem im Hinblick auf ihre „Verfügbarkeit für die Gemeinschaft" zum Thema werden, wobei diese Verfügbarkeit hauptsächlich durch Selbstmanagement der Individuen praktiziert werde. Dadurch würden allerdings jeweils nur „unterschiedliche Spielarten der Seite des ‚gesunden Alters' thematisiert und die vielfältigen und komplexen Lebenslagen des Alters ignoriert" (ebd.: 316). Implizit komme es dadurch, und das ist für Karl besonders problematisch, zu einer Abwertung des nicht aktiven, nicht produktiven und „unnützen Alter(n)s" (ebd.).

Die Diskussionen zum bürgerschaftlichen Engagement älterer Menschen sind also auch durch kritische Analysen, Bewertungen und Kontroversen geprägt. Diese kennzeichneten den Diskurs von Beginn an: Einerseits sind bereits in früheren Debatten über die Förderung des Engagements Älterer immer wieder Ansätze zu finden, die Älteren angesichts der Belastung öffentlicher Haushalte durch den demografischen Wandel selbst in die Pflicht zu nehmen (vgl. z. B. Tews 1994); es geht dann um eine „(Wieder-)Verpflichtung des gesellschaftlich entpflichteten Alters" (Naegele 2006: 150, vgl. auch Naegele 1993). Andererseits wird der Nutzen des Engagements für die älteren Menschen selbst hervorgehoben, da man davon ausgeht, dass die nachberufliche Betätigung neue Handlungsräume und Möglichkeiten der Aktivität eröffnet, die Lebensqualität verbessert und die gesellschaftliche Teilhabe älterer Menschen unterstützt (vgl. z. B. Zeman 2000, 2008, Stiehr 2006). Diese Sichtweise prägt auch Konzept und Programmatik des „Active Aging" bzw. „Aktiven Alterns" (vgl. z. B. WHO 2002).[24]

Weitestgehend unumstritten ist, dass die Förderung ungenutzter Engagementpotenziale entsprechender Rahmenbedingungen bedarf und die Entfaltung einer „Produktivität des Alters"[25] (Knopf et al. 1989, vgl. auch Erlinghagen/Hank 2008, Börsch-Supan et al. 2009) auf Umwelten angewiesen ist, die das Erfahrungswissen[26] und die Kompetenzen älterer Menschen zu schätzen und zu nutzen

---

23 Vgl. kritisch zu Modellprogrammen im Bereich der Förderung des bürgerschaftlichen Engagements z. B. auch Aner/Hammerschmidt 2008.

24 „Aktives Altern ermöglicht es den Menschen, ihr Potenzial für körperliches, soziales und geistiges Wohlbefinden im Verlaufe ihres gesamten Lebens auszuschöpfen und am sozialen Leben in Übereinstimmung mit ihren Bedürfnissen, Wünschen und Fähigkeiten teilzunehmen; gleichzeitig soll für Hilfsbedürftige ausreichender Schutz, Sicherheit und Pflege gewährleistet sein." (WHO 2002: 12).

25 Der Begriff der Produktivität muss dabei, wie in den frühen gerontologischen Veröffentlichungen betont wurde, die diesen Begriff nutzten bzw. prägten, von der ökonomischen Nützlichkeit losgelöst betrachtet werden. Er bezieht sich dann in erster Linie auf die lebensgestaltenden Fähigkeiten älterer Menschen und deren Aneignung von Projektangeboten und wird als von den älteren Menschen selbst zu entfaltendes und durch förderliche Rahmenbedingungen freizusetzendes Potenzial betrachtet (vgl. Schäffter 1989: 20ff., Knopf 1989: 228f.).

26 S. ausführlich zum Erfahrungswissen Kap. 2.3 u. 3.4.

wissen (vgl. z. B. Knopf 2002, Zeman 2008). Ein Passungsverhältnis zwischen den Engagementinteressen älterer Menschen und der Abnehmerschaft ihres Engagements herzustellen, erwies sich als umso voraussetzungsvoller, je mehr der „Strukturwandel des Ehrenamts"[27] (Beher et al. 2000, vgl. auch Olk 1987, 1989, 2009, Röbke 2011) das Alter erreichte und auch ältere Menschen Formen des selbstbestimmten, selbstorganisierten und projektförmigen Engagements für sich entdeckten. Vor diesem Hintergrund wird seit Langem ein grundlegender Entwicklungsbedarf für zivilgesellschaftliche Organisationen konstatiert, da sich offenbar längst nicht alle für diese neuen Formen des Engagements geöffnet haben (vgl. BBE 2009, Zeman 2008, ISS 2007, Enquete-Kommission 2002). Gefordert wird in diesem Zusammenhang eine „umfassende Strategie der Schaffung und Vermehrung von attraktiven Mitwirkungs- und Gestaltungsrollen in gesellschaftlichen Institutionen und Organisationen" (Olk 2002: 45). Daraus ergeben sich auch für Gemeinden als primäre Orte des Engagements Entwicklungsbedarfe; sie sind aufgefordert, sich für neue Formen der Beteiligung – auch älterer – Menschen zu öffnen und diese nicht zuletzt im eigenen Interesse aktiv zu fördern (vgl. z. B. Bogumil et al. 2003, Braun/Bischoff 1999, Hummel 2009, Jakob 2009).

2.3 Die Kategorie des Erfahrungswissens im Diskurs zum bürgerschaftlichen Engagement älterer Menschen

In den Diskussionen zum nachberuflichen Engagement und insbesondere in den entsprechenden Programmen zur Förderung des bürgerschaftlichen Engagements älterer Menschen wird deren *Erfahrungswissen* ein zentraler Stellenwert beigemessen (vgl. z. B. Braun et al. 2005, Knopf 1989, Lehr 2010, Zeman 2002). Das bereits in den 1980er-Jahren realisierte Programm des Berliner Senats „Erfahrungswissen älterer Menschen nutzen" (vgl. z. B. Knopf 1989) trägt den Begriff des Erfahrungswissens ebenso im Titel wie das Bundesmodellprogramm „Erfahrungswissen für Initiativen"[28] (vgl. z. B. BMFSFJ 2005, 2010, Braun et al. 2004, 2005, Engels et al. 2007). Zu den Zielsetzungen des Letzteren gehört

---

27   Im Kontext der Diskussion zum *Strukturwandel des Ehrenamts* wurde zwischen dem „alten" und dem „neuen" Ehrenamt unterschieden: Während das als „altes" Ehrenamt verstandene Engagement in überkommene Sozialmilieus eingebunden und hoch organisiert ist und oft den Weisungen professioneller Mitarbeiter unterliegt, ist das als „neues" Ehrenamt bezeichnete Engagement eher durch die Erfahrung konkreter Benachteiligung motiviert, entwickelt sich in überschaubaren lokalen Zusammenhängen und findet in weitgehend selbstbestimmten und gering formalisierten Organisationsformen statt (vgl. Beher et al. 2000, Olk 1987, 1989, 2009, Röbke 2011).

28   BMFSFJ, 2002-2006.

„einerseits (...) die am Programm beteiligten Älteren in der Wertigkeit ihres Erfahrungswissens [zu] bestärken und andererseits Strategien [zu] entwickeln, damit ihr Wissen in die Gesellschaft insgesamt besser hineinwirken und für sie in größerem Umfang genutzt werden kann" (Braun et al. 2004: 66).

Auch der Konzeption von Innovage liegt die Annahme zugrunde, ältere Menschen verfügten über „Berufs- und Lebenserfahrungen" (Altorfer/Peter 2010: 8), die einen Wert für andere Altersgruppen bzw. die Gesellschaft im Allgemeinen haben, die Ältere aber nur unter bestimmten Bedingungen in zivilgesellschaftliche Initiativen und Organisationen einzubringen in der Lage sind. Dementsprechend war es die Intention der Projektinitiator/inn/en, hierfür entsprechende Rahmenbedingungen zu schaffen. Ebenso wie die bereits genannten Programme ist Innovage damit im Schnittfeld der Unterstützung eines aktiven Alter(n)s und der Förderung bürgerschaftlichen Engagements zu verorten.

Was wird nun aber unter Erfahrungswissen verstanden? Genauere Bestimmungen der Kategorie Erfahrungswissen finden sich zunächst in Veröffentlichungen, die sich mit dem bürgerschaftlichen Engagement Älterer befassen und der Gerontologie, der Geragogik und der Erwachsenenbildung zuzuordnen sind (vgl. z. B. Bubolz-Lutz 2012, Kade 2009, Rosenmayr 2010, Worf 2011, Zeman 2002, Zeman/Kubisch 2005). Darüber hinaus lohnt es sich, zur weiteren Klärung des Begriffs den Fokus zu erweitern. So wird bspw. auch in der Arbeits- und Industriesoziologie (vgl. z. B. Böhle 2009a), in Veröffentlichungen zu älteren Führungskräften (Fischer 2007), zur beruflichen Bildung (vgl. Sevsay-Tegethoff 2007) und zum Wissensmanagement (vgl. z. B. Fahrenwald 2009, Porschen 2008) sowie im Rahmen der Professionsforschung (vgl. z. B. Böhle 2009b, Schützeichel 2007, 2014) auf den Begriff des Erfahrungswissens rekurriert. In den verschiedenen Diskursen wird das Erfahrungswissen in der Regel von anderen Arten des Wissens unterschieden. Ferner werden verschiedene Formen des Erfahrungswissens differenziert und Möglichkeiten der Transformation und des Transfers von Erfahrungswissen diskutiert. Zudem wird nach den Zusammenhängen zwischen Alter und Erfahrungswissen gefragt. Im Folgenden soll näher auf die genannten Aspekte eingegangen werden; dabei beschränkt sich das vorliegende Kapitel darauf, die entsprechenden Diskurse zu referieren und Gemeinsamkeiten und Unterschiede zwischen ihnen herauszustellen. Eine genauere Klärung des Begriffs des Erfahrungswissens im Verhältnis zu (anderen) metatheoretischen Begriffen, die vorrangig aus der dokumentarischen Methode und der praxeologischen Wissenssoziologie stammen, erfolgt in Kapitel 3; dort wird also dargelegt werden, welches Verständnis von Erfahrungswissen der empirischen Studie zugrunde liegt.

Im gerontologischen Diskurs erlangte der Begriff des Erfahrungswissens vor allem in jenen Beiträgen Bedeutung, die dem Defizitmodell positive Sichtweisen auf das Alter(n) entgegensetzten (vgl. z. B. Lehr 2010), indem sie bspw. die Produktivität (vgl. z. B. Knopf et al. 1989) oder die Potenziale des Alters (vgl. z. B. Kruse 2010) hervorhoben. In diesem Kontext weist der Begriff des Erfahrungswissens eine deutliche *Alterskonnotation* auf (vgl. Worf 2011: 46), d. h., es wird davon ausgegangen, dass gerade ältere Menschen über ein hohes Maß an Erfahrungswissen verfügen. Allerdings wird auch darauf hingewiesen, dass keineswegs automatisch ein Zugewinn an Lebenserfahrung mit dem Älterwerden einhergehen muss (vgl. Kade 2009: 199). In aktuellen Veröffentlichungen wird dafür plädiert, das Erfahrungswissen aller Altersgenerationen zu würdigen. Dies bedeutet zugleich, nicht nur diejenigen in den Blick zu nehmen, deren Wissen sich von anderen besonders gut nutzen lässt (vgl. Bubolz-Lutz 2012: 22). Im Kontext intergenerativer Ansätze wird die Alterskonnotation des Erfahrungswissen-Begriffs noch grundsätzlicher in Frage gestellt; es wird konstatiert, dass das Erfahrungswissen häufig einseitig den Älteren zugeschrieben und das Erfahrungswissen der jüngeren Generationen außer Acht gelassen wird (vgl. Worf 2011: 47).

In verschiedenen Diskursen wird zwischen einem *traditionellen* und einem *modernen Verständnis* von Erfahrungswissen unterschieden. Im traditionellen Verständnis wird Erfahrungswissen als „Erfahrungsschatz" begriffen: Erfahrungen werden von dem/der Einzelnen im Laufe des Lebens akkumuliert und unterstützen insbesondere routinisierte Handlungsweisen. Erfahrung in diesem Sinne wird keineswegs nur positiv betrachtet, sondern gilt bspw. auch als Hemmnis für den Erwerb neuen Wissens (vgl. Sevsay-Tegethoff 2007: 58f.). Demgegenüber wird Erfahrungswissen in einem modernen Sinne als ein Wissen verstanden, das zur Bewältigung neuer Situationen befähigt. Damit wird weniger die in der Vergangenheit gemachte Erfahrung als vielmehr die gegenwärtige „Erfahrungsfähigkeit" fokussiert (ebd.: 60):

> „In diesem offenen Prozess des Erfahrungen-Machens erschließt sich der Mensch *situativ* und *aktiv* seine Umwelt. Erworben wird die Erfahrung vor allem *in* der praktischen Auseinandersetzung mit Neuem, und hier entwickelt sie sich auch weiter." (ebd.: 61, Herv. i. O.)

Dies verweist auf zwei „Formen" der Erfahrung, die der Philosoph und Pädagoge Bollnow grundlegend unterschieden hat:

> „eine Erfahrung, die den Mensch in festgefahrenen Gewohnheiten abstumpfen und erstarren läßt und sich schließlich gegen jede weitere Erfahrung verschließt, und eine andere Erfahrung, die niemals abgeschlossen ist, sondern die sich in offenere Aufnahmebereitschaft beständig weiterentwickelt und zur überlegenen Reife des als erfahren bezeichneten Menschen hinführt." (Bollnow 2013: 29)

Hierin dokumentieren sich zugleich unterschiedliche Bewertungen von Erfahrung, die sich auch im gerontologischen und erwachsenenbildnerischen Erfahrungswissen-Diskurs finden. Kade weist darauf hin, dass die „Qualität des Erfahrungswissens nicht nur von der Vielfalt der Erfahrung, sondern auch von der Erfahrungsverarbeitung abhängig" ist (2009: 201, vgl. auch Zeman 2002). Dies begünstigt die Vorstellung, dass das Erfahrungswissen einer „bildenden Verarbeitung" bedarf (Friedenthal-Haase 2001: 201 zit. n. Bubolz-Lutz 2012: 8). Weitgehende Einigkeit besteht in den verschiedenen Diskursen hinsichtlich des *Praxisbezugs* des Erfahrungswissens:

> „Erfahrungswissen ist allgemein als ein Wissen zu betrachten, das im praktischen Handeln erworben und angewandt wird. Von daher ist es in hohem Maße personenbezogen und auf konkrete Situationen und Kontexte ausgerichtet." (Porschen 2008: 72)

Das Erfahrungswissen wird vom deklarativen Wissen unterschieden, das propositional formulierbar, kommunizierbar und transferierbar ist (vgl. Schützeichel 2014: 50). Fast regelmäßig wird im Zusammenhang mit Erfahrungswissen der Begriff des *„impliziten Wissens"* verwendet, womit an die gleichnamige Veröffentlichung Polanyis (1985[29]) angeschlossen wird.[30] Dabei werden die beiden Begriffe in unterschiedlicher Weise in Beziehung zueinander gesetzt: Erfahrungswissen und implizites Wissen werden gleichgesetzt, das implizite Wissen wird als besonderes Merkmal von Erfahrungswissen herausgestellt oder lediglich als ein Bestandteil des Erfahrungswissens aufgefasst, neben dem dieses auch explizite Wissensanteile umfasst (vgl. z. B. Fischer 2007, Porschen 2008, Schützeichel 2014, Zeman 2002).

Mitunter wird das Erfahrungswissen auch mit dem Begriff des *Experten/der Expertin* bzw. des *Expertenwissens* verknüpft. Während Zeman im Erfahrungswissen eine „besondere und hoch entwickelte Form des Expertenwissens" sieht (2002: 13), kennzeichnet Expert/inn/en aus Sicht von Bubolz-Lutz eine spezifische Art und Weise des Umgangs mit dem Erfahrungswissen:

> „Experten sind dialog- und lernfähig. Das bedeutet: Sie setzen ihr Erfahrungswissen nicht absolut, sondern versuchen, es im Dialog zu erläutern. Dabei sind sie auch aufgeschlossen für Gegenargumente. Sie haben ihre Erfahrungen in speziellen Anwendungssituationen erworben und wissen, dass diese situationsabhängige Erfahrung nicht auf andere Situationen übertragbar ist." (2012: 8)

Das Kontextwissen, das damit ins Spiel kommt, stellt eine der *Formen des Erfahrungswissens* dar, die im gegenwärtigen Diskurs unterschieden werden (vgl. Kade 2009: 201). Weitere Formen des Erfahrungswissens sind das Alltagswissen

---

29 Ursprünglich 1966 unter dem Titel „The tacit dimension" erschienen.
30 S. dazu ausführlicher Kap. 3.2 und 3.4.

– damit bezeichnet Zeman jene Anteile, „die situations- und personengebunden sind und deren individuelle Gültigkeit kaum übertragbar ist" (Zeman 2002: 11) –, das Lebenswissen, das „aus der Reflexion auf Lebenserfahrung entsteht" (Kade 2009: 201)[31], und schließlich das Fachwissen, das aus beruflichen Erfahrungen sowie aus Erfahrungen in ähnlichen, unentgeltlichen Tätigkeiten erwachsen kann (vgl. Zeman 2002: 11).

In verschiedenen arbeits- und industriesoziologischen Studien wurde das Erfahrungswissen, das im Rahmen beruflichen Handelns entsteht, weiter ausdifferenziert. So wurde zwischen einem technisch-funktionalen und einem organisationalen Erfahrungswissen unterschieden. Letzteres umfasst unter anderem auch das Erfahrungswissen im Projektmanagement sowie Milieukenntnisse, die für das Handeln in überbetrieblichen Kontexten relevant sind (vgl. im Überblick Porschen 2008: 79ff.). Böhle unterscheidet in Bezug auf das berufliche Handeln ein erfahrungsgeleitet-subjektivierendes von einem objektivierenden bzw. planmäßig-rationalen und einem routinisierten (Arbeits-)Handeln (vgl. 2009a: 209). Charakteristisch für das erfahrungsgeleitet-subjektivierende Handeln, welches uns hier in erster Linie interessiert, ist, dass dem praktischen Vollzug des Handelns keine Entscheidung über die Wahl der Mittel oder die Definition der Ziele vorausgeht, sondern herantastend, explorativ-entdeckend und dialogisch-interaktiv vorgegangen wird (vgl. ebd.: 210). Dieses Vorgehen ist mit einer besonderen Art der Wahrnehmung verbunden. Diese richtet sich nicht auf

> „verstandesmäßig möglichst exakt und eindeutig erfassbare Informationen, sondern eher auf diffus und nicht präzise definierbare Eigenschaften und Ausdrucksformen konkreter Gegebenheiten" (ebd.: 212).

Die Gleichzeitigkeit verschiedener Sinneswahrnehmungen, Gespür, Gefühl und Intuition spielen hier eine entscheidende Rolle (vgl. Porschen 2008: 77f.). Das Denken ist beim erfahrungsgeleitet-subjektivierenden Handeln eher assoziativ und bildhaft.

> „Ein solches Denken lässt sich als ‚Reflection in Action' im Unterschied zu ‚Reflection on Action' (Schön 1983/2002) oder als ‚mitlaufendes Denken' sowie ein ‚Waches-bei-der-Sache-Sein' bezeichnen (Volpert 2003: 63f.)." (Böhle 2009a: 216)

Wie Sevsay-Tegethoff feststellt, ermöglicht die hier relevante Art von Erfahrungswissen „eine Handlungsvielfalt, die gerade nicht der Vorstellung eines ‚one-best-way' entspricht, sondern unterschiedliche Handlungsweisen zulässt" (2007: 66).

---

31   Vgl. zum Thema Lebenserfahrung auch Zirfas 2013.

Insbesondere dort, wo das Erfahrungswissen zum Gegenstand alten- und engagementpolitischer Programme wurde, stellte sich die Frage, wie und unter welchen Umständen es Älteren möglich sei, ihr *Erfahrungswissen an andere weiterzugeben* bzw. in bestehende Organisationen und Initiativen einzubringen. Geht man, wie gerade dargestellt, davon aus, dass es sich beim Erfahrungswissen um ein (überwiegend) implizites Wissen handelt, so muss man sich entweder darauf beschränken, dass die Erfahrung allenfalls *„indirekt* und *hintergründig* vermittelt" wird (Rosenmayr 2010: 44, Herv. i. O.), oder man unterstellt letztlich doch die Möglichkeit einer Reflexion und damit einhergehender Transformation des impliziten Wissens in ein explizites. In diesem Sinne wurde bspw. im Rahmen des Bundesmodellprogramms „Erfahrungswissen für Initiativen" konstatiert, dass die „Nutzung" des Erfahrungswissens durchaus voraussetzungsvoll sei und hohe Ansprüche an die freiwillig engagierten Älteren stelle:

> „Man muss sich zunächst einmal über sein eigenes Erfahrungswissen klar werden und es in Kompetenzen ,übersetzen'. Worin besteht eigentlich das eigene Erfahrungswissen, dessen Inhalte und Vielfältigkeit naturgemäß nicht vollständig bewusst sind? Vor allem aber: Wie kann man dieses Erfahrungswissen in neuen Handlungsfeldern nutzen, in denen ganz andere Bedingungen herrschen als in den beruflichen Zusammenhängen, in denen man es bisher eingesetzt hat? Von ,Kompetenzen' kann man erst sprechen, wenn das Können auch zu den konkreten Handlungsbedingungen passt." (Karl et al. 2008: 15)

Auch Kade stellt fest, dass, ehe die Erfahrung an andere vermittelt werden könne, ein „Wissen zweiter Ordnung" zu entwickeln sei, das „,Selbstbeobachtung' des eigenen Tuns bzw. die ,Beobachtung der Beobachter' zum Gegenstand" habe (Kade 2002: 112): „Beraten kann nur, wer weiß, was er tut und wie er es tut" (ebd.).

Dass die Weitergabe des Erfahrungswissens nicht nur von denjenigen abhängt, die darüber verfügen, sondern auch von den potenziellen ,Abnehmer/inne/n' des Erfahrungswissens, darauf wies Knopf bereits in der Betrachtung des Berliner Modellprogramms „Erfahrungswissen älterer Menschen nutzen" hin: Bleibe die Resonanz auf das Erfahrungswissen aus, so werde die Idee der Nutzung dieses Wissens schnell unattraktiv (vgl. Knopf 1998: 378f.). Schwierigkeiten bei der Weitergabe des Erfahrungswissens können, wie Zeman zusammenfasst, entstehen, wenn zu unterschiedliche Kulturen, Sprachgewohnheiten und Bezugsrahmen aufeinandertreffen, eine zu geringe Akzeptanz des Erfahrungswissens vorhanden ist oder die Situation strukturelle Mängel zeigt (z. B. zu wenig Zeit, zu wenig Begegnungsmöglichkeiten, zu enge Auffassung von Nützlichkeit, Effektivität und Produktivität) (vgl. 2002: 17). Zeman zieht daraus den Schluss, dass die Vermittlung von Erfahrungswissen neben einer gezielten Aufarbeitung dieses Wissens insbesondere hoher kommunikativer Kompetenz und

Dialogfähigkeit sowie geeigneter Rahmenbedingungen und Infrastrukturen bedarf (vgl. ebd.).

Zu guter Letzt werden im aktuellen Diskurs auch grundsätzliche Zweifel hinsichtlich der Weitergabe des Erfahrungswissens artikuliert:

> „Ist das Erfahrungswissen, vor allem wenn so allgemein seine Vermittlung behauptet wird, wirklich gefragt? Oder ist es bei weiter zunehmender Singularisierung der Menschen und der Steigerung der kulturellen Wandlungsgeschwindigkeit und des zunehmenden Ausmaßes technologisch-informatorischen Informationsflusses nicht doch eine ‚Chimäre‘, also eine Art Wahnvorstellung? Glauben wir daran, weil wir an dieses Erfahrungswissen glauben *wollen*?" (Rosenmayr 2010: 42)

Als Alternative zum Hoffen auf den Transfer von Erfahrung schlägt Rosenmayr schließlich das „Empowerment der Erfahrungsträger" vor (ebd.: 41).

2.4 Forschungsstand zum bürgerschaftlichen Engagement älterer Menschen

Im Folgenden soll ein Überblick über den aktuellen Forschungsstand zum bürgerschaftlichen Engagement im Allgemeinen und zum Engagement älterer Menschen im Besonderen gegeben werden. Dabei liegt der Schwerpunkt auf quantitativen und qualitativen Studien in Deutschland und in der Schweiz. Zunächst werden quantitativ ausgerichtete Studien vorgestellt, die Aussagen zu Umfang und Ausprägung des Engagements sowie zu den Motivationen der bürgerschaftlich Engagierten machen. Darauffolgend werden Befunde quantitativer Studien zum Engagement von älteren Menschen im Speziellen fokussiert. Schließlich wird auf qualitative Studien in diesem Forschungsbereich eingegangen.

Quantitative Studien zum bürgerschaftlichen Engagement im Allgemeinen

Die statistische Datenlage zum bürgerschaftlichen Engagement im Allgemeinen ist sehr gut. Für die Schweiz gibt aktuell insbesondere der Freiwilligen-Monitor (Stadelmann-Steffen et al. 2010) Auskunft. In Deutschland kann vor allem auf den Freiwilligensurvey (Gensicke et al. 2010) zurückgegriffen werden.[32] Weiter liefert der ZivZ-Survey (Zivilgesellschaft in Zahlen[33]) für Deutschland erstmals

---

32 Ein Überblick über empirisch-quantitative Datenerhebungen zum Themenkomplex bürgerschaftliches Engagement, Dritter Sektor und gemeinnützige Organisationen in Deutschland findet sich im Anhang I des Ersten Engagementberichts (vgl. Enste et al. 2012a: Anhang I, 5-25).

33 Zu Zivilgesellschaft in Zahlen vgl. auch Anheier/Spengler 2009, Spengler/Priemer 2011, Tamm et al. 2011.

e ne Datengrundlage über die Organisationsformen (z. B. Vereine, Genossenschaften etc.), in denen Engagement zu finden ist (vgl. Krimmer/Priemer 2013: 4ff.). Darüber hinaus ist der Engagement-Atlas (Prognos AG/Generali Holding AG 2009) zu erwähnen, der Aussagen zu volkswirtschaftlichem Nutzen und regionalen Engagementniveaus in Deutschland macht.[34] Zudem gibt der 2012 erschienene Bericht „Volunteering Infrastucture in Europe" (vgl. CEV 2012) auf europäischer Ebene anhand steckbriefartiger Darstellungen von 29 Ländern eine Übersicht über Rahmenbedingungen und Infrastruktur für freiwilliges Engagement. Problematisch ist jedoch die fehlende Vergleichbarkeit der genannten Studien, da die verschiedenen Erhebungen mit unterschiedlichen Engagement-Begriffen und -Definitionen operieren und jeweils unterschiedliche Altersgruppen bilden.

Im Folgenden wird genauer auf die Ergebnisse des Freiwilligen-Monitors der Schweiz und des Freiwilligensurveys in Deutschland eingegangen. Beide Studien basieren auf repräsentativen Umfragen, wurden bereits in mehr als einer Erhebungswelle durchgeführt und haben sich in ihren jeweiligen Ländern als vielbeachtete Datengrundlage im Bereich der quantitativen Engagementforschung etabliert.

Der erste *Freiwilligen-Monitor der Schweiz* erschien 2007. Er gab einen umfassenden Einblick in Ausmaß, regionale Unterschiede und Motive des freiwilligen Engagements (vgl. Stadelmann-Steffen et al. 2007). Von Beginn an war geplant, dass regelmäßig alle vier oder fünf Jahre erneute Erhebungen durchgeführt werden (vgl. Ammann 2007: 11). Aktuell liegt der Freiwilligen-Monitor 2010 vor, der auf Daten aus dem Jahr 2009 basiert (vgl. Stadelmann-Steffen et al. 2010).

Der Freiwilligen-Monitor unterscheidet drei Formen der Freiwilligkeit (s. Kap. 2.1):

> „Es handelt sich dabei (1) um freiwillige Tätigkeiten, die innerhalb von Vereins- oder Organisationsstrukturen ausgeübt werden (formelle Freiwilligkeit), (2) um freiwillige Arbeiten wie Nachbarschaftshilfe oder das Hüten fremder Kinder, die ausserhalb solcher Organisationsstrukturen stattfinden (informelle Freiwilligkeit) sowie (3) um das Spenden von Geld und Naturalien." (Stadelmann-Steffen et al. 2010: 15)

---

34 Der jüngste Engagement-Atlas (Generali Holding AG/ISAB 2015) hat allerdings einen anderen Fokus und nimmt die Engagement unterstützenden Einrichtungen in Deutschland in den Blick. Konkret zu Freiwilligenagenturen als einer Form der Engagement unterstützenden Organisationen haben Carsten Speck, Holger Backhaus-Maul, Peter Friedrich u. a. eine quantitative Studie vorgelegt, die auf einer bundesweit repräsentativen Erhebung basiert und in deren Rahmen auf der Basis leitfadengestützter Interviews vier lokale Fallstudien erstellt wurden (vgl. Speck et al. 2012).

Damit wird hier eine andere Differenzierung vorgenommen als im deutschen Freiwilligensurvey, der zwischen Gemeinschaftsaktivitäten respektive öffentlicher Aktivität[35] und freiwilligem Engagement unterscheidet (vgl. Gensicke et al. 2010: 6). Ferner erfasst der Freiwilligen-Monitor im Unterschied zum Freiwilligensurvey auch monetäre Leistungen.

Der Freiwilligen-Monitor 2010 stellt fest, dass rund ein Viertel der Schweizer ständigen Wohnbevölkerung über 15 Jahren im Sinne einer formellen Freiwilligkeit innerhalb von Vereinsstrukturen engagiert ist. Knapp 30 % der Bevölkerung betätigen sich im Sinne einer informellen Freiwilligkeit außerhalb von Organisationen (vgl. Stadelmann-Steffen et al. 2010: 15f.). Vergleicht man die Daten von 2009 mit denen von 2006, so fällt auf, dass die formelle Freiwilligkeit fast stabil geblieben ist (2006: 28 %, 2009: 26 %; vgl. ebd.: 47), während die informelle Freiwilligkeit deutlich zurückgegangen ist (2006: 37 %, 2009: 29 %; vgl. ebd.: 70).[36]

Für den *deutschen Freiwilligensurvey* wurden bisher Erhebungen in drei Wellen durchgeführt: 1999, 2004, 2009 (vgl. von Rosenblatt 2000, Gensicke et al. 2006, 2010). Die Ergebnisse der Erhebung von 2009 wurden 2010 veröffentlicht. Die Untersuchungen zeigen, dass der Anteil der deutschen Wohnbevölkerung ab 14 Jahren, der sich freiwillig engagiert (Engagementquote), zwischen 1999 und 2004 leicht gestiegen und seitdem stabil geblieben ist (1999: 34 %, 2004: 36 %, 2010: 36 %). Mehr als ein Drittel der Befragten (35 %) war 2009 öffentlich aktiv, ohne sich freiwillig zu engagieren (vgl. Gensicke et al. 2010: 5f.).

Im Schweizer Freiwilligen-Monitor ebenso wie im deutschen Freiwilligensurvey zeigt sich, dass eine hohe Bildung, ein hohes Haushaltseinkommen und eine gute berufliche Stellung die Wahrscheinlichkeit eines freiwilligen Engagements erhöhen (vgl. Stadelmann-Steffen et al. 2010: 15, Gensicke et al. 2010: 4). Parallelen zwischen beiden Ländern sind auch bei den Engagementmotiven zu erkennen. Folgt man den Aussagen der Engagierten, so zeigt der Freiwilligen-Monitor für die Schweiz, dass der Spaß an der Tätigkeit als Motiv für ein Engagement eine zentrale Rolle spielt (vgl. Stadelmann-Steffen et al. 2010: 17). Mit anderen etwas zu bewegen, anderen zu helfen und die Möglichkeit sich weiter-

---

35 In den Freiwilligensurveys von 1999 und 2004 wird noch von „Gemeinschaftsaktivitäten" gesprochen, 2010 von „öffentlich Aktiven" (vgl. von Rosenblatt 2000, Gensicke et al. 2006, 2010).

36 Dabei zeigt die genauere Betrachtung, dass die Abnahme der informellen Freiwilligkeit insbesondere jene Aktivitäten betrifft, die z.B. den Spaß und das Treffen mit anderen beinhalten, während Hilfeleistungen zugunsten anderer im Vergleich zur letzten Erhebung sogar noch stärker ausgeprägt sind (vgl. Stadelmann-Steffen 2010: 70ff.). Angedeutet wird im Freiwilligen-Monitor zudem, dass sich der Rückgang der informellen Freiwilligkeit zumindest teilweise auch mit der Wirtschaftskrise erklären lassen könnte (vgl. ebd.: 72).

zuentwickeln sind weitere wichtige Beweggründe für ein freiwilliges Engagement (vgl. ebd.: 87ff.). Der Freiwilligensurvey hat für Deutschland eine vergleichbare Motivlage festgestellt. Dort wird ein Mix aus „gesellschaftlichen, sozialen und persönlichen Motiven" beschrieben, die für die Motivation zum freiwilligen Engagement wichtig sind (Gensicke et al. 2010: 118). Freude an der Tätigkeit ist und bleibt die Hauptmotivation für freiwilliges Engagement, eng verknüpft damit, dass man auch einen Beitrag für das Gemeinwohl leisten und anderen Menschen helfen will (vgl. ebd.: 118f.). Zu ähnlichen Ergebnissen kommt gegenwärtig auch die Allensbach-Studie zu den Motiven bürgerschaftlichen Engagements in Deutschland (vgl. BMFSFJ 2014). Auch hier spielen für den Großteil der Engagierten neben altruistischen Motiven selbstbezogene Antriebe für ein Engagement eine Rolle (vgl. ebd.: 3). Im Freiwilligensurvey wird zudem deutlich, dass der Bereich des Engagements als „Lernfeld" betrachtet wird, in dem man die eigenen Kenntnisse erweitern, in das man aber auch eigene Kenntnisse einbringen kann (vgl. Gensicke et al. 2010: 119).

In beiden Ländern sind regionale Unterschiede im Engagement zu finden. So hat der Freiwilligen-Monitor für die Schweiz festgestellt, dass in der Deutschschweiz viel mehr Menschen sowohl formell und auch informell freiwillig tätig sind, als dies in der Romandie und dem Tessin der Fall ist (vgl. Stadelmann-Steffen et al. 2010: 123f.). Für Deutschland stellt der aktuelle Freiwilligensurvey fest, dass freiwilliges Engagement in ländlichen Gebieten stärker vertreten ist als in großstädtischen Kernbereichen (vgl. Gensicke et al. 2010: 29). Neben Unterschieden in West- und Ostdeutschland lässt sich für das freiwillige Engagement auch ein Nord-Süd-Gefälle feststellen, mit höheren Anteilen im Süden und im Westen Deutschlands (vgl. Enste et al. 2012b: 13).

Befunde zum bürgerschaftlichen Engagement älterer Menschen in quantitativen Studien

Von besonderem Interesse für die vorliegende Studie sind die Befunde quantitativer Studien zum bürgerschaftlichen Engagement älterer Menschen. Der Freiwilligenmonitor stellt für die Schweiz fest, dass die Häufigkeit eines formellen Engagements mit dem Erreichen des Pensionsalters deutlich abnimmt; bei Frauen ist dabei ein etwas stärkerer Rückgang zu verzeichnen als bei Männern. So sind unter den 40- bis 64-jährigen Frauen 29 % formell freiwillig engagiert, bei den 65- bis 79-Jährigen sind es 22 % und bei den über 80-Jährigen noch 8 %. Bei den Männer der Altersklasse 40- bis 64 verzeichnet der Freiwilligenmonitor 32 % formelles Engagement, bei den 65- bis 79-Jährigen 28 % und bei den über 80-Jährigen sind es noch 11 % (vgl. Stadelmann-Steffen et al. 2010: 55).

Auch der deutsche Freiwilligensurvey[37] stellte in den verschiedenen Erhebungswellen jeweils eine geringere Engagementquote Älterer gegenüber anderen Altersgruppen fest. So engagierten sich 2009 41 % der 31- bis 45-Jährigen und 38 % der 46- bis 65-Jährigen, aber nur 28 % der über 65-Jährigen (vgl. Gensicke et al. 2010: 99). Allerdings wies der Freiwilligensurvey 2006 darauf hin, dass es zwischen 1999 und 2004 im Vergleich unterschiedlicher Altersgruppen die deutlichste Steigerung des freiwilligen Engagements bei den älteren Menschen im Alter ab 60 Jahren gegeben hat. Die Engagementquote stieg hier von 26 % auf 30 %. In der Gruppe der 60- bis 69-Jährigen erhöhte sich das Engagement sogar von 31 % auf 37 % und entsprach damit fast dem Engagementniveau im mittleren Erwachsenenalter (vgl. Gensicke et al. 2006: 13); in der dritten Welle des Freiwilligensurvey blieb der Anteil dieser Altersgruppe allerdings konstant bei 37 % (vgl. Gensicke et al. 2010: 155). Der Anstieg der Engagementquote bei den Älteren wird zum Teil darauf zurückgeführt, dass bestimmte Alterskohorten, die auch über spezifische Erfahrungshintergründe verfügen, ihre Engagementneigung ins Alter ,mitgenommen' haben (vgl. ebd.: 160).

Erlinghagen (2008) untersuchte auf der Basis der Daten des Sozio-oekonomischen Panels (SOEP)[38], von welchen Faktoren eine Aufnahme und Aufrechterhaltung des Engagements im Alter abhängt. Dabei kommt er zu dem Ergebnis, dass *Ruhestandseffekte* (d. h. die Tatsache, dass Ältere nach Ende des Berufslebens über mehr Zeit verfügen) im Hinblick auf die Aufnahme einer ehrenamtlichen Tätigkeit eine geringere Rolle spielen als *Erfahrungseffekte*:

> „Ältere mit Engagementerfahrung zeigen nicht nur eine hoch signifikant erhöhte Aufnahmewahrscheinlichkeit, sondern zeichnen sich gleichzeitig auch durch eine im Zeitverlauf hoch signifikante Aktivitätsstabilität aus." (Erlinghagen 2008: 109, vgl. auch Erlinghagen 2009)

Die Engagementquoten Älterer in den verschiedenen europäischen Ländern wurden von Erlinghagen und Hank (2009) auf Basis der Daten des „Survey of Health, Ageing and Retirement in Europe" (SHARE)[39] miteinander verglichen.

---

37 Der Deutsche Alterssurvey (DEAS) (Motel-Klingebiel et al. 2010) macht ebenfalls Aussagen zum freiwilligen Engagement älterer Menschen. Da unter dem Gesichtspunkt der außerberuflichen gesellschaftlichen Partizipation das „ehrenamtliche Engagement" gemeinsam mit außerhäuslichen Bildungsaktivitäten betrachtet wird, werden die Ergebnisse hier nicht im Einzelnen dargestellt (vgl. dazu Naumann/Romeu Gordo 2010: 133ff.).

38 „Das SOEP ist eine seit 1984 jährlich durchgeführte Wiederholungsbefragung von Haushalten in den alten und (seit 1999) neuen Bundesländern" (Erlinghagen 2008: 97). Die von Erlinghagen verwendete Welle des Jahres 2005 umfasst gut 21.000 Personen aus 11.500 Haushalten.

39 Es handelt sich um eine multidisziplinäre, international vergleichende und längsschnittliche Datenbasis zur Lebenssituation älterer Menschen; in den mittlerweile fünf Befragungswellen wurden ca. 45.000 Menschen ab 50 Jahren in bis zu 19 Ländern befragt. Die Feldarbeit für die sechste Welle hat im Frühjahr 2015 begonnen.

Im Durchschnitt der berücksichtigten Länder[40] übten 2006 knapp 11 % der über 50-Jährigen im Monat vor der Befragung ein Ehrenamt aus. Die Schweiz und Deutschland lagen mit knapp 17 % bzw. 13 % im Mittelfeld, während in den Niederlanden mehr als 25 % und in Griechenland etwa 2 % der Befragten ehrenamtlich aktiv waren (vgl. Erlinghagen/Hank 2009: 6).

Qualitative Studien zum bürgerschaftlichen Engagement älterer Menschen

Wie der vorangegangene Abschnitt zeigt, liegen im Bereich quantitativer Studien zum bürgerschaftlichen Engagement im Allgemeinen und zum Engagement älterer Menschen im Besonderen inzwischen aussagekräftige Informationen für die Schweiz und Deutschland vor. Anders ist die Situation, wenn man nach qualitativen Studien zum bürgerschaftlichen Engagement älterer Menschen sucht. Zwar hat Olk formuliert, dieses sei „in einer Vielzahl qualitativer Studien untersucht worden" (2011: 713), doch bei genauerer Betrachtung ist dieser Befund zu relativieren. Zum einen handelt es sich bei den von ihm aufgeführten Studien zum Teil um Abschlussberichte von Begleitforschungen und um Projektberichte, zum anderen nehmen die vorliegenden Studien, wie die folgende Darstellung verdeutlichen wird, nur spezifische Aspekte des freiwilligen Engagements älterer Menschen in den Blick. Daher ist unserer Meinung nach auch hinsichtlich des bürgerschaftlichen Engagements älterer Menschen der 2013 erschienenen Forschungsexpertise des *Ersten Engagementberichts* zuzustimmen, in der auf einen Bedarf an „qualitative[n] Daten in allen Bereichen der Engagementforschung" hingewiesen wird (Klein/Schwalb 2013: 8).

Im Folgenden soll näher auf qualitative Studien im Schnittfeld von Alter(n) und bürgerschaftlichem Engagement eingegangen werden. Die Suchstrategie konzentrierte sich dabei auf die für die vorliegende Studie relevanten Aspekte: Selbstorganisation, Netzwerke, Kollektivität, Kooperation und (implizites) Erfahrungswissen; nur zum Teil führte diese Suche allerdings zum Erfolg. Unberücksichtigt bleiben in der folgenden Darstellung Studien, die sich zwar mit Netzwerken in der Zivilgesellschaft befassen, jedoch nicht im genannten Schnittfeld zu verorten sind (vgl. z. B. Olk et al. 2011). Nicht einbezogen werden außerdem Studien, deren Veröffentlichung bereits mehr als zehn Jahre zurückliegt, auch wenn sie unter den Aspekten von Netzwerken, Kollektivität und Selbstorganisation durchaus interessante Erkenntnisse zu bieten hätten (vgl. z. B. Kade 2001, Fischer et al. 2003, Fischer 2004).

---

40   Die in der zweiten Erhebungswelle berücksichtigten Länder waren Österreich, Deutschland, Schweden, Niederlande, Spanien, Italien, Frankreich, Dänemark, Griechenland, Schweiz, Belgien, Israel, Tschechien, Polen und Irland (vgl. http://www.share-project.org).

Eine der aktuellsten Studien in dem uns interessierenden Bereich ist die Untersuchung von *Tina Denninger, Silke van Dyk, Stephan Lessenich und Anna Richter*, die 2014 unter dem Titel „Leben im Ruhestand" veröffentlicht wurde. Verortet in den an Foucault anschließenden Gourvernementalitätsstudien untersuchen die Forscher/innen die „gesellschaftliche Neuverhandlung des Alters" (Denninger et al. 2014: 15). Dazu analysierten sie im Rahmen einer Dispositivanalyse einen großen Korpus an Dokumenten der letzten drei Jahrzehnte aus dem politisch-medialen Raum. Zudem wurden 55 qualitative leitfadengestützte Interviews mit verrenteten Personen geführt, „um deren Selbstpositionierung im Raum der gesellschaftlich kursierenden Alters- und Nacherwerbsbilder zu dokumentieren" (ebd.: 16). Dabei nahmen die Autor/inn/en für die Auswertung der Interviews, wie sie formulieren, zwar

> „Anleihen bei der Dokumentarischen Methode, entkleideten sie aber ihrer wissenssoziologischen Fundierung und führten sie mit einer dekonstruktiven Lektüre der Interviewtexte zusammen" (ebd.: 59).

Dieses Vorgehen ist unter methodologischen Gesichtspunkten durchaus kritisierbar und wirft auch Fragen hinsichtlich der sinngenetischen Typologie[41] auf, zu der die Autor/inn/en nach eigener Aussage gelangten. Diese umfasst verschiedene „Typen des Nacherwerbslebens" (ebd.: 348), um mit dem „zufriedenen Ruhestand", dem „geschäftigen Ruhestand" oder dem „verhinderten Ruhestand" nur einige zu nennen (ebd.: 348ff.). Die Studie betrachtet also individuelle Selbstpositionierungen älterer Menschen im Hinblick auf den Ruhestand, die sie mit den Dispositiven in Beziehung setzt. Da sich die Studie mit dem „Altern in der Aktivgesellschaft" befasst, spielt auch das bürgerschaftliche Engagement bzw. die Erwartung an Ältere, sich im Ruhestand zu engagieren, darin eine Rolle.

Die folgenden beiden Studien wenden sich dem Engagement Älterer mit Blick auf Fragen der Identität und der Biografie zu. *Julia Steinfort* (2010) untersucht am Beispiel des Modellprojekts „Pflegebegleiter" die Identitätsentwicklung von Menschen im „Dritten Alter"[42] im Feld des freiwilligen Engagements. Die Daten wurden von der Autorin mittels problemzentrierter Interviews erhoben, die sie inhaltsanalytisch auswertete. Die Ergebnisse der Studie belegen nach Ansicht der Autorin, dass

---

41   Im Rahmen der dokumentarischen Methode zeigt die sinngenetische Typenbildung, in welchen unterschiedlichen Orientierungsrahmen die erforschten Gruppen und Personen Themen und Problemstellungen bearbeiten, die im Zentrum der jeweiligen Studie stehen (vgl. Nohl 2013: 50; Bohnsack 2010a: Kap. 8.3; vgl. auch Kap. 4).

42   Vgl. zum Dritten und Vierten Alter Fußnote 4.

„alle Befragten eine aktive Phase der Identitätsauseinandersetzung im Kontext Freiwilligen Engagements erleben. Es lassen sich jedoch keine Hinweise auf einen Endzustand der Identitätsentwicklung im Dritten Alter finden, im Gegenteil: ‚in Bewegung zu sein' scheint eher charakteristisch für das Selbst- und Identitätsverständnis in dieser Lebensphase." (Steinfort 2010: 211)

Dabei zeigt Steinfort die Heterogenität von Identitätsentwicklungen im Dritten Alter auf (vgl. ebd.: 212). Unter den „identitätsrelevante[n] Aspekte[n] im Kontext freiwilliger Tätigkeiten" stellt die Studie die Aspekte „Kohärenz" und „Selbstverortung" als besonders bedeutsam heraus (Steinfort 2010: 213). So hält Steinfort für den Aspekt der Kohärenz fest,

„dass das gewählte Engagement oftmals eine bewusste und reflektierte Antwort auf die Frage nach dem Sinn individuellen Handels in der nachberuflichen Lebensphase ist. Viele Befragte schildern, dass sie durch das Interesse für ein Engagement und ihr Tätigwerden ein Gefühl der Zufriedenheit erleben, was unter den Begriff Kohärenz gefasst werden kann." (ebd.)

Für den Aspekt der Selbstverortung stellt sie dar, dass die Befragten das Dritte Alter als eine Zeit beschreiben, „in der sie (häufig erstmals) selbst bestimmen und wählen können, welche Tätigkeiten ihnen wichtig sind" (ebd.: 214). Im Rahmen der Reflexion ihrer Ergebnisse hält Steinfort fest, dass freiwilliges Engagement gesellschaftlich gut sei und zugleich den Menschen im Dritten Alter gut tue (vgl. ebd.: 219). Vor dem Hintergrund dieser Erkenntnis plädiert sie schließlich u. a. für die Schaffung von Gestaltungsfreiräumen im freiwilligen Engagement, die heterogenen Identitätsverläufen Raum bieten (vgl. ebd.: 220).

Kirsten Aner geht im Rahmen einer 2005 erschienenen Studie zum bürgerschaftlichen Engagement Älterer der Frage nach, wie unter Bedingungen langjähriger Berufstätigkeit und befriedigender Lebenslagen im Ruhestand zivilgesellschaftliches Engagement entsteht bzw. wieso ein Großteil der Ruheständler sich trotz guter finanzieller Absicherung und Bildung sowie guter Gesundheit nicht für das Gemeinwesen engagiert (vgl. 2005: 87). Dazu führte sie problemzentrierte Interviews mit acht Beschäftigten eines Volkswagen-Werks im Übergang in den vorzeitigen Ruhestand durch. Die Teilnehmer/innen wählte sie auf der Basis einer zuvor in dem Konzern durchgeführten standardisierten Studie aus, in der Telefoninterviews mit 60 Beschäftigten durchgeführt worden waren. Im Rahmen der qualitativen Studie wurden verschiedene Hierarchieebenen und Engagierte ebenso wie Nichtengagierte befragt; es gab drei Erhebungszeitpunkte in einem Zeitraum von vier Jahren (vgl. ebd.: 277ff.). Aner kommt auf der Basis einer codierenden Auswertung des Interviewmaterials zu dem Ergebnis, dass nicht allein gute Lebenslagen darüber entscheiden, ob jemand sich im Ruhestand engagiert. Vielmehr stellt sie fest,

„dass die Herausbildung und Festigung gemeinschaftsbezogener Motivationen, Handlungsmuster und ihre Realisierung im Alter offensichtlich in der Summe des gesamten Lebensver-
laufs positive Erfahrungen mit einer ‚Kultur der Partizipation' in verschiedenen Lebensberei-
chen voraussetzt. Dabei geht es eben nicht um bloße Mitgliedschaft in Vereinen und irgendeine Art von Teilhabe am Erwerbsleben, sondern um die Erfahrung tatsächlicher Teilhabe und
eigener Gestaltungsmacht." (Aner 2008: 209f.)

Im Unterschied zu den bisher dargestellten Studien wendet sich *Kai Brauer*
(2009) in seiner Untersuchung Netzwerken zu. Er stellte sich die Frage, welche
Organisations- beziehungsweise Netzwerkformen geeignet sind, um freiwilliges
Engagement älterer Menschen auf kommunaler Ebene zu motivieren (vgl.
2009: 242). Auf der Grundlage von vier Fallstudien aus dem Bereich der Community Studies[43] zu Gemeinden in den USA arbeitet er typologisch vier Eigenschaften von zivilgesellschaftlichen Netzwerken heraus, die als förderlich für
freiwilliges Engagement Älterer gelten können: hohe Heterogenität (in Bezug
auf die Zusammensetzung der Netzwerkmitglieder), ausreichende interne und
externe Optionalität, Statuspotenzial (mit dem Engagement wird Anerkennung
im Gemeinwesen erworben) und Transparenz (vgl. ebd.: 253ff.).

Unter dem Gesichtspunkt der Kooperation ist für uns eine Studie von *Fred
Karl, Kirsten Aner, Franz Bettmer und Elke Olbermann* von Interesse, die im
Rahmen des Modellprogramms „Erfahrungswissen für Initiativen" durchgeführt
wurde. Die Ergebnisse des Forschungsprojekts wurden 2008 unter dem Titel
„Perspektiven einer neuen Engagementkultur. Praxisbuch zur kooperativen Entwicklung von Projekten" veröffentlicht (vgl. Karl et al. 2008). Im Mittelpunkt
des Projekts steht die Kooperation in Zusammenhang mit dem „neuen Ehrenam-
amt"[44]. Die Forscher/innen nehmen an, dass für das Gelingen von Kooperationen
zwischen freiwillig Engagierten, die weitgehend selbstbestimmt aktiv werden,
und Organisationen der Zivilgesellschaft erst eine neue gemeinsame Praxis entwickelt werden muss. Ausgehend von dieser Annahme wurden in dem Forschungsprojekt zwischen 2004 und 2006 Interviews mit unterschiedlichen beteiligten Akteur/inn/en durchgeführt, um Erfahrungen bei der praktischen Umsetzung von Engagement-Vorhaben zu erfassen und konkrete Schwierigkeiten und
Lösungsansätze in der Praxis zu identifizieren.[45] Dabei standen sowohl die Interaktionen als auch die Rahmenbedingungen auf lokaler Ebene im Fokus. Anhand
der Interviews wurden verschiedene Engagementtypen (z. B. „vernetzungsba-
siertes Engagement", „selbständiger Aufbau eines Dienstleistungsangebots") er-

---

43   Der Begriff „Community Studies" wird bei Brauer im Sinn einer soziologischen Erhebungsme-
     thode verwendet (vgl. Brauer 2009: 246).

44   Vgl. zum „alten" und zum „neuen Ehrenamt" Kap. 2.1, Fußnote 27.

45   Über Art und Anzahl der durchgeführten Interviews erfährt man in der Veröffentlichung leider
     ebenso wenig wie über die Auswertungsmethode; das ist damit zu erklären, dass sich die Ver-
     öffentlichung als „Praxisbuch" versteht.

mittelt. Ferner stellen die Forscher/innen verschiedene Gründe für den Abbruch eines Engagements dar: Unstimmigkeiten über die Konzeption, Enttäuschung von Erwartungen und Überlastung (vgl. ebd.: 52ff.). Schließlich werden ausgehend von einem typischen Engagementverlauf Lösungsansätze für den Aufbau von Kooperationen vermittelt, die etwa in der Kommunikation, der Formulierung von gemeinsamen Zielen oder der Abstimmung von Aufgaben gesehen werden (vgl. Karl et al. 2008: 61ff., vgl. auch Bettmer 2008).

Zum Forschungsstand im Bereich qualitativer Studien kann Folgendes zusammengefasst werden: Die Zahl der qualitativen Studien im Schnittfeld von Alter(n) und bürgerschaftlichem Engagement ist gering. Es liegen Studien vor, die sich dem bürgerschaftlichen Engagement älterer Menschen in identitäts- bzw. biografieanalytischer Perspektive nähern (vgl. Aner 2005, Steinfort 2010). Die Daten werden hier mittels Einzelinterviews erhoben, in der Auswertung gehen die Forscherinnen kategorienbildend vor. Die Studien leisten ohne Frage wertvolle Beiträge im Hinblick auf einen spezifischen Aspekt des nachberuflichen Engagements, lassen jedoch die kollektive Dimension des Engagements unberücksichtigt. Sie verbleiben, indem sie kategorienbildend verfahren, so lässt sich aus der Perspektive der dokumentarischen Methode formulieren, zudem auf der Ebene des kommunikativen Wissens, d. h. auf der Ebene der Selbstaussagen der Beforschten. In den Gouvernementalitätsstudien verortet, bringt die Studie von Denninger et al. (2014) insofern interessante Erkenntnisse hervor, als sie einer Dispositivanalyse der öffentlichen Diskurse über das Alter die Sichtweisen der Älteren selbst im Hinblick auf die Gestaltung ihres Ruhestands gegenüberstellt. Weitere Studien wenden sich den Netzwerken Älterer und den Kooperationen im Bereich von zivilgesellschaftlichen Organisationen zu (vgl. Brauer 2009, Karl et al. 2008) und nehmen damit in Ansätzen die kollektive Dimension des bürgerschaftlichen Engagements in den Blick. Allerdings handelt es sich auch hier nicht um Untersuchungen, die im Bereich der rekonstruktiven Sozialforschung zu verorten sind. Es mangelt also bislang an Studien, die sich der kollektiven Dimension des Engagements älterer Menschen annehmen und Zugänge zum Erfahrungswissen älterer Menschen, d. h. zu impliziten Wissensbeständen und handlungsleitenden Orientierungen der engagierten Akteurinnen und Akteure, eröffnen.

2.5 Zusammenfassung

Bürgerschaftliches Engagement und Erfahrungswissen älterer Menschen sind nicht nur zentrale Bezugspunkte für das Projekt Innovage, sondern die entsprechenden Diskurse sind auch für die Verortung der vorliegenden Studie relevant.

Schon der einleitende Überblick zum Engagementdiskurs im Allgemeinen hat deutlich gemacht, dass die verwendeten Begriffe mit unterschiedlicher Konnotation und im jeweils länderspezifischen Kontext verschieden gebraucht werden. Dies erschwert nicht nur die länderübergreifende Kommunikation, sondern auch, wie dargestellt werden konnte, die Vergleichbarkeit quantitativer Studien. Der Forschungsstand zum bürgerschaftlichen Engagement älterer Menschen zeigt, dass in der Schweiz und in Deutschland mittlerweile etablierte repräsentative Studien vorliegen, die Aussagen zu Umfang, Ausprägung und Motivation sowie regionalen Besonderheiten von bürgerschaftlichem Engagement älterer Menschen treffen. Für den Bereich der qualitativen Studien, die bislang zwar jeweils bedeutsame, aber zugleich nur spezifische Aspekte des bürgerschaftlichen Engagements älterer Menschen fokussieren, ist dagegen weiterer Forschungsbedarf zu konstatieren. So liegen bisher keine rekonstruktiven Studien vor, die das nachberufliche Engagement in seiner Kollektivität und seiner handlungspraktischen Dimension erfassen. Während sich sowohl quantitative als auch qualitative Studien auf die expliziten Selbstaussagen der Engagierten stützen, fehlen bislang Studien, die sich dem vieldiskutierten Erfahrungswissen freiwillig engagierter älterer Menschen, das als implizites Wissen zu verstehen ist, auch systematisch empirisch nähern. Dazu bedarf es einer entsprechenden Methodologie und Methode. Die vorliegende Studie wählt, wie im Folgenden dargestellt werden soll (s. Kap. 3), einen praxeologischen Zugang zum bürgerschaftlichen Engagement älterer Menschen. Sie fokussiert einerseits die kollektive Praxis der Selbstorganisation in den Netzwerken und das dieser Praxis zugrunde liegende handlungsleitende Wissen (s. Kap. 5), zum anderen wendet sie sich dem impliziten bzw. atheoretischen (Erfahrungs-)Wissen der freiwillig Engagierten in der kooperativen Praxis zu (s. Kap. 6).

3 In praxeologischer Perspektive: zentrale metatheoretische Begriffe, Analyseeinstellung und Erkenntnisinteresse der Studie

Die vorangegangenen Kapitel haben in den Diskurs zu Zivilgesellschaft und bürgerschaftlichem Engagement eingeführt und sich dabei der *Selbstorganisation* im Kontext bürgerschaftlichen Engagements ebenso wie dem *Erfahrungswissen* älterer Menschen gewidmet. Im Folgenden soll nun vor diesem Hintergrund und mit Blick auf die Empirie dargelegt werden, aus welcher *Perspektive* sich die Studie für die Selbstorganisation in den Innovage-Netzwerken und das Erfahrungswissen interessiert, das in den Kooperationsprojekten von Innovage-Berater/inne/n und zivilgesellschaftlichen Initiativen bzw. Organisationen zum Tragen kommt. Die spezifische Perspektive auf den Forschungsgegenstand resultiert aus der methodologischen Verortung der Studie in der *rekonstruktiven Sozialforschung* (Bohnsack 2010a), konkret in der *dokumentarischen Methode,* deren Grundlagentheorie als *praxeologische Wissenssoziologie* bezeichnet wird (vgl. z. B. Bohnsack 2007a, 2010a, Bohnsack et al. 2013a, Loos et al. 2013).

Während die methodischen Verfahren, die im Rahmen der Studie gewählt wurden, und das forschungspraktische Vorgehen in Kapitel 4 ausführlich behandelt werden, sollen an dieser Stelle wesentliche Aspekte der dokumentarischen Methode und der praxeologischen Wissenssoziologie dargestellt (Kap. 3.1) und deren zentrale *metatheoretische Begriffe*, die die Analyseeinstellung der Studie genauer bestimmen, eingeführt werden.[46] Punktuell wird diese Darstellung um Begriffe aus anderen Theorietraditionen ergänzt werden, die z. T. bereits für Analysen auf der Basis der dokumentarischen Methode fruchtbar gemacht wurden. Die Differenz zwischen *immanentem Sinn* und *Dokumentsinn* bzw. *kommunikativem* und *konjunktivem Wissen* (Kap. 3.1 u 3.2) korrespondiert als Leitdiffe-

---

46 In der rekonstruktiven Sozialforschung stehen die Entscheidung für eine *Metatheorie* und die Klärung entsprechender *metatheoretischer bzw. formaler Grundbegriffe* am Beginn des Forschungsprozesses. Diese metatheoretischen Begriffe sind zu unterscheiden von *inhaltlich-gegenstandsbezogener Theorie*, die in der hypothesenprüfenden Forschung am Beginn des Forschungsprozesses eine zentrale Rolle spielt. Demgegenüber sind gegenstandsbezogene Theorien in der rekonstruktiven Sozialforschung Ergebnis der Forschung (vgl. Bohnsack 2010a: Kap. 2, Przyborski/Wohlrab-Sahr 2014: 29ff.).

renz der dokumentarischen Methode mit weiteren begrifflichen Unterscheidun-
gen, die in den dann folgenden Kapiteln eingeführt werden. Zudem ist die Leitdifferenz für das methodische Auswertungsverfahren der dokumentarischen
Methode relevant (s. Kap. 4.4). In Kapitel 3.3 soll mit Blick auf die im Teilprojekt 1 der Studie behandelte Frage der *Selbstorganisation in den Innovage-
Netzwerken* das Konzept der *(kollektiven) Identität* im Verhältnis zum *(kollektiven) Habitus* beschrieben werden. Für das Teilprojekt 2, das sich dem *Erfahrungswissen in Kooperationen* widmet, soll in Kapitel 3.4 auf den bereits in
Kapitel 2.3 behandelten Begriff des *Erfahrungswissens* eingegangen werden,
nun allerdings in der Absicht, in metatheoretischer Perspektive genauer zu fassen, was im empirischen Material unter diesem Aspekt rekonstruiert werden soll.
Insofern als in beiden Teilprojekten nur je spezifische Ausschnitte der Praxis der
Akteurinnen und Akteure beforscht werden, werden ferner Begriffe benötigt, die
geeignet sind, die vorreflexive Praxis auf Ebenen unterhalb des Habitus zu rekonstruieren. Dazu werden die Begriffe *Habit* und *Handlungsorientierung* eingeführt. Am Ende des dritten Kapitels kann dann vor dem Hintergrund der metatheoretischen Begriffsbestimmungen dargelegt werden, welches *Verständnis
von Selbstorganisation und Erfahrungswissen* der Studie zugrunde liegt, und die
forschungsleitenden Fragen lassen sich präzisieren (Kap. 3.5).

3.1 Dokumentarische Methode und praxeologische Wissenssoziologie

Bereits in den 1920er-Jahren prägte Mannheim den Begriff der „dokumentari-
schen Methode der Interpretation" als zentralen Begriff seiner Wissenssoziologie. Diese verstand er als „Lehre von der sogenannten ‚Seinsverbundenheit' des
Wissens" (Mannheim 1995: 227). Er ging davon aus, dass zwischen Wissen und
Sozialstruktur eine „Ausdrucksbeziehung" besteht, dass im Wissen also die
Standortgebundenheit des Denkenden ihren Ausdruck findet (Maasen 2008: 24).
Dabei unterschied er die Ebene des Bewusstseins bzw. expliziten Wissens von
einer „fundamentale[n] primordiale[n] Wissensebene des ‚Seins'" (Bohnsack
2011b: 137) und sprach in diesem Zusammenhang vom ‚atheoretischen' Wissen
(vgl. Mannheim 1980: 71ff, 2004: 107ff.), worauf noch genauer einzugehen sein
wird.

   In seiner Interpretationslehre stellte Mannheim verschiedene Sinnebenen
dar, auf die sich die Interpretation sozialer oder geistiger Gebilde bzw. Artefakte
beziehen kann: die Ebene des *immanenten* bzw. *objektiven* Sinns, die des *intenti-
onalen Ausdruckssinns* und die Ebene des *Dokumentsinns*. Während der objekti-
ve Sinngehalt sich ohne Kenntnisse der Kontextbedingungen oder der Intentionen der Beteiligten erschließen lässt und sich die Analyse des Ausdruckssinns

auf die Absichten und Motive der Beteiligten richtet, zielt die dokumentarische Methode der Interpretation auf den Dokumentsinn (vgl. Mannheim 2004: 112ff.; vgl. auch Schäffer 2012).

> „In dieser Dimension geht es der Sinnanalyse um den Bezug auf das faktisch Dokumentierte, also auf das jenseits sowohl konventionalisierter Bedeutungen als auch bekundeter Absichten etc. eines Individuums durch die (vollzogene) Ausdrucksgestalt von Sinn faktisch ebenso Mitgeteilte oder nicht hinreichend Verschleierte." (Endreß 2007: 82)

Voraussetzung, um sich den Dokumentsinn zu erschließen, ist nach Mannheim eine „genetische Analyseeinstellung" (1980: 85ff.), die wesentlich durch den Wechsel vom ‚Was' zum ‚Wie' gekennzeichnet ist, ihren Fokus also auf die Praxis der Prozesse der Herstellung von Sinnzuschreibung richtet (vgl. Bohnsack 2011b: 138). Wie Bohnsack feststellt, legte Mannheim mit diesem Verständnis bereits

> „eine umfassende Begründung der Beobachterhaltung in den Sozialwissenschaften [vor], welche wesentliche Einsichten und Ansprüche der heutigen Diskussion vorweggenommen hat" (2007a: 180).

In den 1960er-Jahren griff Harold Garfinkel Mannheims Begriff der dokumentarischen Methode auf, verstand diese nun aber als interpretatives Verfahren, mit dessen Hilfe Akteurinnen und Akteure im Alltag die Indexikalität von Sprache bewältigen, indem sie eine Äußerung oder Erscheinung als ein ‚Dokument' bzw. ‚als Hinweis auf' etwas verstehen, das anstelle eines vorausgesetzten zugrunde liegenden Musters steht. Dokument und Muster werden dabei als zwei Seiten angesehen und dafür genutzt, die jeweils andere Seite herauszuarbeiten (vgl. Garfinkel 1973: 199). Das Interesse der Ethnomethodologie, die Garfinkel begründete, richtet sich nun darauf, diese Methoden der Sinnzuschreibung des Alltags, die „Ethnomethoden", zu untersuchen (vgl. z. B. Bohnsack 2010a: 57, Schäffer 2012).

Schließlich arbeitete Ralf Bohnsack die dokumentarische Methode in den 1980er-Jahren im Anschluss an die Wissenssoziologie Mannheims, die Ethnomethodologie Garfinkels sowie die Kultursoziologie Bourdieus weiter aus, um sie für die qualitative resp. rekonstruktive Sozialforschung fruchtbar zu machen (z. B. Bohnsack 2007a, 2013a). Hier hat sie sich zu einem der „fest etablierten Ansätze" entwickelt (Nohl et al. 2013: 9). Sie zeichnet sich dadurch aus, dass sie einen Zugang zum ‚atheoretischen' Wissen bzw. zum handlungsleitenden Wissen und damit zur Praxis eröffnet. Auf diese Fokussierung der Praxis hinweisend und eine Differenz zu anderen wissenssoziologischen Ansätzen setzend, bezeichnet Bohnsack die Grundlagentheorie der dokumentarischen Methode in

Anlehnung an die Terminologie Bourdieus als *praxeologische Wissenssoziologie* (vgl. z. B. Bohnsack 2011b, 2013a). Mit der Theorie Bourdieus und anderen praxistheoretischen Ansätzen teilt die dokumentarische Methode das Anliegen, die Dichotomie zwischen ,Subjekt' und ,Objekt' bzw. ,Geist' und ,Körper' zu überwinden (vgl. Reckwitz 2003: 291).[47] Handeln im Rahmen von Praktiken wird hier als eine „wissensbasierte Tätigkeit" begriffen, d. h. als Aktivität, in der ein praktisches Wissen und ein praktisches Verstehen zum Einsatz kommen (ebd.: 292). Indem die dokumentarische Methode auf das ,atheoretische' Wissen der Akteurinnen und Akteure fokussiert, bleibt sie weder dem subjektiv gemeinten Sinn der Beforschten verhaftet, noch verlässt sie die empirische Basis des Wissens der Beforschten oder erhebt Anspruch auf einen privilegierten Zugang zur Realität (vgl. Bohnsack 2011b, Bohnsack et al. 2013b).

> „Bei der Unterscheidung zwischen dem *theoretischen* und dem *atheoretischen* Wissen geht es grundlegend um diejenige einer theoretischen und einer praktischen Beziehung zur Welt, um das Verhältnis der ,theoretischen Logik' zur ,praktischen Logik', wie man mit Pierre Bourdieu (1976: 228) sagen könnte." (Bohnsack 2013a: 182, Herv. i. O.)

Erst eine Rekonstruktion dieser praktischen Logik jenseits der eigenen Theorien der Akteurinnen und Akteure schafft Bohnsack zufolge die „Bedingungen der Möglichkeit für eine umfassende Erkenntnis des alltäglichen Handelns" wie auch der Einflussnahme auf die Praxis (ebd.; vgl. Bohnsack 2010b: 255).

3.2 Kommunikatives und konjunktives Wissen

Die praxeologische Wissenssoziologie unterscheidet, wie dargestellt, im Anschluss an Mannheim grundsätzlich zwischen dem *immanenten Sinn* und dem *Dokumentsinn* bzw. – wie im Folgenden ausgeführt werden soll – zwischen dem *kommunikativen* oder *kommunikativ-generalisierten* Wissen und dem *konjunktiven Wissen* (vgl. z. B. Bohnsack 2013a). Dabei wird davon ausgegangen, dass alltägliche Verständigung und Interaktion immer eine „Doppelstruktur" aufweist (Bohnsack 2011a: 42), also beide Arten des Wissens enthält. Während es sich beim kommunikativen Wissen um ein öffentliches Wissen handelt, das den Akteur/inn/en reflexiv zugänglich ist, wird das konjunktive Wissen als ein milieuspezifisches Wissen verstanden, das seinen Ursprung in kollektiv geteilter Praxis hat – im Anschluss an Mannheim ist in diesem Zusammenhang auch vom „kon-

---

47   Durch den vermittelnden Charakter zwischen Subjekt und Objekt ist das Habituskonzept, wie Lenger et al. (2013: 14) feststellen, in besonderer Weise für inter- und transdisziplinäre Forschung im Hinblick auf unterschiedliche Forschungsgegenstände geeignet.

junktiven Erfahrungsraum" die Rede (1980: 219). Das konjunktive Wissen orientiert die Praxis der Akteurinnen und Akteure, ohne dass diese selbst es unmittelbar explizieren könnten. Es ist ihnen weder vollkommen bewusst noch vollkommen unbewusst und ist, wie bereits dargestellt, als *,atheoretisches'* Wissen
zu verstehen (vgl. z. B. ebd.: 71ff., Mannheim 2004: 107ff.).
Aus der Perspektive der dokumentarischen Methode und praxeologischen
Wissenssoziologie lässt sich das atheoretische Wissen in mancher Hinsicht mit
Polanyi auch als *stillschweigendes bzw. implizites Wissen* bezeichnen und umfasst auch das *inkorporierte Wissen* im Sinne Bourdieus (vgl. Bohnsack 2013a:
180, Polanyi 1985, z. B. Bourdieu 1979: Kap. 1).[48] Polanyi fokussierte mit dem
Begriff des impliziten Wissens ein präreflexives Wissen, das im praktischen
Handeln entsteht, auf einer ganzheitlichen Wahrnehmung beruht und personengebunden ist. Er selbst bezog sich in seiner Veröffentlichung auf Ryle (1969)[49]
und dessen Unterscheidung zwischen einem *„knowing that"* und einem *„knowing how"* bzw. Wissen und Können. Wie Bohnsack im Anschluss an Schwandt
präzisiert, handelt es sich bei dem Wissen, für das sich die dokumentarische
Methode in erster Linie interessiert, um ein „Wissen *um* und *innerhalb* von etwas
(...), welches in der selbsterlebten Praxis (...) erworben, eben er-lebt wurde"
(Bohnsack 2010c: 27, Herv. i. O.):

> „This kind of knowledge is neither a ,knowing that' – theoretical knowledge expressed in de-
> scriptive and explanatory claims – nor a ,knowing how' – knowledge of craft or skill – but the
> kind of knowledge, one has from within a situation, a group, a social institution, or society; it
> is what we might call a ,knowing from' (Shotter 1993: 19). It is a practical-moral knowledge."
> (Schwandt 1997: 77)

Es ist diese Ebene des *„practical-moral knowledge"*, die die Handlungspraxis
orientiert, in die auch die *impliziten Werthaltungen* der Akteurinnen und Akteure, die von *expliziten Bewertungen* unterschieden werden müssen, eingebettet
sind (vgl. Bohnsack 2010c: 28).[50]
Eine weitere Unterscheidung ist hinsichtlich der Differenz von kommunikativem und konjunktivem Wissen von Interesse: die zwischen *„Verstehen"* und
„Interpretieren" (Mannheim 1980: 271f.). Die praxeologische Wissenssoziologie
geht davon aus, dass diejenigen, die durch gemeinsame Erlebniszusammenhänge
verbunden sind, also über Gemeinsamkeiten hinsichtlich des konjunktiven Wissens verfügen, sich unmittelbar verstehen, während dies zwischen jenen, die im

---

48 Siehe zum impliziten und inkorporierten Wissen auch Kap. 3.3 u. 3.4.
49 Ursprünglich 1949 unter dem Titel „The Concept of Mind" erschienen.
50 Die Unterscheidung zwischen impliziten Werthaltungen und expliziten Bewertungen ist insbe-
    sondere in der dokumentarischen Evaluationsforschung von Bedeutung (vgl. z. B. Bohnsack
    2010c, Kubisch/Lamprecht 2013, Lamprecht 2011).

Hinblick auf das Milieu einander fremd sind, nicht möglich ist. Verständigung erfolgt dann auf dem Wege des wechselseitigen Interpretierens, das als *kommunikative Verständigung* im Unterschied zur *konjunktiven Verständigung* (Verstehen) bezeichnet wird (vgl. Bohnsack 2010a: 59f., Bohnsack 2013a).

Im Rahmen rekonstruktiver Sozialforschung erarbeiten sich Forscher/innen interpretierend einen Zugang zu jenem konjunktiven Wissen, das sich denjenigen, die demselben Milieu angehören, unmittelbar erschließt. Da das konjunktive Wissen von den Akteur/inn/en selbst nicht expliziert werden kann, besteht die Aufgabe der Forscher/innen darin, dieses Wissen *abduktiv*[51] zur begrifflich-theoretischen Explikation zu bringen (vgl. Bohnsack et al. 2013b: 12).

3.3 Kollektive Identität und kollektiver Habitus

Der Leitdifferenz zwischen immanentem Sinn und Dokumentsinn bzw. kommunikativem und konjunktivem Wissen entspricht in der praxeologischen Wissenssoziologie und dokumentarischen Methode eine weitere Differenz, nämlich die zwischen *Regel, Norm und sozialer Identität* auf der einen und *Habitus* auf der anderen Seite (vgl. Bohnsack 2014a). Auf diese soll im Folgenden eingegangen werden; dabei interessieren wir uns mit Blick auf die Frage der Selbstorganisation in den Netzwerken (s. Kap. 5) vor allem für die metatheoretische Kategorie der Identität im Unterschied zur Kategorie des Habitus und werden beide Begriffe vorrangig im Hinblick auf Fragen der Kollektivität betrachten. Es geht also primär um die *kollektive Identität* im Verhältnis zum *kollektiven Habitus* (vgl. Bohnsack 2014b, 2015).

Mit dem Begriff des *Habitus* schließt die dokumentarische Methode an die Kultursoziologie Bourdieus an. Bourdieu beschreibt Habitus als

„Systeme dauerhafter und übertragbarer *Dispositionen*, als strukturierte Strukturen, die wie geschaffen sind, als strukturierende Strukturen zu fungieren, d. h. als Erzeugungs- und Ordnungsgrundlagen für Praktiken und Vorstellungen, die objektiv an ihr Ziel angepasst sein können, ohne jedoch bewusstes Anstreben von Zwecken und ausdrückliche Beherrschung der

---

51   Nach Peirce, der den Begriff in die wissenschaftliche Debatte eingeführt hat, handelt es sich bei der Abduktion um das einzige wirklich kenntniserweiternde Schlussverfahren. Der/die Interpret/in generiert dort, wo sich der „Fall" bzw. die zu interpretierenden Daten nicht durch bereits verfügbare wissenschaftliche Erklärungen und Regeln plausibilisieren lassen, auf dem Wege der Abduktion eine (neue) Regel, welche die Struktur des Falles erklärt. Im Rahmen der dokumentarischen Methode explizieren bzw. rekonstruieren die Interpret/inn/en die verallgemeinerbaren Regeln und Orientierungsmuster, die den Erzählungen und Beschreibungen der Beforschten zugrunde liegen, und generieren im Rahmen der komparativen Analyse eine Typologie. Die Typengenerierung stellt demzufolge eine Leistung der Abduktion dar (vgl. Bohnsack 2010a: 197ff., Reichertz 2011: 11ff.).

zu deren Erreichung erforderlichen Operationen vorauszusetzen, die objektiv ‚geregelt‘ und ‚regelmäßig‘ sind, ohne irgendwie das Ergebnis der Einhaltung von Regeln zu sein, und genau deswegen kollektiv aufeinander abgestimmt sind“ (1993: 98f., Herv. i. O.).

In gewisser Übereinstimmung mit Mannheims Annahme der Seinsverbundenheit bzw. Standortgebundenheit des Denkens und Wissens (vgl. Mannheim 1995: 227ff.) bringt Bourdieu mit dem Begriff der „strukturierten Struktur“ zum Ausdruck, dass gleiche Existenzbedingungen oder Lebenslagen zu einer Erzeugung ähnlicher Habitusformen führen (vgl. Bourdieu 1993: 98). In diesem Sinne ist der Habitus ein *„opus operatum“*, ein hervorgebrachtes Werk (Bourdieu 1998: 281, Rehbein/Saalmann 2009a: 112). Im Prozess der Verinnerlichung sozialer Strukturen wird ein System von Dispositionen ausgebildet, das aus miteinander verbundenen Wahrnehmungs-, Denk- und Handlungsschemata besteht (vgl. Bourdieu 1993: 101). Diese bilden die Grundlage des *„sens pratique“*[52], des praktischen Sinns (vgl. Schwingel 2005: 62f., Schmidt 2009); mit ihnen bringen Akteurinnen und Akteure immer wieder neue sozial angemessene Praktiken hervor, die sich jedoch nur begrenzt voneinander unterscheiden (vgl. Bourdieu 1993: 104, vgl. auch Krais/Gebauer 2002). In diesem Sinne ist der Habitus also „strukturierende Struktur“. Wenn Bourdieu in diesem Zusammenhang auch vom *„modus operandi“* spricht (1998: 281), so hebt er hervor, dass weniger die Praxisinhalte als die Art und Weise der Ausführung von Praktiken von Interesse sind (vgl. Schwingel 2005: 71). Bourdieu hat die Funktionsweise des praktischen Sinns häufig am Beispiel des Mannschaftssports verdeutlicht. Der praktische Sinn geht dabei nicht von den einzelnen Akteur/inn/en aus, sondern entwickelt sich zwischen ihnen und setzt die Mitspieler/innen zueinander in Beziehung (vgl. Schmidt 2009: 194).

Der Habitus gewährleistet die „aktive Präsenz früherer Erfahrungen“ (Bourdieu 1993: 101). Die Genese der habituellen Dispositionen wird allerdings vergessen, die Erfahrungen werden in erster Linie inkorporiert. Im Ergebnis ist der Habitus darum weder vollkommen bewusst noch vollkommen unbewusst (Bourdieu 1979: 207). Bourdieu geht zudem von einer Trägheit bzw. Hysteresis des Habitus aus (Bourdieu 1993: 116) und betrachtet diesen als „dauerhaft, aber nicht unveränderlich“ (Bourdieu/Wacquant 2006: 198). Aktuelle Veröffentlichungen reflektieren verstärkt die Möglichkeiten einer Transformation des Habitus, die bspw. in der Mehrdimensionalität des Habitus im Sinne einer Überlagerung verschiedener konjunktiver Erfahrungsräume oder in Passungsschwierigkeiten zwischen Habitus und Feld[53] gesehen werden. Diese können entstehen,

---

52 Der Titel der 1980 erschienenen Veröffentlichung Bourdieus „Le sens pratique“ wird in der deutschen Ausgabe mit „Sozialer Sinn“ übersetzt (kritisch dazu Meuser 2013: 225).

53 Habitus- und Feldbegriff sind in der Theorie Bourdieus im Zusammenhang zu sehen. Die Gesellschaft besteht nach Bourdieu aus relativ unabhängigen Feldern, die je eigene Logiken

wenn der Habitus mit neuen Logiken eines Feldes in Berührung kommt (vgl. von Rosenberg 2011: 73ff.).[54]

Bourdieu konzipierte den Begriff des Habitus, wie auch das eingangs dargestellte Zitat verdeutlicht, in Abgrenzung zum Begriff der *Regel*[55]; jedoch fehlen bei ihm, wie Bohnsack feststellt, positive Bestimmungen des Regel-Begriffs. Hier setzt Bohnsack an; er nimmt eine systematische Bestimmung dieses Begriffs ebenso wie der Begriffe der Norm und der sozialen Identität, die dem interpretativen Paradigma zuzuordnen sind, in ihrem Verhältnis zum Habitus vor (vgl. Bohnsack 2014a). Während der Begriff des Habitus in der praxeologischen Wissenssoziologie mit dem des konjunktiven Wissens korrespondiert, lässt sich das institutionalisierte, rollenförmige bzw. reflexive Handeln in dieser Perspektive mit dem Begriff des kommunikativen Wissens fassen (vgl. Bohnsack 2013a). Auf dieser zuletzt genannten Ebene des reflexiven Handelns bzw. kommunikativen Wissens ist auch die Herstellung *„persönlicher Identität"* angesiedelt (vgl. Bohnsack et al. 1995: 427ff., Nohl 2010: 175ff.). Diese wird in Auseinandersetzung mit den von anderen zugeschriebenen *„sozialen Identitäten"* entwickelt. Goffman, auf den hier rekurriert wird, ging davon aus, dass man in der Begegnung mit Fremden deren soziale Identität anhand von Attributen und Kategorien antizipiert, zu denen Charaktereigenschaften ebenso gehören wie strukturelle Merkmale (Goffman 1996: 9f.). Dagegen beschreibt die persönliche Identität die Einzigartigkeit eines Individuums; dabei spielen einerseits „positive Kennzeichen" oder „Identitätsaufhänger" (ebd.: 73) eine Rolle, andererseits die je „(einzigartige) Kombination von Aspekten *sozialer* Identität" (Bohnsack 2010d: 65). Die persönliche Identität ist dem Individuum selbst reflexiv zugänglich, was auch bedeutet, dass es diese selbst explizieren kann. Dies ist dem/der einzelnen Akteur/in mit Blick auf den eigenen individuellen Habitus nicht möglich, jedoch kann ein/e Forscher/in den persönlichen Habitus eines Individuums rekonstruieren (vgl. Nohl 2010: 175).

---

haben. Bourdieu erläuterte das Funktionieren von Feldern am Beispiel des Mannschaftssport und machte auf diese Weise deutlich, dass sich nicht nur die Spielregeln und die im Spiel erforderten Fähigkeiten voneinander unterscheiden, sondern auch Ziele und Einsätze der Felder (vgl. Rehbein/Saalmann 2009b: 100).

54 Differenzierte Möglichkeiten, Transformationen des Habitus zu reflektieren, ergeben sich auch dort, wo aktuell mit Begriffen wie „Habits" und „Handlungsorientierungen" Ebenen unterhalb des Habitus in den Blick genommen werden, auf denen es auch Uneinheitliches und Widersprüchliches geben kann (vgl. Nohl et al. 2015; s. auch Kap. 3.4).

55 Der Begriff des Habitus steht in diesem Sinne laut Krais/Gebauer für „einen Paradigmenwechsel im sozialwissenschaftlichen Denken, nämlich der Abkehr von einer Vorstellung vom sozialen Handeln, die dieses als Resultat bewusster Entscheidungen bzw. als das Befolgen von Regeln begreift" (2002: 5). Vgl. zur Aktualität der Konzeption des Habitus auch Lenger et al. 2013.

Wenn in Kapitel 5 die *Praxis der Selbstorganisation* der Innovage-Netzwerke empirisch rekonstruiert wird, so geschieht dies nicht mit dem Fokus auf Individualität, sondern auf Kollektivität. Wie Assmann formuliert, ist unter einer kollektiven Identität bzw. einer Wir-Identität

> „das Bild [zu verstehen], das eine Gruppe von sich aufbaut und mit dem sich deren Mitglieder identifizieren. Kollektive Identität ist eine Frage der *Identifikation* seitens der beteiligten Individuen. Es gibt sie nicht ‚an sich', sondern immer nur in dem Maße, wie sich bestimmte Individuen zu ihr bekennen. Sie ist so stark oder so schwach, wie sie im Bewusstsein der Gruppenmitglieder lebendig ist und deren Denken und Handeln zu motivieren vermag." (2007: 132; Herv. i. O.)

Aus einer anderen Perspektive, nämlich mit Blick auf die Identität von Organisationen, formuliert Paetow:

> „Kollektive Identität ist ein Produkt der gemeinschaftlichen Selbstverständigung von Individuen auf das sie Verbindende, Gemeinsame, mit dem sich jeder Involvierte identifizieren kann und das eine wichtige Referenz der Bildung einer sozialen (Teil-)Identität eines jeden sich dazugehörig Fühlenden ausmacht." (2005: 194)

Grundlegend für die Konstruktion der eigenen, in diesem Fall kollektiven Identität sei die Wahrnehmung oder Konstruktion von anderen Identitäten, „mit denen sich identifiziert oder gegen die durch Kreierung andersartiger Identität opponiert wird, die als positive oder negative Bezugspunkte fungieren" (Paetow 2005: 198).

Beide Definitionen lassen erkennen, dass bei der Kategorie der kollektiven Identität, vergleichbar der der persönlichen Identität im Sinne der praxeologischen Wissenssoziologie, die Ebene des reflexiven Handelns bzw. des kommunikativen Wissens angesprochen ist (vgl. Bohnsack 2014b: 32ff.). So wie sich Individuen mit den sozialen Identitäten auseinandersetzen und eine persönliche Identität ausbilden, wird die kollektive Identität in kollektiver Auseinandersetzung mit den gesellschaftlich erwarteten sozialen Identitäten bzw. den Identitätsnormen gebildet. Sie ist den betreffenden Akteur/inn/en reflexiv zugänglich und kann von ihnen expliziert werden. Von dieser kollektiven Identität ist der kollektive Habitus zu unterscheiden, der mit *Milieus*[56] bzw. *konjunktiven Erfahrungs-*

---

56 Bohnsack differenziert den Milieubegriff in Analogie zu Mannheims Generationenbegriff weiter aus: Von *Milieueinheiten* wird dort gesprochen, wo diejenigen, die durch eine strukturidentische Erlebnisschichtung miteinander verbunden sind, auch in eine Kommunikation oder gemeinsame Handlungspraxis eintreten. *Milieuzusammenhänge* konstituieren sich demgegenüber auch unabhängig von kommunikativen und gruppenhaften Beziehungen. Ferner hält Bohnsack fest, dass jede Gruppe einerseits ihren eigenen konjunktiven Erfahrungsraum hat (*Gruppenmilieu*), zugleich aber auch Träger konjunktiver Erfahrungsräume im Sinne *gesellschaftlicher Milieus* ist (vgl. Bohnsack 2014b: 23, vgl. auch Bohnsack 2015).

räumen assoziiert und auf der Ebene des konjunktiven Wissens zu verorten ist (vgl. ebd., vgl. auch Bohnsack 2015). Der Begriffe des Milieus ist auch mit Blick auf die Erforschung von *Netzwerken* relevant. Dabei ist festzustellen, dass der Netzwerkbegriff, anders als der Begriff der Organisation bzw. Organisationskultur (vgl. z. B. Vogd 2006, 2009, Kubisch 2008, Mensching 2008), im Kontext der dokumentarischen Methode und praxeologischen Wissenssoziologie bislang noch kaum bestimmt ist. Es liegt jedoch nahe, den Netzwerk-Begriff wie den der Organisation in Beziehung zum Begriff des Milieus zu setzen und von einer Überlagerung verschiedener Milieus in Netzwerken auszugehen. Dabei handelt es sich einerseits um Milieus, die sich auf das Netzwerk beziehen bzw. deren Genese hier zu suchen ist, und andererseits um solche, die über das Netzwerk hinausreichen (bspw. Generations- oder Gendermilieus).

In der praxeologischen Wissenssoziologie wird die Kategorie der Identität – zusammen mit den Begriffen Norm und Regel – den *Orientierungsschemata* zugeordnet. Den Gegenbegriff dazu bildet der *Orientierungsrahmen*, der zunächst synonym zum Begriff des Habitus zu verwenden ist. Als Oberbegriff für Orientierungsschemata und Orientierungsrahmen dient der Terminus des *Orientierungsmusters* (vgl. Bohnsack 2012, 2013a). Bohnsack weist jedoch in aktuellen Veröffentlichungen darauf hin, dass der Orientierungsrahmen als zentraler Begriff der praxeologischen Wissenssoziologie zugleich eine Erweiterung des Habitusbegriffs und daher eine dem Begriff des Orientierungsschemas übergeordnete Kategorie darstellt (vgl. Bohnsack 2013a, 2014a). Dies begründet Bohnsack damit, dass aus praxeologischer Perspektive Orientierungsschemata

> „ihre eigentliche Bedeutung erst durch die *Rahmung*, d. h. die Integration und ‚Brechung' in und durch die fundamentale existenzielle Dimension der Handlungspraxis erhalten, wie sie sich im modus operandi des Habitus oder eben des *Orientierungsrahmens* vollzieht" (Bohnsack 2014a: 35, Herv. i. O.).

Zugleich erweitere der Begriff des Orientierungsrahmens den des Habitus

> „um den Aspekt, dass und wie der individuelle und kollektive Habitus sich in der Auseinandersetzung mit den normativen resp. institutionellen Anforderungen, dem gesellschaftlichen Identifiziert-Werden, d. h. den (individuellen und kollektiven) Fremdidentifizierungen, die im Sinne der Diskursanalyse (vgl. u. a. Keller/Schneider/Viehöfer 2008) auch als ‚Subjektcodes' und ‚Subjektpositionen' verstanden werden können, immer wieder reproduziert und konturiert" (ebd.: 36).

Im Zuge der Interpretationen auf der Basis der dokumentarischen Methode ist es also möglich, den Orientierungsrahmen bzw. die existenzielle Logik der Praxis *in Relation* zur Ebene der Orientierungsschemata, d. h. zu den normativen Erwartungen und den Auseinandersetzungen mit Fremdidentifizierungen im Sinne sozialer Identitäten zu rekonstruieren (vgl. Bohnsack 2013a: 196). Dies wird im

Teilprojekt 1 der vorliegenden Studie bspw. dort relevant, wo die Innovage-Berater/innen sich mit den Regeln und Normen, die der Programmatik von Innovage inhärent sind, und den darüber transportierten gesellschaftlichen Erwartungen an das Engagement älterer Menschen auseinandersetzen, diese Auseinandersetzung sich jedoch in je unterschiedlichen (Orientierungs-)Rahmen, genauer: auf der Basis unterschiedlicher *Handlungsorientierungen* vollzieht.

3.4 Erfahrungswissen, Handlungsorientierungen und Habits

Teilprojekt 2 der Studie widmet sich dem Erfahrungswissen der freiwillig Engagierten. Wir wollen uns darum zunächst dem *Begriff des „Erfahrungswissens"* aus metatheoretischer Perspektive zuwenden[57], um dann mit *„Habits"* und *„Handlungsorientierungen"* zwei Begriffe einzuführen, die auf Ebenen unterhalb des Habitus liegen (vgl. Nohl et al. 2015: 216f.) und geeignet sind, das empirische Material zum Engagement in den Kooperationsprojekten unter dem Gesichtspunkt des Erfahrungswissens zu erschließen.

Erfahrung wird als „praktische Vertrautheit" mit einem Feld verstanden (Wieland 1982: 231). Mit ihr ist die Fähigkeit assoziiert, sich in diesem Feld sicher bewegen und auf entsprechende Situationen adäquat reagieren zu können (vgl. ebd.). Zieht man an dieser Stelle den soziologischen Feld-Begriff Bourdieus heran, den er auch in Analogie zum Spiel im Mannschaftssport erläutert hat, so kann man sagen, dass der/die Akteur/in mit der Logik des jeweiligen Feldes vertraut ist, die in diesem Feld geltenden (impliziten) (Spiel-)Regeln beherrscht und über einen dem Feld entsprechenden *„sens pratique"* verfügt (Bourdieu 1993, s. auch Kap. 3.3).[58] Dieser „praktische Sinn" generiert Praktiken, „die den Erfordernissen des Feldes, in dem er selbst ausgebildet wurde, angepasst [sind]" (Schmidt 2009: 194). Dies deutet darauf hin, dass ein erfahrener Akteur bzw. eine erfahrene Akteurin in Bezug auf das je spezifische Feld über die Fähigkeit verfügt, „sich an Praktiken zu beteiligen" und weiß, „wie etwas zu tun ist" (Loenhoff 2012: 12). Er oder sie verfügt also über ein „Wissens *um* und *innerhalb* von etwas" (Bohnsack 2010c: 27, Herv. i. O., s. auch Kap. 3.2).

Das *Erfahrungswissen* wird, wie in Kapitel 2.3 bereits kurz thematisiert wurde, überwiegend als *implizites Wissen* verstanden (Polanyi 1985) und von einem deklarativen Wissen unterschieden, das „meist propositional formulierbar(...), kommunizierbar(...) und daher transferierbar(...)" ist (Schützeichel 2014: 50). Rese bezeichnet das Erfahrungswissen auch als ein „unausdrückliches

---

57   Zur gegenstandsbezogenen Diskussion zum Erfahrungswissen im Kontext des bürgerschaftlichen Engagements älterer Menschen siehe Kapitel 2.3.

58   Vgl. zum „sens pratique" Fußnote 52.

Wissen"[59] (2014: 50). Hervorzuheben ist, dass die Art des Wissens, um die es hier geht, an ihren Inhaber gebunden ist (vgl. Wieland 1982: 232, vgl. auch Polanyi 1985). Dieser wird „durch Wissen vom Typ der Erfahrung auch als der geprägt, der er ist" (Wieland 1982: 232), ohne dass er darüber wie über ein propositionales Wissen verfügen könnte (vgl. ebd.: 237).

Collins geht davon aus, dass nur ein kleiner Teil des impliziten Wissens in ein explizites Wissen überführt werden kann, für einen großen Teil des impliziten Wissens trifft dies jedoch nicht zu (vgl. ebd.: 93). So könne bspw. ein Teil des *somatischen inkorporierten Wissens* niemals expliziert werden. Dies erläutert er am Beispiel des Fahrradfahrens, wo ein Teil dessen, was das Können ausmacht, sich nicht explizieren lässt. Als grundlegendsten Fall des impliziten Wissens sieht Collins das *kollektive implizite Wissen* an, das sich ihm zufolge „überhaupt nicht" explizieren lässt (ebd.: 107). Bleibt man beim Beispiel des Fahrradfahrens, so geht es nun darum, sich gekonnt an je spezifischen Orten im Verkehr bewegen zu können. Dies setzt eine Teilnahme an der entsprechenden Praxis vor Ort für eine gewisse Zeit voraus. Hier, wie auch schon zuvor, zeigen sich zum Teil Übereinstimmungen zu Mannheims Begriff des konjunktiven Erfahrungsraums und dessen Konzeption des konjunktiven Wissens, das er als ‚atheoretisches Wissen' (vgl. z. B. 1980: 71ff., 2004: 107ff.; vgl. auch Kap. 3.2) versteht. Das „Implizite" ist bei ihm, wie Schützeichel feststellt, „auf die Grenzen der Gemeinschaft bezogen" (2012: 119).

Einerseits muss nun das *„Wissens der Erfahrung"* nach Ansicht von Rese (2014: 8) als ein Wissen verstanden werden, das aus einer Vielzahl von Erlebnissen bzw. Sinneswahrnehmungen abgeleitet wird und deren *Resultat* es schließlich ist (vgl. ebd.: 48f.). Der Weg, der zu ihm geführt hat, gehört „als unverzichtbares Moment" mit dazu (Wieland 1982: 232). Andererseits kann das Erfahrungswissen nicht als vorhandenes Wissen betrachtet werden, das nur auf die Einzelsituation in der Gegenwart angewendet zu werden braucht; es muss sich vielmehr *prozessorientiert* auf diese Situation beziehen (vgl. Rese 2014: 48f.)[60].

> „Als Disposition aktualisiert sich Erfahrung zwar immer dort, wo von ihr verlangt wird, auf konkrete Situationen adäquat zu reagieren. Doch sie wird in keiner dieser Situationen als ganze präsent. Auf dem der Erfahrung zugeordneten Feld zeigen sich im günstigsten Falle immer nur Indizien dafür, dass Erfahrung vorliegt." (Wieland 1982: 231)

---

59   Dies ist der Begriff, den Rese wählt, um Polanyis Begriff des *„tacit knowledge"* zu übersetzen, der sonst i. d. R. mit „stillschweigendem Wissen" übersetzt wird.

60   Rese setzt sich in ihrer philosophischen Abhandlung mit Aristoteles' Verständnis verschiedener Wissensformen auseinander und unterscheidet hier, über diesen hinausgehend, zwischen einem „resultativen und einem prozeßorientierten Aspekt des Wissens der Erfahrung" (2014: 48).

Wieland ordnet damit die Erfahrung dem „kategorialen Typus der Dispositionen" zu, die sich als solche „nicht unmittelbar dingfest machen" lassen (ebd.). Rese gibt jedoch zu bedenken, dass man Erfahrung zu einer Haltung macht und damit in die Nähe des Habitus rückt, wenn man sie als Disposition bezeichnet (vgl. Rese 2014: 54f., s. auch Kap. 3.3). Sie schlägt darum vor, das „Wissen der Erfahrung" als ein „dispositionales Wissen" zu bezeichnen (ebd.: 57) – das deutet darauf hin, dass sie es unterhalb der Ebene des Habitus verortet.

Wenn das Erfahrungswissen nun in konkreten Situationen aktualisiert wird, dann braucht es einen Begriff, der situationsbezogen präreflexive Praktiken in den Blick zu nehmen vermag. Hier kommt der Begriff der *„Habits"* ins Spiel. Mit der Einführung dieses Begriffs schließen wir an Nohl, von Rosenberg und Thomsen (2015) an, die in einer aktuellen Studie die aus verschiedenen Theorietraditionen stammenden Begriffe *„Habit"* (Pragmatismus), *„Handlungsorientierung"* (praxeologische Wissenssoziologie) und *„Habitus"* (Kultursoziologie) in ihrem Verhältnis zueinander bestimmen und für die dokumentarische Methode fruchtbar machen.[61]

Habits stellen, wie Nohl im Anschluss an Dewey formuliert,

> „vorreflexive, auf Situationen bezogene Handlungsrepertoires dar, die sich aus der Korrespondenz von Organismus und Umwelt bilden und in ihrer Kontinuität transsituativ sind" (Nohl 2006: 84).

An anderer Stelle werden Habits auch als „habituelle Handlungsweise" bezeichnet (Nohl 2010: 171). Sie strukturieren die einzelnen Praktiken des Akteurs bzw. der Akteurin (vgl. Nohl et al. 2015: 215). Die Analyse von Handlungsrepertoires bzw. habituellen Handlungsweisen ist, wie sich zeigen wird, für unsere Studie dort relevant, wo betrachtet wird, wie die Innovage-Berater/innen Projekte im kooperativen Engagement realisieren (s. Kap. 6). Ihren Ursprung haben Habits in sozialen Gruppen bzw. (kulturellen) Milieus, in denen der/die Akteur/in an den jeweiligen Habits bzw. *customs* – also den Gewohnheiten und Bräuchen – teilhat (vgl. Nohl 2006: 84, Neubert 2004: 116). Da Habits dadurch zu charakterisieren

---

61　Während die Begriffe bei Nohl et al. nach der grundlegenden Einführung allerdings primär unter lern- und bildungstheoretischen Gesichtspunkten verwendet werden – die Autor/inn/en sprechen bspw. von „Lernhabits" oder „Lernorientierungen" –, sollen die Begriffe „Habit" und „Handlungsorientierung" im Kontext der Teilstudie 2 dazu dienen, die Praxis der Innovage-Berater/innen im kooperativen Engagement unter dem Gesichtspunkt von Erfahrung zu rekonstruieren. Der Begriff der „Handlungsorientierung" wird darüber hinaus auch für die Rekonstruktion der Praxis der Selbstorganisation in der Teilstudie 1 genutzt.

Nohl hat sich im Übrigen bereits vor knapp zehn Jahren in einer Studie, die methodologisch in der dokumentarischen Methode verortet war, ausführlich mit der pragmatistischen Bildungstheorie Deweys, der der Habit-Begriff entstammt, auseinandergesetzt (Nohl 2006, vgl. außerdem Nohl 2010).

sind, „dass der Handelnde sich weder zu seinem Handeln noch zum Objekt seines Handelns in Distanz bringt", korrespondiert der Begriff der Habits mit den Kategorien der konjunktiven Erfahrung bzw. konjunktiven Wissens (Nohl 2010: 171).

Wie dargestellt, beziehen sich Habits auf *Situationen*. In diesen stellen sie zwar „eine stabilisierte und habitualisierte ‚Kooperation von Organismus und Umwelt' (Dewey 1980: 15)" dar (Nohl et al. 2015: 256). Sie sind jedoch nicht gleichzusetzen mit Routinen bzw. einer einfachen Wiederholung von Praktiken, sondern stellen lediglich „Neigung[en]" zu einem bestimmten Handeln dar (ebd.: 167). Beobachtbar seien darum auch nie die Habits an sich, sondern lediglich „Handlungstendenzen" (Nohl 2006: 86).

Habits beziehen sich, so präzisieren Nohl et al., auf *Klassen von Situationen*, die untereinander homolog sind. Dabei werden die Situationen, in denen das Habit zum Tragen kommt, in ihrer Homologie von dem/der Akteur/in erst hergestellt. Er oder sie betrachtet eine Situation also vor dem Hintergrund des Habits und nimmt dabei eine Übereinstimmung mit früheren Situationen wahr (vgl. Nohl et al. 2015: 166f.). Habits sind daher nicht nur als *Handlungsrepertoires*, sondern auch als *Wahrnehmungsmuster* zu verstehen (vgl. ebd.: 168).

„But habits do not always work" (Murphey 1988: xii). So können bspw. Veränderungen der Umwelt einen Habit als veraltet erscheinen lassen.[62] Der vorreflexive, routinehafte Handlungsfluss gerät ins Stocken, der/die Akteur/in findet sich in einer problematischen Situation wieder, in der zunächst unklar ist, wie weiter zu verfahren ist. Darin liegt zugleich die Chance, dass *Impulse* neue Handlungen anregen, Reflexion und Erkundung (*inquiry*) einsetzen, eine neue Erfahrung (*experience*) gemacht wird, die sich, sofern sie sich stabilisiert, in einem neuen Habit sedimentieren kann (vgl. ebd., Nohl 2006: Kap. 3.3).

Von den Habits unterscheiden Nohl et al. *Handlungsorientierungen*[63]. Während es sich bei Habits um stabilisierte Praktiken zwischen Mensch und Welt handele, stellten Handlungsorientierungen „Sedimentierungen von Erfahrungs- und Bedeutungsstrukturen" auf Seiten des Menschen dar (Nohl et al. 2015: 217). Es handelt sich um die *modi operandi* der Bewältigung von Themen und Prob-

---

62   Loenhoff stellt im Hinblick auf das implizite Wissen fest, dass dieses sich als inadäquat erweisen und sein Gebrauch fehlschlagen kann. Die Anwendung des impliziten Wissens werde durch „responsive Anerkennungshandlungen" bewertet bzw. sanktioniert. Hierbei verweist er auf eine „implizite Normativität" (2012: 12), die sich nicht explizieren lässt (vgl. ebd.: 18). Im Sinne der dokumentarischen Methode ließe sich hier auch von Werthaltungen sprechen (vgl. Kap. 3.2). Implizites Wissen fungiert Loenhoff zufolge als „Bedingung einer praktischen Intersubjektivität, die sich in gelingenden Handlungsanschlüssen bemerkbar macht" (2012: 12).

63   Mit dem Begriff der *Handlungsorientierung* beziehen sich Nohl et al. auf Asbrand (2008). Unserer Ansicht nach ist dieser Begriff synonym zum Begriff der *handlungsleitenden Orientierungen* zu verwenden, der im Rahmen der dokumentarischen Methode gebräuchlich ist.

lemstellungen des Lebens (vgl. ebd.: 217f.). Diese Handlungsorientierungen unterscheiden sich vom *Habitus* dadurch, dass sie sich nur auf je *spezifische Weltausschnitte* beziehen. Der Habitus wiederum bezieht sich auf die für eine/n Akteur/in oder eine soziale Gruppe charakteristische Art und Weise, wie an *unterschiedliche* Themen und Problemstellungen herangegangen wird. Er stellt zugleich das „Gesamt" der verschiedenen Handlungsorientierungen eines Akteurs bzw. einer Akteurin und der Habits, an denen er bzw. sie teilhat, dar (ebd.: 257).

Wurde der Begriff der „Habits" hier vor allem mit Blick auf das Teilprojekt 2 eingeführt, so kommt der Begriff der Handlungsorientierung in beiden Teilprojekten zum Tragen, denn es werden nur je spezifische Teilausschnitte der Praxis der älteren Engagierten im Hinblick auf die ihr zugrunde liegenden Orientierungen beforscht. Der Habitus der Akteurinnen und Akteure wird damit also nicht umfassend charakterisiert (vgl. Nohl et al. 2015: 164).

3.5 Selbstorganisation und Erfahrungswissen: Präzisierung der forschungsleitenden Fragestellungen

Vor dem Hintergrund der Darstellung zentraler metatheoretischer Begriffe aus dem Kontext der dokumentarischen Methode und praxeologischen Wissenssoziologie, die punktuell um Begriffe aus anderen Theorietraditionen erweitert wurden, können nun die Analyseeinstellung der Studie und die forschungsleitenden Fragestellungen der beiden Teilprojekte präzisiert werden.

Teilprojekt 1 der Studie widmet sich der *Selbstorganisation der Innovage-Netzwerke* (s. Kap. 5). Hier geht es um die Frage, *wie* die Akteurinnen und Akteure sich im nachberuflichen Engagement selbst organisieren. Welche Aufgaben und Problemstellungen sind von den freiwillig Engagierten zu bewältigen und wie gehen sie diese an? Welche Ähnlichkeiten und Unterschiede zeigen sich dabei im Vergleich der verschiedenen Netzwerke? Damit steht die *Praxis der Selbstorganisation*, die als *kollektive Praxis* begriffen wird und prozesshaft zu rekonstruieren ist, im Zentrum des Erkenntnisinteresses. Vor diesem Hintergrund wurden die Daten mittels Gruppendiskussionen in den Netzwerken erhoben (s. Kap. 4.2). Mit Blick auf die Netzwerke richtet sich das Interesse auf deren je eigene konjunktiven Erfahrungsräume – man könnte von Netzwerkmilieus sprechen –, während die über die Netzwerke hinausreichenden gesellschaftlichen Milieus nur partiell in den Blick geraten. Aus der Perspektive der praxeologischen Wissenssoziologie kann bei der Analyse zwischen zwei verschiedenen Ebenen unterschieden werden: Einerseits gilt es zu erkunden, wie die Akteurinnen und Akteure im Kontext ihrer Selbstorganisation eine *kollektive Identität* entwickeln; das entspricht der Ebene des reflexiven Handelns bzw. kommunikativen Wissens. Andererseits richtet sich das Erkenntnisinteresse auf den *kollektiven Habitus*, der von den Akteur/inn/en nicht selbst expliziert werden kann, sich jedoch anhand ihrer Erzählungen und Beschreibungen sowie ihrer Performanz, d. h. dem praktischen Vollzug des Diskurses (vgl. Bohnsack 2007b: 206), rekonstruieren lässt. Da sich die Studie auf einen spezifischen Ausschnitt der Praxis, den des freiwilligen Engagements in zivilgesellschaftlichen Netzwerken fokussiert, ist hier genauer zu formulieren, dass es in diesem Teil der Studie um die *kollektiven Handlungsorientierungen* (also nicht um den kollektiven Habitus als das „Gesamt" der Handlungsorientierungen) der beforschten Akteurinnen und Akteure geht. Die forschungsleitenden Fragen lassen sich wie folgt präzisieren:

Wie stellen die Innovage-Berater/innen eine kollektive (Netzwerk-)Identität her? Wie erfolgt Vergemeinschaftung im Netzwerk auf der Ebene des vorreflexiven, habitualisierten Handelns? Dabei bilden die kollektiven Handlungsorientierungen den zentralen Gegenstand der Analyse und werden in Relation zur Ebene der kollektiven Identität bestimmt.

Das *Teilprojekt 2 der Studie* widmet sich den Kooperationsprojekten der Innovage-Berater/innen. Es schließt an den Diskurs zum nachberuflichen Engagement an und wendet sich dem *Erfahrungswissen* zu (s. Kap. 6). Die Daten in diesem Teilprojekt wurden in Form von narrativen Interviews mit Innovage-Berater/inne/n und Kooperationspartner/inne/n erhoben (s. Kap. 4.3). Im Sinne der praxeologischen Wissenssoziologie ist bei der Rekonstruktion zu unterscheiden zwischen den Eigentheorien der befragten Akteurinnen und Akteure im Hinblick darauf, über welches „Erfahrungswissen" sie verfügen – dies entspricht dem *kommunikativen Wissen* –, und dem vorreflexiven ‚atheoretischen' bzw. ‚impliziten' Wissen, also dem *konjunktiven (Erfahrungs-)Wissen*. In diesem Teil der Studie geht es zunächst um die Frage, *wie* die Innovage-Berater/innen die Situation(en) vor Ort vor dem Hintergrund ihrer Erfahrung wahrnehmen und wie sie das kooperative Engagement auf der Basis ihrer Erfahrung gestalten. Dabei richtet sich der Blick auf die *Handlungsorientierungen* der Innovage-Berater/innen bzw. die *modi operandi* ihrer Praxis im kooperativen Engagement. Zudem interessiert sich die Studie für die *Handlungsrepertoires*, die *Habits*, die situationsbezogen in Form von Handlungstendenzen sichtbar werden. In Ergänzung zur Perspektive der Innovage-Berater/innen wird die der Kooperationspartner/innen untersucht. Die Studie interessiert sich in diesem Zusammenhang dafür, wie die Kooperationspartner/innen die Innovage-Berater/innen sowie deren handlungspraktische Gewohnheiten und Erfahrungen wahrnehmen und wie sie die

Kooperation schließlich bewerten. Die forschungsleitenden Fragen lassen sich hier wie folgt präzisieren:

Wie nehmen die Innovage-Berater/innen die Situation(en) und Entwicklungen in den Projekten vor dem Hintergrund ihrer Erfahrung wahr und wie gestalten sie das kooperative Engagement auf der Basis ihrer Erfahrung? Welche Modi des Wahrnehmens und Handelns charakterisieren das (kooperative) Engagement der Innovage-Berater/innen? Dabei bilden die individuellen Handlungsorientierungen den zentralen Gegenstand der Rekonstruktion und werden um eine Analyse der Habits ergänzt.

Wie nehmen die Kooperationspartner/innen die Innovage-Berater/innen sowie deren handlungspraktische Gewohnheiten und Erfahrungen wahr und wie bewerten sie die Kooperation?

Bevor die Ergebnisse der Studie in den Kapitel 5 und 6 ausführlich dargestellt werden, steht das methodische Vorgehen im Mittelpunkt des Kapitels 4.

4 Methodisches Vorgehen

Nachdem im letzten Kapitel die dokumentarische Methode und praxeologische Wissenssoziologie dargestellt wurden und dabei methodologische und grundlagentheoretische Aspekte im Vordergrund standen, soll im folgenden Kapitel auf das methodische und forschungspraktische Vorgehen der Studie eingegangen werden. Zunächst wird hierzu ihre Anlage als rekonstruktive Studie beschrieben, die aus zwei Teilprojekten bestand (Kap. 4.1). In diesen wurden, ausgehend von unterschiedlichen Erkenntnisinteressen, jeweils andere Entscheidungen hinsichtlich der Erhebungsmethoden und des Samplings getroffen. In den Kapiteln 4.2 und 4.3 wird darum für jedes der beiden Teilprojekte getrennt auf Erhebungsmethoden, Durchführung der Erhebungen und Samples eingegangen. Die Auswertung des Datenmaterials auf der Basis der dokumentarischen Methode, die sich auf beide Teilprojekte bezieht, wird im darauf folgenden Kapitel 4.4 erläutert.

4.1 Anlage als rekonstruktive Studie

Das Forschungsprojekt zu Selbstorganisation und Erfahrungswissen im nachberuflichen Engagement war als *qualitative resp. rekonstruktive Studie* angelegt (vgl. Bohnsack 2010a). Im Gegensatz zu quantitativen Studien ging es nicht darum, anhand vorliegender theoretischer Erkenntnisse Hypothesen zu bilden und diese anhand des Datenmaterials zu überprüfen. Vielmehr wurden zu Beginn offene forschungsleitende Fragen formuliert, die im Forschungsprozess modifiziert und weiterentwickelt wurden. Im Rahmen offener Erhebungsformen sollten die Beteiligten darüber hinaus die Möglichkeit haben, ihre Relevanzsysteme zu entfalten, d. h. über das zu sprechen, was ihnen wichtig und sinnvoll erschien, und dies in einer für sie natürlichen Weise zu tun (vgl. Bohnsack 2010a: Kap. 2).

Im Kontext des *Teilprojekts 1* richtete sich das Erkenntnisinteresse auf die Praxis der Selbstorganisation in den Innovage-Netzwerken.[64] Da *kollektive* Praxen und Orientierungen im Blickpunkt stehen sollten, wurden an den damals

---

64 Die forschungsleitenden Fragen wurden in Kapitel 3.5 dargestellt.

existierenden sechs Standorten von Innovage *Gruppendiskussionen* (vgl. Bohnsack et al. 2010, Loos/Schäffer 2001) durchgeführt.[65] Das Erkenntnisinteresse von *Teilprojekt 2* fokussierte auf das Erfahrungswissen der freiwillig Engagierten. Ergänzend ging es darum, welche Erfahrungen die Kooperationspartner/innen im Kontakt mit den Innovage-Berater/inne/n machen.[66] In diesem Teilprojekt wurden an zwei ausgesuchten Standorten *narrative Interviews* (vgl. Schütze 1983, 1987, Nohl 2012) mit Innovage-Berater/inne/n und ihren jeweiligen Kooperationspartner/inne/n durchgeführt.

Begleitend zum Forschungsprozess wurden (Zwischen-)Ergebnisse an die beteiligten Akteurinnen und Akteure – Programminitiator/inn/en und Auftraggeber/innen der Studie sowie freiwillig engagierte Innovage-Berater/innen – zurückgemeldet und mit ihnen diskutiert. Hierzu wurden *Feedbackgespräche* geführt, wie sie insbesondere in der dokumentarischen Evaluationsforschung üblich sind (vgl. z. B. Bohnsack/Nentwig-Gesemann 2010, Lamprecht 2012, Kubisch/Lamprecht 2013).[67] Auf diese Weise konnte die Studie im Prozess einen Beitrag zur Reflexion und Weiterentwicklung der Praxis leisten. Die vorliegende Veröffentlichung zielt demgegenüber darauf, die Konzepte der „Selbstorganisation" und des „Erfahrungswissens" auf der Basis empirischer Rekonstruktionen und (meta-)theoretischer Reflexionen genauer zu bestimmen und damit einen Beitrag zur Engagement- und Alter(n)sforschung sowie zur Forschung in der Sozialen Arbeit zu leisten.

4.2 Erhebungsmethode und Sample in Teilprojekt 1

Im Folgenden wird das Erhebungsverfahren der Gruppendiskussion erläutert sowie Durchführung und Sample des Teilprojekts 1 beschrieben. Die empirischen Ergebnisse dieses Teilprojekts finden sich im Kapitel 5 dieser Arbeit.

Gruppendiskussionsverfahren

Das Gruppendiskussionsverfahren, wie es auf Basis der dokumentarischen Methode (s. Kap. 3) entwickelt wurde, setzt die Grundsätze rekonstruktiver Sozial-

---

65   Teilnehmende Beobachtungen (vgl. z. B. Lüders 2010) während der Netzwerktreffen ergänzten die Erhebungen. Sie dienten in erster Linie der Sensibilisierung für das Forschungsfeld und wurden im Projektverlauf nicht systematisch in die Auswertungen einbezogen.
66   Zu den forschungsleitenden Fragen s. Kap. 3.5.
67   Die Feedbackgespräche selbst waren jedoch nicht Teil weiterer Untersuchungen und fließen nicht mit in die vorliegende Veröffentlichung ein.

forschung methodisch um und ist auf die Rekonstruktion *kollektiver Orientierungen* ausgerichtet (vgl. Bohnsack 2010e, Bohnsack 2010f, Bohnsack et al. 2010, Nentwig-Gesemann 2012, Loos/Schäffer 2001). Es baut auf Mangolds Erkenntnis auf, dass sich mit Gruppendiskussionen ‚informelle Gruppenmeinungen' untersuchen lassen (Mangold 1988: 17, zit. n. Bohnsack 2010a: 106f.). Mangold ging davon aus, dass sich durch die wechselseitige Steigerung oder Ergänzung der an einer Gruppendiskussion beteiligten Individuen hindurch deren kollektive Meinungen abzeichnen. Diese entstehen ihm zufolge nicht erst in der Diskussion, sondern haben sich bereits in der Realität einer Gruppe konstituiert und aktualisieren sich lediglich in der Diskussion. Dabei werden in der Gruppendiskussion auch kollektive Meinungen aktualisiert, die sich über die Erfahrungen der real bestehenden Gruppe hinausgehend auf Kollektive beziehen, deren Angehörige durch ein gemeinsames Schicksal oder eine gemeinsame soziale Lage miteinander verbunden sind (vgl. Bohnsack 2010a: 106f.). Bohnsack, der das Gruppendiskussionsverfahren auf der Basis dieser Erkenntnisse (zunächst noch zusammen mit Mangold) weiterentwickelt hat, greift an dieser Stelle auf Mannheims Begriff des „konjunktiven Erfahrungsraums" (Mannheim 1980: 221ff.) zurück und fokussiert damit die impliziten kollektiven Orientierungen, welche auf der Basis gemeinsamer und strukturidentischer Erfahrungen in der Alltagspraxis entstehen (vgl. z. B. Bohnsack 2010a: 108, s. auch Kap. 3.2).

Um die kollektiven Orientierungen einer Gruppe rekonstruieren zu können, ist es beim Gruppendiskussionsverfahren von Bedeutung, dass die Gruppe ihr eigenes Relevanzsystem entfalten kann. Aus diesem Grund halten Forscher/innen sich aus dem Diskussionsgeschehen heraus, auf eine Strukturierung der Diskussion wird weitestgehend verzichtet. Die Forscher/innen nehmen keinen Einfluss auf die Zuteilung der Redebeiträge und überlassen es den Diskussionsteilnehmenden selbst, miteinander ins Gespräch zu kommen. Ziel ist immer, eine möglichst *selbstläufige Diskussion* zu erreichen. Von der Diskussionsleitung wird lediglich zu Beginn ein Erzählstimulus gesetzt, um die Diskussion in Gang zu bringen. Falls es die Situation erfordert, können die Forscher/innen im Verlauf der Diskussion immanente Nachfragen stellen, die sich inhaltlich an Äußerungen aus der Diskussion anschließen und an alle Diskussionsteilnehmenden adressiert sind. Gegen Ende der Diskussion können Forscher/innen weitere immanente und schließlich auch exmanente Nachfragen, also Fragen, die nicht unmittelbar an das Diskutierte anschließen, stellen. Die Diskussionsleitung kann in dieser Phase auch widersprüchliche Teilbereiche der Diskussion ansprechen (vgl. Bohnsack 2010e: Kap. 9, Loos/Schäffer 2001: Kap. 3.5).

Durchführung und Sample

Im Rahmen des Teilprojekts 1 wurden in den im Untersuchungszeitraum (2010) bestehenden sechs Innovage-Netzwerken Gruppendiskussionen durchgeführt. Alle Mitglieder der Netzwerke wurden vorab über das Forschungsvorhaben informiert. Die Diskussionen fanden in der Regel vor oder nach einer Netzwerksitzung statt, die terminliche Koordination oblag hierbei dem/der jeweiligen Netzwerkkoordinator/in. Einen zusätzlichen Termin für die Gruppendiskussionen unabhängig von den Netzwerksitzungen anzusetzen, erschien wenig Erfolg versprechend, da die Innovage-Berater/innen nicht zwangsläufig am Standort des jeweiligen Netzwerks wohnen und extra für diese Diskussion hätten anreisen müssen. Das gewählte Vorgehen hatte darüber hinaus den Vorteil, dass die Forscher/innen den Netzwerksitzungen bewohnen und teilnehmende Beobachtungen durchführen konnten.[68] Die Netzwerkmitglieder trafen die Entscheidungen über eine Teilnahme an den Gruppendiskussionen unabhängig vom Forscher/innen-Team. Die Gruppen bildeten sich also nicht anhand von Kriterien der Forscher/innen. Vielmehr wurde die Zusammensetzung der Gruppen bereits als Ausdruck der jeweiligen Netzwerkpraxis und der damit verbundenen kollektiven Orientierungen betrachtet.

Die Gruppengröße lag zwischen fünf und neun Personen. Etwa zwei Drittel der Teilnehmenden waren männlich, ein Drittel war weiblich. An den Gruppendiskussionen nahmen Personen teil, die den Geburtsjahrgängen zwischen 1930 und 1950 angehören; die meisten von ihnen gehören den 1940er Jahrgängen an. Überwiegend waren die Teilnehmer/innen zum Zeitpunkt der Erhebung bereits pensioniert, einzelne waren in Teilzeit unselbstständig oder selbstständig tätig. Während an einigen Gruppendiskussionen Personen aus bis zu vier verschiedenen Innovage-Jahrgängen teilnahmen, waren in zwei Gruppendiskussionen die Gründungsmitglieder besonders stark vertreten. Die Mitglieder der Netzwerke, die die Funktion des Koordinators bzw. der Koordinatorin innehatten, nahmen an den Gruppendiskussionen teil.[69]

Als Erzählstimulus für die Gruppendiskussionen wurde allen Gruppen folgende Eingangsfrage in ähnlichem Wortlaut gestellt:

---

68   Die teilnehmenden Beobachtungen dienten, wie bereits erwähnt, in erster Linie der Sensibilisierung für das Forschungsfeld und wurden im Projektverlauf nicht systematisch in die Auswertungen einbezogen.

69   Die hier zusammengefassten Informationen basieren auf Angaben der befragten Personen. Diese erhielten im Anschluss an die Gruppendiskussionen einen kurzen Erhebungsbogen mit Fragen zu ihrer Person (z. B. Alter, Geschlecht, Zeitpunkt des Einstiegs bei Innovage). Die Netzwerkkoordinator/inn/en werden aus Gründen der Anonymisierung in Kapitel 5 nicht gesondert ausgewiesen.

„Innovage läuft schon eine Zeit lang und geht jetzt in eine neue Phase. wir wollen jetzt die praktischen Erfahrungen einsammeln, die die verschiedenen Beteiligten mit Innovage machen und ja, vielleicht erzählen Sie einfach einmal, was machen Sie bei Innovage, wie hat das angefangen, wie hat es sich seitdem entwickelt, also zum Beispiel in der Weiterbildung, im Netzwerk, im Projekt. oder einfach, was Ihnen dazu einfällt."

Die Gruppendiskussionen wurden aufgezeichnet, im Anschluss wurden Protokolle zum Setting und zum Verlauf der Diskussion angefertigt.[70] Anhand der Aufzeichnungen wurden anschließend thematische Verläufe erstellt. Von den Passagen, die aus formalen oder inhaltlichen Gründen für die genauere Analyse in Frage kamen, wurden Transkripte angefertigt: So wurden neben den Eingangspassagen vor allem die interaktiv dichten Passagen („Fokussierungsmetaphern") für die Transkription ausgewählt, außerdem solche, in denen sich die Praxis der Netzwerke besonders gut zeigte, d. h., in denen die Themen Zusammenarbeit, (Selbst-)Organisation und Mitgliedschaft im Netzwerk behandelt wurden.

4.3 Erhebungsmethode und Sample in Teilprojekt 2

Im Folgenden wird auf das Verfahren des narrativen Interviews sowie auf die Durchführung und das Sample in Teilprojekt 2 eingegangen. Die empirischen Ergebnisse zum Erfahrungswissen im Kontext von Kooperationen sind im Kapitel 6 dieser Arbeit zu finden.

Narrative Interviews

Die Erhebungsmethode des narrativen Interviews (vgl. z. B. Schütze 1983, 1987) wird auch im Rahmen von Studien, welche methodologisch in der dokumentarischen Methode verortet sind, eingesetzt (vgl. Nohl 2012) und eignet sich dazu, *individuelle Orientierungen* herauszuarbeiten. Wie beim Gruppendiskussionsverfahren ist es auch beim narrativen Interview wichtig, dass die befragte Person im Rahmen der Befragungssituation ihr eigenes Relevanzsystem entfalten kann. Ziel ist es, eine *selbstläufige (Stegreif-)Erzählung* auszulösen. Zu Beginn wird von der interviewenden Person eine erzählgenerierende Eingangsfrage gestellt, um den Erzählfluss in Gang zu setzen. Die Forscher/innen verzichten dann auf eine

---

70 Bis auf eine Gruppendiskussion, die auf Französisch durchgeführt wurde, sind alle anderen Diskussionen in schweizerdeutschem Dialekt geführt worden. Für die weiteren Auswertungen wurden die Transkripte der Diskussionen auf Hochdeutsch angefertigt, feststehende Begriffe und sprachliche Besonderheiten des Schweizer Dialektes wurden mit übernommen.

weitere Strukturierung des Interviews (ebd.: 13). Allerdings ist es möglich, dass die Forscher/innen im Verlauf des Interviews nach Abschluss der Eingangserzählung des bzw. der Interviewten zunächst immanente und später exmanente Nachfragen stellen. Im Rahmen der vorliegenden Studie sollte mit Hilfe der narrativen Interviews der Prozess der Projektentwicklung und Kooperation aus Perspektive der Innovage-Berater/innen und ihrer Kooperationspartner/innen erfasst werden. Die folgende Eingangsfrage wurde in ähnlichem Wortlaut allen interviewten Personen gestellt:

> „Können Sie mir bitte erzählen, wie das Projekt ‚XY' entstanden ist, wie es sich seitdem entwickelt hat und welche Erfahrungen Sie dabei gemacht haben?"

Durchführung und Sample

Im Rahmen des Teilprojekts 2 wurden zwölf narrative Interviews mit Innovage-Beratenden und Kooperationspartner/inne/n in zwei ausgesuchten Innovage-Netzwerken durchgeführt.[71] Mit dem Ziel, ein weitestgehend heterogenes Sample zu generieren, das maximale Kontrastierungen ermöglicht, wurden die Netzwerkkoordinator/inn/en gebeten, sowohl solche Projekte vorzuschlagen, die die Netzwerke selbst für erfolgreich hielten, als auch solche, die aus ihrer Sicht weniger gelungen waren. Die dichotome Klassifizierung der Projekte, die auf diese Weise zunächst entstand, spielte für den weiteren Fortgang der Interpretationen keine Rolle, zumal diese zeigten, dass ein aus Sicht der Innovage-Berater/innen negativ bewertetes Projekt seitens der Kooperationspartner/innen durchaus positiv bewertet werden kann.

Insgesamt konnten im Erhebungszeitraum (2011/2012) zwölf Einzelinterviews mit Innovage-Beratenden und Kooperationspartner/inne/n durchgeführt werden. Jeweils sechs Interviews waren den positiv bewerteten bzw. den negativ bewerteten Projekten zuzuordnen. Bei den positiv bewerteten Projekten konnten drei Innovage-Beratende und drei der jeweiligen Kooperationspartner/innen befragt werden. Bei den negativ bewerteten Projekten gestaltete es sich demgegenüber eher schwierig, Kooperationspartner/innen für Interviews zu gewinnen. Entweder war kein/e Kooperationspartner/in mehr verfügbar oder die angefragte Person zeigte kein Interesse an einem Interview. So konnten bei den als negativ eingeordneten Innovage-Projekten vier Innovage-Beratende, aber nur zwei Kooperationspartner/innen befragt werden. In die Auswertung wurden schließlich

---

71   Alle narrativen Interviews wurden in schweizerdeutschem Dialekt durchgeführt und für die weiteren Auswertungen in hochdeutsche Sprache transkribiert. Feststehende Begriffe und sprachliche Besonderheiten des Schweizer Dialektes wurden mit übernommen.

fünf Projekte einbezogen, zu denen sowohl Interviews mit Innovage-Berater/innen als auch mit Kooperationspartner/inne/n vorlagen.

Auch in diesem Teilprojekt wurden nach der Erhebungsphase der Interviews anhand der Aufzeichnungen thematische Verläufe erstellt und von relevanten Passagen der Interviews Transkripte angefertigt. Neben den Eingangspassagen der Interviews wurden Passagen transkribiert, in denen auf die Projektrealisierung und die Zusammenarbeit mit den jeweiligen Partner/inne/n, das eigene (Erfahrungs-)Wissen bzw. die Wahrnehmung von Wissen und Kompetenzen des jeweils anderen eingegangen wurde.

4.4 Auswertung auf Basis der dokumentarischen Methode

Die Auswertungen des Datenmaterials aus den Gruppendiskussionen und den Interviews erfolgte auf Basis der dokumentarischen Methode (z. B. Bohnsack 2010b, Bohnsack et al. 2013a, Nohl 2012, s. auch Kap. 3). Diese zielt auf die Rekonstruktion *handlungsleitender Orientierungen* von Gruppen und Einzelpersonen und richtet ihren Fokus damit auf das *handlungspraktische ‚atheoretische' bzw. implizite Wissen.*

Arbeitsschritte der dokumentarischen Methode

Um die handlungsleitenden Orientierungen zu rekonstruieren, wird das transkribierte Datenmaterial im Rahmen der dokumentarischen Methode in zwei aufeinander aufbauenden Arbeitsschritten – der *formulierenden* und der *reflektierenden Interpretation* – ausgewertet. Diese korrespondieren mit der methodologischen (Leit-)Differenz der dokumentarischen Methode vom immanenten Sinngehalt bzw. kommunikativen Wissen auf der einen und Dokumentsinn bzw. konjunktiven Wissen auf der anderen Seite (vgl. Bohnsack et al. 2013b: 15, s. auch Kap. 3.2).[72]

Die *formulierende Interpretation* untersucht in einem ersten Schritt, *was* in den Gruppendiskussionen bzw. Interviews thematisch behandelt wird. Sie verbleibt noch auf der Ebene des immanenten Sinngehalts bzw. des kommunikativen Wissens. Diese Sinngehalte liegen explizit vor, sie können direkt und ohne Kenntnisse des Kontextes erfasst werden. In der praktischen Umsetzung der formulierenden Interpretation bedeutet dies, dass der immanente Sinngehalt der

---

72   Detaillierte Darstellungen der Arbeitsschritte im Rahmen der dokumentarischen Methode finden sich z. B. in Bohnsack et al. 2013a, Bohnsack/Schäffer 2001, Przyborski/Wohlrab-Sahr 2014, Nohl 2012.

zu interpretierenden Passagen in eigenen Worten im Sinne einer thematischen Feingliederung zusammengefasst wird; d. h., die einzelnen Passagen werden mit Überschriften und Paraphrasierungen des Diskussions- bzw. Interviewinhalts gegliedert (vgl. Bohnsack/Schäffer 2001: 334)

Die darauffolgende *reflektierende Interpretation* richtet den Fokus auf den Dokumentsinn bzw. das konjunktive Wissen. Hierbei werden die Schilderungen als „Dokument einer Orientierung rekonstruiert, die die geschilderte Erfahrung strukturiert" (Nohl 2012: 8). Bei der reflektierenden Interpretation wird also nicht mehr danach gefragt, *was* im Material dargestellt wird, sondern *wie* ein bestimmtes Thema oder ein Problem von einer Person oder einer Gruppe behandelt wird, d. h., in welchem *Orientierungsrahmen* dies geschieht (z. B. Bohnsack et al. 2013b: 16, s. auch Kap. 3.3). Die reflektierende Interpretation nimmt damit den *modus operandi* einer Schilderung in den Blick (vgl. Bohnsack et al. 2013b: 13).

Bei der dokumentarischen Auswertung von Einzelinterviews fließt im Rahmen der reflektierenden Interpretation eine Analyse der *Textsorten* mit ein, d. h., in den zu interpretierenden Passagen wird im Hinblick auf die *Formalstruktur* zwischen *Beschreibungen, Erzählungen* und *Argumentationen* unterschieden (vgl. Schütze 1987: 146f.). Da bei der dokumentarischen Methode davon ausgegangen wird, dass sich handlungsleitende Orientierungen vor allem durch die Rekonstruktion von *Erzählungen und Beschreibungen* zeigen lassen, kommt diesen Textsorten bei der reflektierenden Interpretation von Einzelinterviews eine besondere Bedeutung zu (Nohl 2012: 41). Bei Passagen aus Gruppendiskussionen werden zudem *Dramaturgie, Diskursorganisation* und *Performanz* der Diskussion miteinbezogen; so kann festgestellt werden, ob und in welchem Rahmen die Diskussionsteilnehmenden Orientierungen teilen (vgl. Bohnsack 2010a: 123ff.; Przyborski/Wohlrab-Sahr 2014: 295ff., Przyborski 2004: 61f.). Es wird analysiert, welche Orientierungen von wem im Verlauf der Passage vorgebracht (Proposition), ausgearbeitet resp. entfaltet (Elaboration) und abgeschlossen (Konklusion) werden. Weiterhin kann betrachtet werden, inwiefern diese Orientierungen geteilt (Validierung) oder ablehnt werden (Opposition/Antithese/Divergenz[73]) (vgl. Przyborski/Wohlrab-Sahr 2014: 298f.). Auf diese Weise können unterschiedliche Modi der Diskursorganisation herausgearbeitet

---

73   Bei der *Opposition* liegen unüberwindbare Widersprüche vor, bei der *Antithese* wird auf eine Position verneinend Bezug genommen. Die Divergenz wirkt zunächst wie eine Zustimmung oder eine Differenzierung auf eine Position, wird aber bei näherer Analyse als ein Aneinandervorbeireden identifiziert (vgl. Przyborski/Wohlrab-Sahr 2014: 300).

werden, z. B. ob eine Diskussion univok, divergent oder oppositionell[74] geführt wurde (vgl. ebd.: 300, vgl. auch Przyborski 2004).

Bei der reflektierenden Interpretation im Bereich von Interviews und Gruppendiskussionen, d. h. bei der Textauswertung, wird *sequenzanalytisch* vorgegangen. Charakteristisch für die Sequenzanalyse der dokumentarischen Methode ist dabei, dass jeweils drei aneinander anschließende Äußerungen in den Blick genommen werden und auf dem Wege der *Abduktion*[75] die Regel expliziert wird, die der spezifischen Abfolge der Äußerungen zugrunde liegt (vgl. z. B. Bohnsack 2010b: 252f.). Essenziell ist dabei die *komparative Analyse*, d. h. die Durchführung fallinterner und fallexterner Vergleiche, die den gesamten Interpretationsprozess begleiten (Bohnsack et al. 2013b: 16). Der Vergleich hat einerseits eine „erkenntnisgenerierende Funktion" (Nohl 2013: 15), da der Vergleich dem Herausarbeiten der Besonderheiten der jeweiligen Fälle sowie der Typenbildung dient. Andererseits hat er eine „erkenntniskontrollierende Funktion" (ebd.), denn erst das Vorliegen empirischer Vergleichshorizonte ermöglicht es den Forscher/inne/n, sich systematisch von den eigenen Befangenheiten und Erwartungen zu lösen bzw. die eigene Standortgebundenheit zu kontrollieren (Bohnsack 2010a: 137).

Bei der *sinngenetischen Typenbildung* werden die im Rahmen der komparativen Analyse rekonstruierten Orientierungsrahmen von den Einzelfällen abstrahiert und zu Typen ausdifferenziert (Nohl 2012: 50ff., vgl. Bohnsack 2013b: 253). Die sinngenetische Typenbildung zeigt so, in welchen unterschiedlichen Orientierungsrahmen die erforschten Gruppen und Personen die Themen bearbeiten (Nohl 2012: 57). Auf die sinngenetische Typenbildung kann eine *soziogenetische Typenbildung* folgen. Im Rahmen der soziogenetischen Typenbildung wird herausgearbeitet, in welchen sozialen Zusammenhängen und Konstellationen die typisierten Orientierungsrahmen entstanden sind; es interessiert also die soziale Genese einer Orientierung (Bohnsack 2013b: 262ff.). Als Alternative zur soziogenetischen Typenbildung schlägt Nohl (2013) die relationale Typenbildung vor. Diese knüpft an die sinngenetische Typenbildung an und arbeitet heraus, wie Orientierungen unterschiedlicher Dimensionen miteinander zusammenhängen (ebd.: 9). In der vorliegenden Studie wurden auf Basis des Materials im Rahmen beider Teilprojekte sinngenetische Typenbildungen erstellt. Eine soziogenetische oder relationale Typenbildung durchzuführen, war nicht Ziel der Studie. Die Typologie im Rahmen des Teilprojekts 1 antwortet auf die Frage,

---

74 Univok meint an dieser Stelle mit einer Stimme sprechen, *divergent* kann am besten mit aneinander vorbeireden beschrieben werden. Bei einer *oppositionellen* Diskursorganisation sind gegensätzliche, oppositionelle Haltungen vorzufinden (vgl. Przyborski/Wohlrab-Sahr 2014: 298ff., Przyborski 2004: 196ff., 216ff.).

75 Vgl. zum Begriff der Abduktion Fußnote 51 in Kap. 3.2.

wie die Akteurinnen und Akteure Vergemeinschaftung in den einzelnen Netzwerken habituell herstellen. Im Rahmen des Teilprojekts 2 gibt die Typologie
eine Antwort auf die Frage, welche *modi operandi*, d. h. Arten und Weisen des
Wahrnehmens und Handelns, das (kooperative) Engagement der Innovage-
Berater/innen charakterisieren.

5 Praxis der Selbstorganisation in den Netzwerken von Innovage

Im folgenden Kapitel werden wesentliche Ergebnisse des ersten Teilprojekts der Studie dargestellt. Im Fokus steht die *Praxis der Selbstorganisation* in den Innovage-Netzwerken. Anhand von Gruppendiskussionen, die mit Mitgliedern aus allen regionalen Netzwerken geführt wurden[76], konnte rekonstruiert werden, vor welchen Aufgaben und Herausforderungen die Akteurinnen und Akteure stehen und wie sie diese bearbeiten. Die Analysen zeigen, dass für die Innovage-Berater/innen eine zentrale Aufgabe darin besteht, für eine *Kohäsion des jeweiligen Netzwerks* zu sorgen und dabei nicht nur der Programmatik von Innovage, sondern zugleich auch der Freiwilligkeit der Beteiligung und den unterschiedlichen Beteiligungsmotivationen der einzelnen Mitglieder Rechnung zu tragen. Wie die Akteurinnen und Akteure mit dieser Herausforderung umgehen, lässt sich insbesondere anhand der in den meisten Fällen interaktiv dichten Passagen aus den Gruppendiskussionen erkennen, in denen über Differenzen gesprochen wird, die innerhalb des Netzwerks, also zwischen den Mitgliedern wahrgenommen werden. So scheint es bspw. keineswegs so zu sein, dass alle, die bei Innovage ‚mitmachen‘, auch daran interessiert sind, Projekte zu realisieren, sich also für andere zu engagieren. Ebenso wenig stellt für alle eine unentgeltliche Tätigkeit die erste Wahl dar. Wie gehen die Innovage-Berater/innen in den verschiedenen Netzwerken mit diesen Unterschieden um? Welche *Praxen* entwickeln sie vor dem Hintergrund eigener beruflicher Erfahrungen in anderen kollektiven, z. T. stärker hierarchisch strukturierten Zusammenhängen nun im neuen, netzwerkförmig organisierten[77] und durch Freiwilligkeit charakterisierten Kontext? Und welche grundlegenden *Orientierungen* und *Werthaltungen* leiten ihre Handlungspraxis an? Diesen Fragen gingen wir im Rahmen der Rekonstruktionen des Datenmaterials nach.

---

76 Vgl. zum methodischen Vorgehen Kap. 4.
77 Die netzwerkförmige Organisation von Innovage wurde in der Einleitung genauer dargestellt; siehe allgemein zu Netzwerken in der Zivilgesellschaft Kap. 1.3.

Im Sinne der dokumentarischen Methode und praxeologischen Wissenssoziologie[78] konnten zwei Ebenen unterschieden werden, die im Hinblick auf die Herausforderung, Kohäsion im Netzwerk herzustellen, relevant sind: Zum einen ist dies die Ebene der *kollektiven Identität*, die von den Akteur/inn/en konstruiert wird und die mit dem *kommunikativen Wissen* korrespondiert. Die Teilnehmer/innen der Gruppendiskussionen setzen sich mit der Frage auseinander, wer und wie sie als Netzwerk sein möchten – dies kann als *Selbstzuschreibung* verstanden werden –, und reflektieren dabei z. T. wahrgenommene *Fremdzuschreibungen*. In diesem Zusammenhang findet auch eine Auseinandersetzung mit den *Normen* und *Regeln* statt, die der *Programmatik* von Innovage inhärent sind. So zielt Innovage auf ein projektförmiges Engagement für Dritte und legt fest, dass dieses Engagement unentgeltlich erfolgen soll. Weitergehend kann formuliert werden, dass sich in der Programmatik von Innovage die *gesellschaftlichen Erwartungen* an ein aktives Alter(n) manifestieren, die die Akteurinnen und Akteure – diskursanalytisch gesprochen – als ‚Anrufungen‘ erfahren (vgl. Bohnsack 2014a: 39, vgl. auch Denninger et al. 2014). Zum anderen konnten anhand des empirischen Materials verschiedene *Modi der Vergemeinschaftung* rekonstruiert werden. Hier geht es, anders als bei der kollektiven Identität, nicht um die Frage, welche Eigenschaften und Kennzeichen den Akteur/inn/en mit Blick auf das jeweilige Netzwerk relevant erscheinen, sondern darum, *wie* Vergemeinschaftung im Netzwerk von ihnen *handlungspraktisch herstellgestellt wird*. Während alle vor vergleichbaren Problem- bzw. Aufgabenstellungen im Hinblick auf die Kohäsion ihres jeweiligen Netzwerks stehen, bearbeiten die Akteurinnen und Akteure die Herausforderung der Selbstorganisation in je unterschiedlichen *(Orientierungs-)Rahmen,* sie weisen unterschiedliche *Handlungsorientierungen* auf[79]. Dabei zeigen sich auch unterschiedliche Arten, wie mit den bereits dargestellten Fremdzuschreibungen, normativen Erwartungen (‚Anrufungen‘) und Regeln umgegangen wird. Die Rekonstruktion der Handlungsorientierungen mündete in eine *sinngenetische Typologie*[80]. Diese antwortet auf die Frage, *wie Vergemeinschaftung in den einzelnen Netzwerken habituell hergestellt wird.*

---

78   Siehe zur dokumentarischen Methode und praxeologischen Wissenssoziologie sowie den Begriffen des kommunikativen und konjunktiven Wissens, die im Folgenden verwendet werden, Kap. 3.

79   Wir verwenden hier den Begriff der Handlungsorientierung, um deutlich zu machen, dass sich die Studie nur einem spezifischen Ausschnitt der Praxis der Innovage-Berater/innen zuwendet und nicht den Anspruch hat, deren Habitus bzw. das, was im Rahmen der dokumentarischen Methode auch als Orientierungsrahmen bezeichnet wird, umfassend zu rekonstruieren (vgl. Nohl et al. 2015: 217ff.). Die Begriffe Handlungsorientierung und handlungsleitende Orientierung verwenden wir synonym. Vgl. ausführlich dazu Kap. 3.3 und 3.4.

80   Vgl. Kap. 4.4.

Untersucht wurden insgesamt sechs Gruppen, die zur Anonymisierung im Folgenden mit Städtenamen bezeichnet werden.[81] Während die Gruppen Lima, New York und Asmara im Hinblick auf ihre Praxen der Vergemeinschaftung an *Assimilation* orientiert sind und damit einen *ersten Typus* bilden (Kap. 5.1), sind die Gruppen Rio und Mumbai, die den *zweiten Typus* repräsentieren, an *Inklusion* orientiert (Kap. 5.2).

Beim *ersten Typus,* der durch eine *Orientierung an Assimilation* gekennzeichnet ist, herrschen eindeutige und statische Vorstellungen hinsichtlich der kollektiven Identität vor. Mitglieder, die mit Blick auf die konstruierte kollektive Identität als nicht zum Netzwerk passend erlebt werden oder die neu in das Netzwerk aufgenommen werden möchten, sollen sich entsprechend den mit der kollektiven Identität verbundenen Normen und Regeln verhalten, sich also anpassen. Unter Umständen können Mitglieder, denen eine mangelnde Anpassung unterstellt wird, aus dem Netzwerk exkludiert werden. Innerhalb dieses Typus unterscheiden sich die Gruppen im Hinblick auf die Modi der Vergemeinschaftung voneinander. So steht die Gruppe Lima für eine *Vergemeinschaftung im Modus (berufsförmiger) Aktivität* (Kap. 5.1.1), während für die Gruppe New York rekonstruiert werden konnte, dass Vergemeinschaftung hier *im Modus informeller Geselligkeit und (kultureller) Distinktion* erfolgt (Kap. 5.1.2). Schließlich steht die Gruppe Asmara für Vergemeinschaftung *im Modus diskursiver Verständigung* (Kap. 5.1.3).

Beim *zweiten Typus,* für den eine *Orientierung an Inklusion* charakteristisch ist, stellt sich die kollektive Identität eher als hybrid und wandelbar dar; in der Auseinandersetzung mit der Differenz zwischen den Mitgliedern vollzieht sich ein Wandel der Praxis des gesamten Netzwerks. Innerhalb des Typus ließ sich keine dem ersten Typus vergleichbare Differenzierung rekonstruieren. In beiden Gruppen, der Gruppe Rio und der Gruppe Mumbai, erfolgt Vergemeinschaftung im *Modus von Transformation* (Kap. 5.2.1 und 5.2.2).

Eine der untersuchten Gruppen, die Gruppe Lissabon, unterscheidet sich in verschiedener Hinsicht von allen anderen Gruppen und entspricht keinem der beiden anderen rekonstruierten Typen. Sie wird am Ende des Kapitels (Kap. 5.3) vorgestellt. Die Teilnehmer/innen sehen sich selbst nicht als „Gruppe". Dies bildet sich auch in der Diskursorganisation ab, die eine geringe interaktive Dichte aufweist. Vergemeinschaftung wird hier nur in Ansätzen handlungspraktisch realisiert; im Ergebnis ist eher das *Fehlen von Vergemeinschaftung* zu konstatieren.

---

81 Alle personen- und netzwerkbezogenen Daten wurden ebenfalls anonymisiert.

5.1 Orientierung an Assimilation

Die drei Gruppen Lima (Kap. 5.1.1), New York (Kap. 5.1.2) und Asmara (Kap. 5.1.3), die im Folgenden dargestellt werden, sind alle gleichermaßen an einer Assimilation der Mitglieder orientiert. Sie weisen zugleich unterschiedliche Modi der Vergemeinschaftung auf.

5.1.1 Vergemeinschaftung im Modus (berufsförmiger) Aktivität

Die Gruppendiskussion der *Gruppe Lima* findet im Anschluss an die dreieinhalbstündige Netzwerksitzung und eine einstündige Mittagspause statt. Der Interviewer hatte beobachtend an der Netzwerksitzung teilgenommen, und bereits in der Mittagspause kamen einige Mitglieder im Kontakt mit ihm auf das Forschungsprojekt zu sprechen. An der Gruppendiskussion nehmen fünf Personen teil, vier Männer und eine Frau, alle sind Gründungsmitglieder. Dass ausschließlich Mitglieder der ersten Generation an der Gruppendiskussion teilnehmen, gibt bereits Anlass zu Interpretationen mit Blick auf das Netzwerk. So könnte beispielsweise vermutet werden, dass Personen, die den nachfolgenden Innovage-Generationen angehören, in geringerem Maße mit dem Netzwerk identifiziert bzw. in das Netzwerk integriert sind als die Gründungsmitglieder. Denkbar ist aber auch, dass sie von den Gründungsmitgliedern nicht explizit zur Teilnahme aufgefordert wurden. Die Diskussion der Gruppe Lima ist interaktiv besonders dicht. Dies deutet bereits darauf hin, dass die handlungsleitenden Orientierungen der Teilnehmenden in hohem Maße übereinstimmen. Im Folgenden sollen anhand der Eingangspassage und weiterer interaktiv dichter Passagen („Fokussierungsmetaphern"[82]) die Handlungsorientierungen der Gruppe Lima dargestellt werden, die deren Praxis der Vergemeinschaftung zugrunde liegen.

Suche nach einer aktiven Gestaltung der nachberuflichen Lebensphase

Unmittelbar nach der anfänglichen Aufforderung des Interviewers an die Teilnehmer/innen zu erzählen, „was sie bei Innovage machen, wie das angefangen hat und vielleicht auch wie sich das entwickelt hat" (Lima I, 21-25), thematisieren diese zunächst der Reihe nach, wie sie zu Innovage gekommen sind und was

---

82   Als Fokussierungsmetaphern werden im Rahmen der dokumentarischen Methode solche Passagen bezeichnet, die durch eine hohe interaktive und metaphorische Dichte gekennzeichnet sind. Ihnen kommt bei der Auswahl der Passagen für die Interpretation eine besondere Bedeutung zu (vgl. Bohnsack 2010a: 33).

ihre Beweggründe waren, sich zu engagieren. Der Teilnehmer Am[83] eröffnet die Diskussion:

Am: also, wo ich mir überlegt habe, ähm, was mache ich nach dem Rücktritt aus dem aktiven
       Berufsleben äh klar hat es private Bereiche, es hat gewisse Pläne, wohin dass man reisen will
       auch. es hat existierende Hobbys, es hat äh <u>Sport</u>, aber dann daneben ist die Frage aufgetaucht,
       jäh, wie kann ich auch aktiv vielleicht auch etwas <u>Wissen</u>, das ich mir erworben habe während
       dem ganzen Berufsleben, wie kann ich das <u>weitergeben</u> oder einbringen. und äh, dort gibt es ja
       verschiedene Möglichkeiten.[84]

                                                                        (Lima I, 26-32)

Deutlich wird hier eine aktive Auseinandersetzung mit der Frage der nachberuf-lichen Lebensgestaltung, für deren Gestaltung Hobbys allein nicht ausreichend erscheinen. Vielmehr geht es Am um Möglichkeiten der Weitergabe seines be-ruflich erworbenen Wissens. Der anschließende Beitrag von Bm zeigt Übereinst-immungen. Bm schildert, wie er nach dreißigjähriger ‚intensiver' Tätigkeit in seiner eigenen Firma die Nachfolge regelte (vgl. Lima I, 40-49).

Bm: und dann hat sich bei mir schon die Frage gestellt, eben, ja und jetzt, ich bin ich lebe allein,
       also ich habe im Prinzip nichts nicht können einfach hundertfünfzig auf Null herunterschalten
       und äh dann hat man sich gefragt, was mache ich jetzt dann oder, <u>außer</u> malen, was ich tue.
       und das ist aber nicht ein film- äh filmfüllendes Thema gewesen

                                                                        (Lima I, 49-53)

In dem Beitrag dokumentiert sich ein sehr hohes Aktivitätsniveau während des Berufslebens, das Bm nach eigener Einschätzung nicht ohne Weiteres reduzieren kann. Darüber hinaus spielt der soziale Aspekt eine Rolle, denn Bm erwähnt, dass er allein lebt. Wie Am reicht auch Bm das Hobby nicht aus, um seinen nachberuflichen Alltag zu gestalten.

Bm: und äh, und dann habe ich von einer Bekannten den Hinweis auf Innovage gekriegt=dann bin
       ich mal auf die Homepage gegangen und habe gefunden, ja schau ich mal an. und dann habe
       ich gefunden, ja das wäre eigentlich etwas wo ich auf die @genau gleiche@ Art und Weise,
       wie bisher meine @Projekte@ machen kann, mit ähm, mit ähm mehreren Freiheitsgraden und
       und und ich habe eben gefunden, das wäre etwas, was mich äh <u>sehr</u> anspricht von von der
       ‚Entourage'[85] her und ich habe auch die Gesellschaft gesucht, eben <u>neue</u> Projekte gesucht, bin

---

83   Die Teilnehmer/innen der Gruppendiskussionen werden im Folgenden mit Kürzeln bezeichnet,
      bspw. Am, Bm, Cf usw. Dabei steht das kleine m für maskulin und das kleine f für feminin
      (vgl. Przyborski/Wohlrab-Sahr 2014: 170).
84   Satzzeichen werden dem Transkriptionssystem TiQ zufolge, an dem wir uns orientieren, nicht
      grammatikalisch gesetzt, sondern zeigen die Intonation an. Nach Satzzeichen wird (außer wenn
      es sich um Substantive handelt) klein weitergeschrieben, um dies zu verdeutlichen. Die Tran-
      skriptionsrichtlinien finden sich im Anhang (vgl. auch Przyborski/Wohlrab-Sahr 2014: 167ff.).
85   Französisch/schweizerdeutscher Ausdruck für „Gefolgschaft".

ein neugieriger Mensch, also mir hat das sehr entsprochen. und da bin ich dann an so ein
Seminar gegangen und habe teilgenommen. (4)

(Lima I, 53-61)

Bei der nachberuflichen Tätigkeit geht es Bm zugleich um eine Kontinuität ‚seiner‘ Projekte, die unter anderen Voraussetzungen als im Beruf realisiert werden können („Freiheitsgrade"), und um etwas Neues, das seine Neugier befriedigt; darüber hinaus sucht er soziale Kontakte. Von Innovage fühlt er sich in dieser Hinsicht angesprochen. Ähnlich äußern sich auch die anderen Teilnehmer/innen, so z. B. Cm, der an Bm anschließt:

Cm: also ich habe mich auch vor der Pensionierung gefragt, was kann ich Sinnvolles machen (.).
       die Zeit herumbringen hätte ich schon irgendwie können, mir wäre es nicht langweilig
       geworden. Reisen gehen, Sport machen und so weiter, das wäre etwa kein Problem gewesen,
       aber es hätte trotzdem etwas gefehlt=und ich habe mich vorher schon gefragt, schon ein Jahr
       zwei vorher, was könnte ich Sinnvolles machen

(Lima I, 62-67)

Und die Teilnehmerin Df formuliert:

Df: ich habe eigentlich an und für sich für mich, mir vorgestellt gehabt, dass ich mich so, so sozial
       oder gemeinnützig @nicht mehr@ engagieren will, weil ich das Gefühl gehabt habe, ich habe
       @das jetzt gemacht@ lang. eigentlich will ich etwas ganz Neues, aber ich habe dann in dieser
       Zeit, in der ich nicht mehr gearbeitet habe, gemerkt, das ist das sind meine Ressourcen und ich
       habe dort Fähigkeiten und es hat mir dann zu fehlen beginnen=ich habe gemerkt, ich tu ga
       wahnsinnig gerne Projekte leiten, Projekte initiieren und ich arbeite noch sehr gerne mit einem
       Team, in einem Team, mit anderen Menschen zusammen und vor allem sehr gerne mit
       unterschiedlichen also mit unterschiedlichen Berufsgruppen=ich habe das auch früher schon in
       meiner Tätigkeit immer als sehr bereichernd erlebt und ich habe dann gemerkt, in den acht
       Monaten, wo ich nicht mehr gearbeitet habe, das fehlt mir jetzt wirklich

(Lima I, 87-98)

Die Frage, was eine ‚sinnvolle‘ Beschäftigung im Ruhestand sein könnte, lässt sich auch für Cm nicht mit Freizeitaktivitäten beantworten. In dem Beitrag von Df dokumentiert sich darüber hinaus der Wunsch, an frühere Tätigkeiten, Vorlieben und Kompetenzen anzuschließen.

Die Beiträge der Teilnehmer/innen der Gruppe Lima stimmen darin überein, dass alle eine Antwort auf die Frage suchten, welche *Form der Aktivität* in der nachberuflichen Lebensphase für sie angemessen sein könnte. Als unzureichend werden von ihnen solche Aktivitäten empfunden, die ausschließlich der eigenen *Beschäftigung im Privaten* dienen. *Dass* sie ihren Ruhestand *aktiv* gestalten würden, stand für alle gleichermaßen außer Frage (vgl. Lima I, 62-130).

Die Teilnehmer/innen teilen zudem die Erfahrung eines Verlusts beruflicher Netzwerke, wie es zunächst Df thematisiert. Während es sich zunächst noch realisieren ließ, die alten Kolleg/inn/en im Büro zu besuchen, fand dort, wie Em und Cm schildern, innerhalb von ein bis eineinhalb Jahren ein Wechsel der Personen und Projekte statt, sodass ein Anschluss nicht mehr ohne Weiteres möglich war (vgl. Lima II, 1-43). Einen *negativen Gegenhorizont*[86] bilden für die Gruppe Lima Personen, die nach dem Ausstieg aus dem Berufsleben erst einmal Urlaub machen bzw. nach „Absurdistan" verreisen, um anschließend in ein „totales Loch" zu fallen und „Depressionen" zu bekommen (Lima II, 53-54). Demgegenüber erscheint der Gruppe Lima eine möglichst nahtlose Fortsetzung der aus dem Berufsleben vertrauten Aktivität in der nachberuflichen Lebensphase ideal:

> Em: also es ist fachlich und es ist psychologisch <u>wahn</u>sinnig wichtig, dass man nicht zuerst ein Graben entstehen lässt, sondern dass man gerade mal versucht, das durchzuziehen. an einem anderen Ort, aber durchzuziehen.

(Lima II, 43-62)

Es geht, das macht der Beitrag deutlich, lediglich um einen Ortswechsel, nicht um eine Veränderung der Tätigkeit oder gar der Lebensweise, sondern im Gegenteil um die *Fortsetzung* des Früheren und Gewohnten in der neuen Lebensphase. Aus Sicht der Teilnehmer/innen ,altern' Personen, die einen anderen Weg wählen, in einem negativen Sinne:

> Bm: da merkst dann nach zwei drei, nach zwei drei Jahren äh, dann hast du plötzlich das Gefühl, ,gopfridstuzt'[87] hat jetzt der gealtert oder hat jetzt die gealtert äh, mit der kannst ja gar nichts Vernünftiges @machen@ und und @etwas@ und reden und so, hast irgendwie das Gefühl die seien ab die seien die trampen neben Velo[88] oder ich ich weiß nicht, aber
>
> Cm: das ist tatsächlich so

(Lima II, 68-74)

Umgekehrt ist *Aktivität* für die Gruppe ein Mittel gegen das Altern im Sinne eines Verlusts an Attraktivität und Kommunikationsfähigkeit. Eine Veränderung der eigenen Persönlichkeit mit Eintritt in den Ruhestand liegt den Teilnehmer/inne/n fern:

> Bm: also ich, <u>ich</u> bin ich stehe zu dem. also ich muss sagen wenn meine Agenda nicht einfach da, äh einfach voll Terminen ist, dann dann habe ich mit mir ein Problem, weil ich bin ja immer so

---

86   Der Orientierungsrahmen, der im Sinne der dokumentarischen Methode zu rekonstruieren ist, ist zunächst durch die Gegenhorizonte identifizierbar, innerhalb derer ein Thema abgehandelt wird (vgl. Bohnsack 2010a: 135f.). Hinzu kommt die Frage nach dem Enaktierungspotenzial als Möglichkeit, diese Horizonte umzusetzen. Zu fragen ist: „Worin liegt das positive oder negative Ideal eines Sinnzusammenhangs, wohin strebt er, wovon wendet er sich ab?" (Przyborski/Wohlrab-Sahr 2014: 296).

87   Schweizerdeutscher Ausdruck für „verdammt noch mal/verflucht nochmal".

88   Schweizerdeutscher Ausdruck für „neben dem Fahrrad herlaufen", im Sinne von „abgehängt sein" oder „neben der Spur sein".

getickt, oder. wieso soll ich jetzt einfach nur weil ich jetzt pensioniert bin, plötzlich anfangen kontemplativ in der Gegend herumzulatschen.

(Lima II, 97-101)

Deutlich wird also in der Eingangspassage, dass die Mitglieder der Gruppe Lima *Aktivität* als einen wesentlichen Teil ihrer je *individuellen Identität* ansehen. Zugleich *teilen* sie in hohem Maße für die nachberufliche Lebensphase die Orientierung an einer Aktivität, die über die private Beschäftigung hinausgeht und an die frühere Berufstätigkeit anschließt. Dies korrespondiert, wie im Folgenden zu sehen sein wird, mit der Bedeutung, die *Aktivität* im Hinblick auf die *kollektive Identität des Netzwerks* für sie hat.

Aktivität als Norm im Hinblick auf die Zugehörigkeit zum Netzwerk

Die folgende Passage stammt aus der zweiten Hälfte der Diskussion und wird durch eine exmanente Frage des Interviewers eingeleitet. Diese zielt zwar auf eine Bewertung von Innovage, ruft aber im vorliegenden Fall nicht nur die Textsorte der Argumentation[89] hervor, und ist von hoher interaktiver Dichte. Einige Zeit nach der Intervention des Interviewers kommen die Teilnehmer/innen[90] auf einige aus ihrer Sicht problematische Aspekte zu sprechen:

Cm: ja, ja und wenn das kommt, dann sind die Schwächen jetzt kommen wir gerade auch auf die Schwächen. also das ist eine, dass man die Vernetzung zwischen den Regionen Regionen ist anscheinend noch ein Defizit. und das zweite, in gewissen Netzwerken Verpflichtungen zu den Projektarbeiten. aber wer da aber das müssen wir auch einmal durchsetzen, wer bei uns ist, der muss innerhalb einer gewissen Zeit, von einer gewissen Zeit an einem Projekt arbeiten.
Bm: ja, sonst ist er am falschen Ort.
Cm: ja.
Am: ja, also diese Passivität, das geht nicht das passt nicht dazu.
Bm: nein, das ist etwas das den Gedanken in Frage stellt, also, den Gründungsgedanken, oder ja, das stellt das das Leute einfach in einem Netz hocken und so ein bisschen schauen, was da alles vorbei ich glaube, das das würde sich im Prinzip anfangen die Idee zu beißen, oder.

(Lima IV, 86-98)

In dieser Sequenz wird das eigene Netzwerk wesentlich dadurch charakterisiert, dass hier *Projekte* durchgeführt werden, und wer dies nicht wolle, sei „am falschen Ort". „Passivität" gilt als unvereinbar mit dem Netzwerk, das damit durch *Aktivität* charakterisiert wird. Wenn Mitglieder nur im Netzwerk „hocken" und „schauen", widerspricht dies – so wird deutlich – dem „Gründungsgedanken"

---

89   Siehe zu den Textsorten Kap. 4.4.
90   Die einzige Teilnehmerin beteiligt sich allerdings in dem entsprechenden Abschnitt fast nicht an der Diskussion.

bzw. der „Idee". Das impliziert, dass die Teilnehmer/innen ihre Orientierung in Übereinstimmung mit der *Programmatik* von Innovage sehen. Zudem kann interpretiert werden, dass hier eine Differenz zwischen den Gründungsmitgliedern und den Mitgliedern, die erst später hinzugekommen sind, angesprochen ist. Die Gruppe Lima konstruiert hier eine *eindeutige kollektive Identität* im Hinblick auf das Netzwerk, indem sie deutlich macht, was das Engagement bei Innovage charakterisiert und welche Erwartungen (im Sinne der Mitgliedsrolle) an die Mitglieder gerichtet werden. Die eigene Vorstellung dessen, was Innovage ausmacht, wollen die Teilnehmer/innen gegenüber den als different konstruierten Mitgliedern „durchsetzen", ohne dass sie versuchen, deren *Perspektive* einzunehmen. Die Erwartung an die Mitglieder wird kurz darauf weiter expliziert:

Em: aber ohne konkret jemand zu meinen, aber ich habe schon zwei, drei Namen im Kopf, und ähm, ein Ausfluss von dem ist ja auch, wir wollen keine Assoziierten oder ähnliche Mitglieder, sondern jemand, der Freiwilligenarbeit bei uns machen will, der muss auch voll in dem Verein drin sein und integriert sein und der muss auch ein Projekt übernehmen und der **muss** auch eine Funktion übernehmen
Bm: └ eine Funktion übernehmen und mitmachen.

(Lima IV, 106-112)

Es wird deutlich, dass es *keine Zwischenposition* zwischen der Inklusion in das Netzwerk und der Exklusion gibt: Entweder will man dabei sein, dann muss man „voll" dabei und „integriert" sein, d. h. der sich hier bereits abzeichnenden *Aktivitätsnorm* der Gruppe Lima entsprechen, oder man kann nicht Teil des Netzwerks sein. Über die Durchführung von Projekten hinaus wird von den Mitgliedern erwartet, dass sie eine *Funktion* im Netzwerk übernehmen. Die Teilnehmer/innen diskutieren daraufhin, wie sie mit „passiven" Mitgliedern umgehen sollen:

Em: und ich habe gedacht, so das erste Jahr warten wir jetzt einmal
Am: └ die Probezeit läuft noch
((mehrere lachen))
Em: ob dann die Leute von alleine kommen, aber ich habe mir das schon aufgeschrieben, also es ist schon gewisse Leute
Cm: └ stellen wir einfach Fristen.
Em: die, die jetzt nach neun Monaten ‚langsam auf die Welt kommen'[91] sollten und auch ein Projekt übernehmen aber es sind ja wenige, die meisten von uns machen ja etwas, aber es hat schon noch den ein oder anderen.
Bm: eben, ich bin bevor man sagt, man nimmt nicht mehr neue Leute auf, weil wir sonst zu viel sind, dort sollten wir zumindest das Reservoir ausgeschöpft haben an Leuten, die aktiv

---

91   Schweizerdeutscher Ausdruck für ein eher (schmerzhaftes) Konfrontiertwerden mit oder Realisieren einer Situation.

arbeiten. sonst nehmen die nämlich den neuen, die kommen wollen, noch den Platz weg, oder,
ich schaue es so an.

(Lima IV, 113-125)

Die Teilnehmer übertragen mit der „Probezeit" eine institutionalisierte Praxis,
die ihnen vermutlich aus formal strukturierten Organisationen, in denen sie tätig
waren, bekannt ist, auf den Bereich des freiwilligen Engagements und enaktieren[92] damit ihr aus dem Berufsleben stammendes *(Erfahrungs-)Wissen*[93]. Dass
mehrere Teilnehmer/innen mit einem Lachen auf den Vorschlag reagieren, kann
einerseits in dem Sinne interpretiert werden, dass die Übertragung des „Probezeit"-Gedankens auf den Bereich der freiwilligen Tätigkeit mit Belustigung aufgenommen wird, andererseits kann das Lachen auch als eine Form der Validierung[94] vor dem gemeinsamen Erfahrungshintergrund interpretiert werden. Die
Aktivitätsnorm wird in den ersten neun Monaten – hier wird offenbar metaphorisch Bezug auf eine Schwangerschaft genommen – quasi *eingeklammert*; das
bedeutet jedoch nicht, dass sie außer Kraft gesetzt ist. Es wird deutlich, dass es
sich bei den als „passiv" bezeichneten Personen gleichzeitig um solche handelt,
die neu im Netzwerk sind und damit auch den vorher angesprochenen „Gründungsgedanken" nicht mit entwickelt haben. Ihnen wird eine Zeit zum Ankommen – d. h. zur *Assimilation* im Hinblick auf eine entsprechende Praxis – eingeräumt. Indem thematisiert wird, man solle den aktiven Leuten, die neu ins Netzwerk eintreten wollen, den Vorrang gegenüber den nicht aktiven Mitgliedern
geben, wird erstmals angedeutet, dass man sich notfalls auch von den nicht Aktiven trennen, sie also aus dem Netzwerk *exkludieren* könnte.

Em: ˪ jaja, sonst muss man mal mit diesen Leuten reden und dann mal in aller
          Liebe und Anstand ich meine es ist Freiwilligen, es ist @Freiwilligenarbeit@, aber wenn man
          in aller Liebe und Anstand sagt, hör zu
Bm: ˪ do you mean it, oder?
Em: du bist jetzt ein Jahr dabei und du bist
Cm: ˪ what are you looking for?
Em: was meinst du, und wir haben nicht das Problem, dass wir keine Projekte haben, also es hat x
          Institutionen, mit denen wir Kontakt aufgenommen haben und die, bei denen ein Telefon
          reicht und man hat eine Arbeit, oder. das ist kein Problem. nein, ich habe mir das schon
          notiert, so ich denke, das erste Jahr warten wir einmal.

(Lima IV, 126-136)

---

92   Enaktieren bedeutet, dass die Akteurinnen und Akteure eine Orientierung und das damit ver-
      bundene (Erfahrungs-)Wissen in Praxis umsetzen.
93   Vgl. zum Begriff des Erfahrungswissens bspw. im gerontologischen Diskurs Kap. 2.4, zum
      metatheoretischen Verständnis von Erfahrungswissen im Kontext der Studie Kap. 3.4.
94   „Als Validierung werden Bestätigungen von aufgeworfenen propositionalen Gehalten bezeich-
      net" (Przyborski 2004: 70). Zu den Begriffen zur Beschreibung der Diskursorganisation im
      Rahmen der dokumentarischen Methode siehe auch Kap. 4.4.

Da es sich um „Freiwilligenarbeit" handelt, muss offenbar eine Form der Ansprache gewählt werden, die der emotionalen und respektvollen Beziehung zwischen den Mitgliedern Rechnung trägt („in aller Liebe und Anstand") und sich damit möglicherweise von vergleichbaren Gesprächen im Kontext des Arbeitslebens unterscheidet. Drei Teilnehmer setzen daraufhin ein solches Gespräch in die Praxis um; dabei nimmt interessanterweise keiner die Rolle desjenigen ein, der angesprochen werden soll. Vielmehr sprechen die Beteiligten hier ‚mit einer Stimme', also univok[95]. Das deutet darauf hin, dass die (männlichen) Teilnehmer vermutlich über einen ähnlichen beruflichen Erfahrungshintergrund verfügen und die zum Ausdruck gebrachten Orientierungen in hohem Maße teilen. Die englischsprachigen Einschübe können so interpretiert werden, dass es sich um Formulierungen handelt, die den Beteiligten aus dem beruflichen Kontext (Managerseminare, Coaching o. Ä.) vertraut sind. Die Teilnehmer enaktieren hier eine mit der alten Berufs- bzw. Führungsrolle verbundene *habitualisierte Praxis*. Wie bereits zuvor in der Diskussion dokumentiert sich auch in dieser Sequenz eine *einseitige Setzung von Normen,* ohne die Perspektive derjenigen, die dieser Norm nicht entsprechen, einzunehmen. Darüber hinaus werden in dem gemeinsamen Auftritt die Möglichkeiten einer *Durchsetzung* der Aktivitätsnorm im Sinne einer kollektiven Ausübung von Macht ausgelotet.

Die gemeinsame Erprobung des Gesprächs hat jedoch, wie der weitere Verlauf der Diskussion zeigt, noch keine unmittelbare Konsequenz. Die Gruppe möchte vielmehr abwarten, bis das Jahr um ist (Lima IV, 132-136). Die Teilnehmer/innen betrachten die von ihnen thematisierten Normen und Regeln als „Standards der Freiwilligenarbeit", die sie sich selbst geben (Lima IV, 137-140); etwas später ist von „Qualitätsstandards" bzw. „Professionalität" (Lima IV, 147-148) die Rede. Das Netzwerk Rio bildet in der Diskussion insofern einen *negativen Gegenhorizont*, als dort dem Wissen der Anwesenden nach nur ein Drittel der Mitglieder ein Projekt realisiert, während die anderen einfach „dasitzen" oder nicht an Sitzungen teilnehmen – eine solche Situation lehnt die Gruppe Lima für das eigene Netzwerk ab (Lima IV, 141-146).

Am: und bei der Rekrutierung müsste man wahrscheinlich auch das macht wahrscheinlich das
 Gewicht darauf setzen und ganz klar fragen, bist du bereit aktiv
Em: └ wir erwarten denn von dir, jaja

(Lima IV, 171-174)

Wieder wählen die Teilnehmer die Form der direkten Ansprache eines fiktiven Gegenübers und formulieren einseitig ihre Erwartungen bezüglich der Aktivitätsnorm, ohne die Perspektive des Gegenübers einzunehmen.

---

95   Vgl. zum univoken Modus der Diskursorganisation Przyborski 2004: 287.

Erwartung an neue Mitglieder, die Orientierungen der Gründungsmitglieder zu übernehmen

Im weiteren Verlauf der Diskussion findet sich eine weitere dichte und metapho-rische Passage, in der es um die Differenzen geht, die zwischen den Mitgliedern wahrgenommen werden. Zunächst wird festgestellt, dass es sich bei der Integra-tion neuer Mitglieder um eine „schwierige" Aufgabe handelt, und die bisherige Praxis des Netzwerks, neue Mitglieder schon vor Ende der Ausbildung ins Netzwerk einzuladen, wird positiv evaluiert (Lima V, 1-29). Daran anschließend kommen die Teilnehmer/innen auf Unterschiede zwischen den neuen und alten Mitgliedern zu sprechen. Die Neuen haben es ihrer Meinung nach insofern leich-ter, als sie sich an bereits bestehenden Projekten beteiligen und „Freerider" spie-len können (Lima V, 39), ohne von Beginn an selbst Aufgaben wie z. B. Ver-handeln oder Schreiben übernehmen zu müssen. Wollten die Neuen jedoch selbst etwas machen, sei es „umso besser" (Lima V, 44). Umgekehrt wird der Vorteil der ersten Generation darin gesehen, dass die Vereinsgründung dem Seminar einen Inhalt gegeben habe.[96] Einige Zeit später hält Em fest, die Anwesenden („wir") hätten das Seminar verlassen und seien dann ein „Team" bzw. ein „Ver-ein" gewesen (Lima V, 68-75). Bm schließt mit einer Differenzierung[97] an:

> Bm: aber wir müssen sehen, es hat es sind zwei unterschiedliche Situationen mit Vor- und Nachteil, als <u>wir</u> das Seminar gemacht haben, haben wir da nebendran einen Zug aufgestellt und haben gesagt, so und jetzt sitzen wir alle in diesem Zug und fahren zusammen los. das ist die Situation gewesen, die <u>wir</u> gehabt haben. wir fahren jetzt in den Zug wir steigen jetzt in diesen Zug ein und wir fahren ab. und <u>die</u> Gruppe, die jetzt in den Seminaren sind, da fährt ein Zug langsam vorbei, wo sie einsteigen und das hat <u>Vor</u>- und das hat <u>Nach</u>teil. das muss man einfach bedenken.
>
> (Lima V, 76-83)

Wie Bm etwas später formuliert, dürfe man nicht davon ausgehen, dass die Neu-en es „einfach" hätten, sie seien nur in einer anderen Situation (Lima V, 88-90). In dieser Sequenz zeigen sich Ansätze einer *Perspektivübernahme*, die es in der zuvor dargestellten Passage nicht gab. Allerdings dokumentiert sich in der *Meta-pher des Zuges* deutlich die bereits zuvor rekonstruierte Orientierung: Die anwe-senden Teilnehmer/innen der ersten Generation sehen sich als diejenigen, die den

---

96   Bevor sich die Innovage-Berater/innen freiwillig engagieren, nehmen sie an einer Weiterbil-dung teil (siehe dazu Einleitung).

97   „Bei einer *Differenzierung* geht es zwar auch um eine Weiterbearbeitung eines Orientierungs-gehalts, wie bei einer Elaboration (…). Hier werden aber besonders die Grenzen der Orientie-rung, des aufgeworfenen Horizonts markiert, und zwar nicht im Sinne eines negativen Gegen-horizonts" (Przyborski 2004: 69, Herv. i. O.). Zu den Begriffen zur Beschreibung der Diskurs-organisation im Rahmen der dokumentarischen Methode siehe auch Kap. 4.4.

Zug aufgestellt – also den *Rahmen* geschaffen – haben und seitdem Richtung und Tempo vorgeben. Die neuen Mitglieder des Netzwerks stehen dagegen vor der Herausforderung, in den fahrenden Zug einzusteigen, ohne dass eine Verständigung *über den Rahmen an sich* erfolgt.

Em: aber es braucht natürlich eine Grundeinstellung.
Bm: **sicher**, aber
Em: eine Grundeinstellung auf die Frage
Bm: └ ja, aber eben es ist etwas anderes, ob du in den Zug einsteigst
Em: └ ja, ich komme.
Bm   └
      oder ob du auf den Zug aufspringst, der schon fährt. also äh, es ist einfach eine andere Situation.
Cm: ja, wir wollen jetzt abwarten, vielleicht sieht das nach einem Jahr anders aus.
Bm: also wenn für mich in der Situation, in der der Zug schon fährt, da braucht es von beiden Seiten etwas. auf der einen Seite, von denen die aufspringen, dass sie tatsächlich springen. aber auf der anderen Seite von denen die im Zug sitzen, sollen diesen im Prinzip auch helfen einzusteigen, oder. also.
Cm: es läuft ja im Prinzip gut, oder.
Bm: es läuft, nein nein ich sage, es ist einfach eine andere wir dürfen jetzt nicht einfach aus <u>dem</u> jetzt schließen, was vorher jetzt gewesen ist, auf was jetzt
Am: nein, aber die **Hand** tun wir ja ausstrecken.
Bm: ja das ist so, da müssen wir uns auch anstrengen.
Am: aber **auf**steigen, müssen sie selber, <u>an</u> der Hand, oder.

(Lima V, 91-110)

Zum einen kommen erneut die unterschiedlichen Ausgangssituationen zur Sprache. Zum anderen hält man eine gewisse *(Wert-)Haltung* oder *Orientierung* („Grundeinstellung") bei den neuen Mitgliedern für erforderlich; diese soll mit der der Gründungsmitglieder übereinstimmen. Die Teilnehmer sind der Auffassung, dass sie, indem sie „die Hand ausstrecken", bereits genug tun, um den neuen Mitgliedern das Aufsteigen zu ermöglichen. Diese müssen letztlich aber selbst aufsteigen. Wie zuvor zeigt sich auch in dieser Metapher die Orientierung der Gruppe an *Aktivität*. Die Passage endet mit einer schwer verständlichen Anekdote, in der es um eine (vermutlich prominente) Person geht, die sich einmal bei dem Versuch, auf einen fahrenden Zug aufzuspringen, verletzte und ins Krankenhaus musste (vgl. Lima V, 111-117). Als Metapher im Rahmen der bisherigen Diskussion interpretiert, weist die Anekdote auf die Gefahren des Aufspringens auf fahrende Züge hin, ohne dass die Teilnehmer/innen weiter darauf eingehen, wie die Risiken minimiert bzw. Unfälle beim Aufspringen verhindert werden könnten.

Zusammenfassung

Die Gruppe Lima teilt die Orientierung, dass *Aktivität* im Sinne einer Weitergabe ihres beruflich erworbenen (Erfahrungs-)Wissens an Dritte ihre nachberufliche Lebensphase prägen soll. Eine *möglichst nahtlose Fortsetzung* der aus dem Berufsleben gewohnten, habituell verankerten Aktivität an einem anderen Ort erscheint den Teilnehmer/inne/n ideal. *Aktivität* ist auch das von der Gruppe Lima hervorgehobene Merkmal der *kollektiven Identität* des Netzwerks, die sich hier in *Übereinstimmung mit der Programmatik* von Innovage sieht. Die Erwartung an die Aktivität der Innovage-Berater/innen, die dem Programm inhärent ist, wird von der Gruppe also nicht als exterior erfahren, sondern entspricht ihrer eigenen Orientierung. Die Aktivität wird zugleich zu einer *Norm* innerhalb des Netzwerks, an der sich alle Mitglieder ausrichten sollen. Als *negativer Gegenhorizont* dient das Netzwerk Rio, in dem ein Teil der Mitglieder keine Projekte durchführt. In Abgrenzung zu diesem Netzwerk formuliert die Gruppe Lima *eindeutige Erwartungen* an die Mitglieder des eigenen Netzwerks, ein Projekt und eine Funktion im Netzwerk zu übernehmen. Die Gruppe will die von ihr gesetzte Aktivitätsnorm im Netzwerk durchsetzen, wobei habituell verankerte Praxen, die auf den beruflichen Erfahrungshintergrund schließen lassen (Probezeit, konfrontierendes Gespräch), enaktiert werden. *Vergemeinschaftung* erfolgt in der Gruppe Lima, so kann zusammengefasst werden, *im Modus von (berufsförmiger) Aktivität*. Die Perspektive derjenigen, die von der Aktivitätsnorm abweichen, wird von der Gruppe Lima allenfalls in Ansätzen eingenommen. Sie sollen, wie in der Metapher des Zuges deutlich wird, die Orientierungen der Gründungsmitglieder übernehmen und ihnen wird allenfalls eine gewisse Zeit zugestanden, um im Netzwerk anzukommen, d. h. sich zu *assimilieren* – andernfalls droht die *Exklusion*.

5.1.2 Vergemeinschaftung im Modus informeller Geselligkeit und (kultureller) Distinktion

Im Folgenden wird die *Gruppe New York* mit den Orientierungen, die ihrer Praxis der Vergemeinschaftung zugrunde liegen, dargestellt. Im Unterschied zur Gruppe Lima erfolgt die *Vergemeinschaftung* hier nicht im Modus (berufsförmiger) Aktivität, sondern *im Modus informeller Geselligkeit*. Dies geht mit einer sich auf die *Kultur* des Netzwerks stützenden *Distinktion* gegenüber allen anderen Innovage-Netzwerken einher. Trotz der Differenz weisen beide Gruppen eine Übereinstimmung auf: Beide sind gleichermaßen an Assimilation orientiert.

Die Gruppe New York besteht aus sieben Teilnehmer/inne/n, zwei Frauen und fünf Männern. Es handelt sich ausschließlich um Gründungsmitglieder. Ähnlich wie in der Gruppe Lima, in der sich ebenfalls nur Gründungsmitglieder an der Diskussion beteiligten, gibt dies möglicherweise bereits erste Hinweise auf das Netzwerk und die Integration seiner Mitglieder. Die Gruppendiskussion der Gruppe New York findet am späten Nachmittag im Anschluss an die Netzwerksitzung statt. Da der Sitzungsraum nur für das Treffen zur Verfügung stand, wird die Gruppendiskussion im Bahnhofsrestaurant durchgeführt. Dies ist insofern bemerkenswert, als sich bereits in der Wahl des Ortes durch die Gruppe etwas dokumentiert, das als typisch für die Gruppe angesehen werden kann, wie im Folgenden zu zeigen sein wird. Die Wahl hat auch Folgen für die Durchführung der Gruppendiskussion: Aufgrund des Betriebs im Restaurant ist die Akustik so schlecht, dass das Mikrofon, das der Interviewer für die Aufnahme eigentlich fest auf dem Tisch installieren wollte, herumgereicht wird; Nebengeräusche begleiten die gesamte Aufnahme. Die Gruppendiskussion nimmt nur partiell selbstläufige Züge an.

Kurz vor Beginn der Gruppendiskussion, als erst ein Teil der Gruppe anwesend ist, zeigt einer der Teilnehmenden dem Interviewer eine Skizze, auf der ein Regal mit Ordnern zu sehen ist. Von diesen enthält der kleinere Teil die projektbezogenen Dokumente, der größere Teil Dokumente von Innovage im Allgemeinen. Der Teilnehmer äußert sich dabei kritisch zu der Menge an Papieren, die bei Innovage produziert wird. Dies weist vermutlich bereits auf eine Ablehnung spezifischer Formen von Formalisierung hin, die später auch in der Gruppendiskussion zum Ausdruck gebracht werden wird. Im Folgenden sollen die Eingangspassage und Auszüge aus weiteren, interaktiv dichten Passagen dargestellt werden.

Vorrang informeller Geselligkeit und sozialer Beziehungen

Die Gruppendiskussion beginnt wie folgt:

Y1:   also, vielleicht könnt ihr anfangen zu erzählen wie ihr bei Innovage angefangen habt, und wie hat sich das entwickelt. (2) ((Geräusche)). zum Beispiel bei der Ausbildung, im Netz, mit dem Projekt oder auch alles was euch in den Sinn kommt. also ja, es ist offen.

Bf: ah, gut. (3) ok,

Af: ∟ @also@. ich schlage euch vor, euch zu bedienen.

Bf: willst du mit Reden anfangen?

Af: willst du, dass ich beginne. (.) @ich bin nicht kompliziert@.

Bf: ∟ **zum Wohl, zum Wohl**

Cm: ∟ @die Aufnahme hat schon angefangen?@

Y1:   ja.

Bf: @wir haben, wir haben die Ausbildung mit Wein begonnen, wir sind immer noch beim
        Wein@.

(New York I, 1-13)

Bereits der Beginn der Diskussion ist aufschlussreich im Hinblick auf die Orientierungen der Gruppe New York: Auf die Erzählaufforderung des Interviewers folgt zwar eine kurze Validierung durch eine Teilnehmerin, jedoch steigt die Gruppe nicht in die vom Interviewer vorgeschlagenen Themen ein. Stattdessen wird auf das Setting des Restaurants Bezug genommen: Af fordert die anderen auf sich zu bedienen und bald darauf wird angestoßen; zudem findet eine metakommunikative Aushandlung darüber statt, wer beginnen soll. Auch als sich herausstellt, dass die Aufnahme bereits begonnen hat, bleiben die Teilnehmer/innen beim Thema Wein, der mit Kontinuität in Bezug auf die Anwesenden („wir") assoziiert wird. Der Einstieg in die Diskussion lässt sich so interpretieren, dass die Gruppe auf der Ebene der *Performanz*, d. h. des praktischen Vollzugs des Diskurses (vgl. Bohnsack 2007b: 206), dem *geselligen Beisammensein* den Vorrang gibt gegenüber der kommunikativen Bearbeitung der vom Interviewer gesetzten Themen und damit zugleich der Auseinandersetzung mit Innovage. Weitergehend kann man interpretieren, dass die Anliegen des Interviewers von der Gruppe quasi unterlaufen werden, diese ihre eigenen Themen setzt und damit gleichzeitig eine *Abgrenzung* vom Interviewer erfolgt.

Dann steigt Cm schließlich doch in die vom Interviewer vorgeschlagene Thematik ein. Er schildert, dass er noch in einem anderen Kontext tätig gewesen sei, als er die Weiterbildung bei Innovage absolvierte; das habe zur Folge gehabt, dass er „sehr wenige Sachen bei Innovage" gemacht habe (New York I, 19-21). In Bezug auf die Weiterbildungsgruppe fokussiert Bm die „persönlichen Beziehungen", die geknüpft wurden. Es gebe noch einige „hier", zu denen er eine „stark[e]" Beziehung habe. Die andere Tätigkeit habe nach ein oder zwei Jahren geendet (vgl. New York I, 21-25). Anders als in der Gruppe Lima wird hier nicht die Auseinandersetzung mit der nachberuflichen Lebensgestaltung vor dem eigenen Ausscheiden aus dem Beruf thematisiert. Vielmehr steht die Weiterbildung im Rahmen von Innovage am Beginn der Diskussion. Im Fokus des Beitrags von Cm stehen die *Begründung für das geringe Engagement* bei Innovage sowie die *persönlichen Beziehungen* zu anderen Mitgliedern des Netzwerks. Obwohl ein kurzer Beitrag eines anderen Teilnehmers, Dm, Cm die Möglichkeit eröffnet hätte, weiterzureden (vgl. New York I, 26), beendet dieser seinen Beitrag in Verbindung mit einer Erzählaufforderung an die anderen Teilnehmer/innen:

Cm: @ich bin fertig, jetzt seid ihr dran@.
Af: ich muss sagen, zu Innovage. ich bin mit einen Projekt gekommen, das ich durchführen und
        beenden konnte. jetzt bin ich an anderen Projekten beteiligt. ((verschiedene Geräusche)) was
        ich am meisten schätze ist das Treffen mit den Leuten. (2) das Treffen mit anderen und eben

die Anregungen, die man in Bezug auf die Projekte von den Leuten bekommt: **hast du an dies oder jenes gedacht, ecetera?** ah (2) also, was habe ich noch Wichtiges zu sagen. **voilà.** jetzt bin ich immer noch da. ich war von Beginn an dabei, und es sind schon vier Jahre. ich bin noch (.) mal sehen wie (.) @ falls ich einmal keinen Spaß mehr habe, beende ich alles@.

(New York I, 27-34)

Af erwähnt zwar verschiedene Projekte, geht jedoch weder auf die Inhalte des abgeschlossenen Projekts noch auf die der aktuellen Projekte ein. Stattdessen fokussiert sie wie Cm die *sozialen Beziehungen*. Darüber hinaus bringt Af zum Ausdruck, dass *Spaß* das entscheidende Kriterium für die Aufrechterhaltung oder Beendigung der Beteiligung an Innovage ist.

Bf: hier, außer (.) wir sind nein noch (.) wir sind alle von der ersten Generation@. (.)
Dm: ⌐@das ist vielleicht
signifikant, ah@.
Bf: vielleicht haben sie sich nicht getraut zu kommen weil sie keine Erfahrung damit haben, @weil wir ein bisschen irre sind@. aber, ich bin mit einem Projekt gekommen, das ich nicht realisieren konnte, weil ich keinen Partner fand. aber ich habe es genossen, so wie Johanna, das Treffen und das Austauschen, und das Treffen mit Leuten mit anderen Berufserfahrungen, weil wir (.) weil wir alle aus verschiedenen Umgebungen kommen. weil man im täglichem Leben wenige Gelegenheiten hat sich mit Personen zu treffen, welche verschiedene Berufserfahrungen haben. man bleibt immer wie im Ghetto. zwischen Ärzten, Psychologen, Ingenieuren. da war es eine Mischung und wir haben uns alle sehr gut verstanden, da waren keine Rivalität, keine Spiele; wir waren da um uns auszutauschen. gleichzeitig gab es keinen Rentabilitäts- oder Abgabedruck.

(New York I, 35-47)

Offenbar realisieren die Teilnehmer/innen erst im Laufe der Gruppendiskussion, dass an dieser ausschließlich Gründungsmitglieder teilnehmen, was von Dm als „signifikant" bezeichnet wird. Es werden zwei mögliche Erklärungen für das Fernbleiben der anderen Mitglieder angeführt: einerseits deren fehlende Erfahrungen, andererseits die Bewertung der Gründungsmitglieder durch die neuen Mitglieder als „ein bisschen irre". Damit bringt Bf eine tendenziell negative *Fremdzuschreibung* im Hinblick auf die versammelte Gruppe in die Diskussion ein. Zudem wird eine Differenz zwischen den alten und den neuen Mitgliedern konstruiert. Wie ihre Vorredner/innen fokussiert auch Bf in ihrem weiteren Beitrag die *sozialen Beziehungen*. Dabei hebt sie die Unterschiedlichkeit der Mitglieder im Hinblick auf Berufserfahrungen und regionale Herkunft positiv hervor. Innovage zeichnet sich zudem durch die *Abwesenheit negativer Aspekte* („keine Rivalität, keine Spiele", „keinen Rentabilitäts- oder Abgabedruck") aus, die charakteristisch für das *Berufsleben* waren. Auch Dm, der als Nächster spricht, geht nicht im Detail auf das Projekt ein, mit dem er zu Innovage kam, sondern erwähnt lediglich, dass es sich um eine „Unterstützung für ausländische Projekte" handelt. Seit sich am Nachmittag eine von den „Neuen", die nicht namentlich genannt wird, für das Projekt interessiert habe, gebe es Hoffnung, dass es „weitergeht" (New York II, 62-63). Bf hebt hervor, dass es sich bei dem von Dm skizzierten Projekt um eines handele, das „einzigartig" in der Schweiz sei. Sie konkretisiert das dahingehend, dass kein anderes Netzwerk mit ausländischen Projekten arbeite (vgl. New York II, 54-65).

Bf: also das macht nämlich unsere Originalität aus, diese sollte man vor allem weiterentwickeln.
        (2)

                                                                    (New York II, 65-66)

In der Aussage dokumentiert sich der Anspruch, gerade das weiterzuentwickeln, was das eigene Netzwerk *von den anderen Innovage-Netzwerken unterscheidet*, es also in einem positiven Sinne aus der Gesamtheit der Netzwerke hervorhebt. Weitere Teilnehmer/innen schließen mit Beiträgen an, in denen sie ihre Projekte kurz darstellen und die Möglichkeit hervorheben, bei Innovage in einem interdisziplinären Sinne Menschen mit unterschiedlichen Kompetenzen zu treffen (vgl. New York II, 67-122) und Freundschaften aufzubauen (vgl. New York II, 134-137). Eingelagert in den Diskurs sind Bemerkungen, die sich auf den Kontext des Restaurants und die hier konsumierten Speisen beziehen und die erneut als *Performanz der informellen Geselligkeit* interpretiert werden können:

Bf: Käse?
Hm: **der Käse ist der Beste**
Bf: **ja, der Käse ist wirklich der Beste, der Schinken**. (3)
        ((kurzer unverständlicher Dialog))
Hm: bist du fertig?
Gm: ja, ich bin fertig.

                                                                    (New York II, 123-128)

Veränderung der Haltung beim Eintritt in Innovage

Im weiteren Verlauf der Diskussion findet sich eine Passage, die von vergleichsweise hoher interaktiver und metaphorischer Dichte ist. Sie eignet sich besonders, um herauszuarbeiten, welche Vorstellungen die Gruppe New York im Hinblick auf die kollektive Identität des Netzwerks besitzt und welche Orientierungen und Werthaltungen ihrer Praxis der Selbstorganisation zugrunde liegen. In der Passage wird zunächst eine Differenz innerhalb des Netzwerks thematisiert. Die Teilnehmer/innen stellen fest, dass es „Leute mit Projekten gibt und andere mit Mandaten". Diese interne Differenz steht zugleich für eine „Besonderheit" des eigenen Netzwerks gegenüber allen anderen Netzwerken (New York IV, 1-4). Cm bringt ein, er wäre am Anfang lieber nur mit Leuten zusammengekommen, die Projekte realisieren, während Mandate aus seiner Sicht zu Diskussionen und Schwierigkeiten führten. Gegenwärtig erreiche man jedoch eine „Reisegeschwindigkeit", die es ermögliche, in der Differenz eine Bereicherung zu sehen (New York IV, 5-12). An Cm anschließend bringt auch Dm Differenzen zwischen den Mitgliedern zur Sprache; nun geht es um Personen, die sich „auf die persönliche Geschichte" und solche, die sich auf „strukturelle Dinge" konzentrieren. Die angesprochene Differenz wird von Hm mit Verweis darauf, dass ein „Vereinsphänomen" immer so beginne, verallgemeinert und normalisiert (vgl. New York IV, 13-20).

Hm: aber was bei der Ankunft an Innovage interessant ist als Firma Ex-Aktiver od- Profi aktiv. bei
     Innovage sollte man die Arbeitsreflexe, welche man über seine ganze Karriere hatte, vor der
     Tür lassen. das typische Beispiel ist der, der uns eben verlassen hat; wegen seiner
     Inkompatibilität, seinem Formalismus, seiner Starrheit, im Vergleich zu
     unserer Flexibilität, die wir suchen. was wir suchen ist die Freude das Vergnügen.
Bf: ∟ @(2)@
Hm: **das Wort Vergnügen Freude sollte an der Tür von Innovage ganz groß angeschrieben**
     sein, vor allem
Bf: ∟ @aber es ist kein Freundschaftsspiel @. ein Verein von Freunden
Gm: nein, nein, nein, nein, nein. gut, aber dies heißt qualitativ gute Arbeit zu machen, aber man
     kann sich nicht ein zu administratives, zu formelles strukturelles Korsett überziehen. es darf
     nicht allzu formalistisch werden.

                                                              (New York IV, 21-35)

Die in der Bezeichnung von Innovage als Firma „Ex-Aktiver" zum Ausdruck kommende Orientierung unterscheidet sich deutlich von der Orientierung der Gruppe Lima, die eine Fortsetzung der aus dem Berufsleben gewohnten Aktivität in der nachberuflichen Lebensphase anstrebt. Demgegenüber dokumentiert sich in der Äußerung von Hm, dass diese Aktivität mit dem Eintritt in die nachberufliche Lebensphase tendenziell der Vergangenheit angehört; dies wird durch die anschließenden Begrifflichkeiten („Profi aktiv") möglicherweise etwas relativiert. Die *Metapher der Tür* verdeutlicht dennoch, dass hier eine *klare Trennung* zwischen dem früheren *Berufsleben* und der *nachberuflichen Lebensphase* bzw. dem Engagement bei Innovage gewünscht ist. Beim Überschreiten der Schwelle zu Innovage soll ein Wandel erfolgen, die „Arbeitsreflexe" – man könnte auch vom *beruflichen Habitus* sprechen – sollen „vor der Tür [ge]lassen" werden. Stattdessen ist das Motto, das „ganz groß" an der Tür von Innovage stehen sollte: „Vergnügen Freude". Hierin zeigt sich erneut, was bereits zuvor deutlich wurde, nämlich dass das Engagement bei Innovage beendet würde, wenn es keinen Spaß mehr machte. In Abgrenzung zu einem früheren Mitglied, das das Netzwerk verlassen hat, wird die *kollektive Identität* des Netzwerks als *flexibel und als nicht an Formalitäten orientiert* charakterisiert. Der Beitrag zeigt, dass hier ein klares Verständnis davon vorliegt, wer zum Netzwerk passt. Von den Mitgliedern wird erwartet, dass sie sich mit dem Eintritt in das Netzwerk verändern und anpassen, d. h. sich *assimilieren* – in dieser Hinsicht stimmen die Orientierungen der Gruppen New York und Lima überein.

Die Bemerkung von Bf („aber es ist kein Freundschaftsspiel") könnte im Sinne einer Differenzierung so interpretiert werden, dass die Suche nach Spaß und Vergnügen nicht mit einer fehlenden Ernsthaftigkeit bei der freiwilligen Tätigkeit gleichzusetzen ist. Zugleich deutet die Formulierung „ein Verein von Freunden" erneut auf die Bedeutung *sozialer Beziehungen* im Netzwerk hin. Um ‚Arbeit von guter Qualität' zu machen, braucht es zwar eine gewisse Struktur, aber die Gruppe distanziert sich von einem zu administrativen und formellen „Korsett", das in diesem Sinne den *negativen Gegenhorizont* bildet (vgl. New York IV, 35-41). Die hier zum Ausdruck gebrachte Orientierung kann in Bezug auf die Sequenz vor Beginn der Diskussion, als dem Interviewer eine Skizze gezeigt wurde (siehe oben), als homolog interpretiert werden.

Anschließend werden erneut die sozialen Beziehungen positiv fokussiert; die Zusammenarbeit im Rahmen von Mandaten wird als Bereicherung erlebt (New York IV, 42-56).

Bf:	aber die Sache mit den Mandaten ist, dass wir am Anfang nicht gefragt wurden-
?m:	└ **zum Wohl@**
Bf:	und jetzt beginnen wir, Anfragen von Leuten zu bekommen, und das ist interessant. wir haben momentan viel zu viele Anfragen.
?m:	er schmeckt sehr gut.

(New York IV, 57-61)

Die Gruppe New York stellt zwar eine Veränderung hinsichtlich der Anfragen fest, die Teilnehmer/innen erörtern jedoch nicht, wie es dazu gekommen ist, dass sie nun „zu viele Anfragen" erhalten. Zudem gehen sie nicht auf den eigenen aktiven Beitrag zur Akquise der Mandate ein; das unterscheidet sie wiederum von der Gruppe Lima. Die *Performanz informeller Geselligkeit* begleitet die Diskussion.

Inszenierung (kultureller) Differenz gegenüber anderen Netzwerken

In der Passage, die nun abschließend dargestellt werden soll, werden Differenzen zwischen dem eigenen und den anderen Netzwerken thematisiert:

Bf:	gleichzeitig könnte man sagen wir funktionieren anders als die anderen, ich bin ein bisschen mit Kollegen diskutieren gegangen. der Unterschied ist wahrscheinlich wir sind weniger administrativ, das kann ich dir versichern. (.) z. B. in Lima muss jeder eine Funktion haben, hier, **buff.** wenn man allen sagen würde, jeder soll eine Funktion haben, würde sicherlich die Hälfte gehen und aufhören. (.) also wir sind sehr offen, es gibt Leute die kommen. sie tragen

nicht viel bei, ihr Beitrag ist minimal. wir sind sehr tolerant auch für solche, die wir seit langem nicht mehr gesehen haben, sowie Leute, die nur ein Mal pro Jahr kamen haben wir sie behalten. ich denke, dass die in einem anderen Netz Arbeit schon davon abgeschreckt wären.

(New York V, 4-12)

Das Netzwerk Lima, in dem jeder eine Funktion übernehmen muss, erscheint hier als *negativer Gegenhorizont*, von dem sich das eigene Netzwerk dadurch abhebt, dass es „weniger administrativ" ist. Die Äußerung „hier, **buff**", die gestisch begleitet wird, veranschaulicht, dass in dem anderen Netzwerk eine Person einer anderen sehr bestimmt, möglicherweise sogar aggressiv eine Funktion zuschiebt, ohne dass es zu einer wechselseitigen Kommunikation und Verständigung darüber kommt. Ein vergleichbares Verfahren ließe sich im Netzwerk New York nicht realisieren, da dann „die Hälfte" der Personen gehen würde. Das eigene Netzwerk wird als „offen" und „sehr tolerant" charakterisiert. Auffällig ist, dass in der Gruppe New York keine Erwartungen formuliert werden, was jemand leisten soll, um in das Netzwerk inkludiert zu bleiben. Vielmehr scheint die *Inklusion unabhängig von der Leistung bzw. Aktivität der Mitglieder* zu sein. Keine/r der Teilnehmer/innen schließt inhaltlich an die Proposition[98] von Bf an. Stattdessen wird angestoßen:

```
?m:        └ @zum Wohl@
Bf:     @nochmals@. @(3)@.
((mehrere lachen))
Gm:     @Herr Kunz, sie werden sagen, dass sie bei den New Yorkern waren@.
Af:                                               └ @er braucht es nicht zu
        sagen, wenn die es hören@.
Hm:                     └ @wir fügen noch etwas hinzu@.
```

(New York V, 13-18)

Auf der performativen Ebene dokumentiert sich erneut die *informelle Geselligkeit*, die an dieser Stelle in gewisser Weise mit der *fehlenden Leistungserwartung* an die Mitglieder korrespondiert. Dann wird der Interviewer direkt adressiert. Dabei wird nicht nur eine Differenz zwischen der Gruppe und ihm konstruiert, sondern ihm wird zugleich unterstellt, dass er eine *Differenz* zwischen den New Yorkern und den Innovage-Mitgliedern in den anderen Netzwerken registriert und diese später gegenüber Dritten zum Ausdruck bringen wird. Dann wird festgestellt, dass dies nicht nötig ist, denn indem die Gruppe New York davon ausgeht, dass „die" es hören, ist eine Zuhörerschaft in den anderen Netzwerken

---

98 Mit dem Begriff der Proposition schließt die dokumentarische Methode an Garfinkel an. Sie versteht den Begriff als „Orientierungsgehalt von Äußerungen bzw. Diskurseinheiten" (Przyborski 2004: 63). Zu den Begriffen zur Beschreibung der Diskursorganisation im Rahmen der dokumentarischen Methode siehe auch Kap. 4.4.

impliziert, der gegenüber die Gruppe ihre *Andersartigkeit* demonstriert; es geht also um *Distinktion*. Hervorgehoben wird der eigene aktive Beitrag zu dem Bild, das an anderer Stelle entstehen wird („@wir fügen noch etwas hinzu@"). Die Gruppendiskussion erhält damit den Charakter einer Botschaft an andere Akteurinnen und Akteure im Rahmen von Innovage oder, so kann man interpretieren, einer *Inszenierung (kultureller) Differenz*. Das Anstoßen kommt in Verbindung mit den Kommentaren der Teilnehmer/innen hier einer *Selbstzuschreibung bzw. Selbststereotypisierung* gleich. Indem die Gruppe eine Differenz gegenüber allen anderen Netzwerken konstruiert, wird gleichzeitig *nach innen* eine *Homogenität* über die vermeintlich gleiche *Kultur* hergestellt.[99] Die Passage endet mit einer Sequenz, in der sich die Teilnehmer/innen gemeinsam daran erinnern, wie sie im Rahmen des ersten Treffens der Weiterbildung selbst dafür sorgen mussten, dass die Art der informellen Geselligkeit, die ihrer Meinung dazu geeignet ist, ‚Beziehungen zu bilden', Berücksichtigung fand (vgl. New York V, 19-32). Sie sahen bzw. sehen ihre Praxis der Vergemeinschaftung also nicht von vornherein im Kontext von Innovage repräsentiert.

Zusammenfassung

Vergleicht man die vorgestellten Passagen der Gruppe New York mit denen der Gruppe Lima, werden sowohl Unterschiede als auch Gemeinsamkeiten zwischen den beiden Gruppen deutlich. Für die Gruppe New York steht im Hinblick auf Innovage nicht die Fortsetzung einer quasi berufsförmigen Aktivität im Vordergrund – sie versteht sich eher als Gruppe „Ex-Aktiver" (New York IV, 21) –, sondern das *Vergnügen, der Spaß*. Ihr geht es im Unterschied zur Gruppe Lima um eine klare *Differenz zwischen dem Berufsleben und dem nachberuflichen Engagement*, die metaphorisch in der *Türschwelle* zum Ausdruck kommt. Wichtig sind die *sozialen Beziehungen*, die im Rahmen der freiwilligen Tätigkeit bei Innovage entstehen. Sowohl auf der propositionalen als auch auf der performato-

---

99   Mit Nohl kann hier auch von „kultureller Repräsentation" gesprochen werden. Diese unterscheidet er vom Milieu, in dem sich vielfältige konjunktive Wissens- und Erfahrungsbestände finden. „Sobald es zum Austausch mit Menschen anderer Milieus kommt, sobald also über die Grenzen des Milieus hinweg kommuniziert wird, sind die Menschen gezwungen, ihr eigenes Milieu gegenüber anderen zu repräsentieren. Diese kulturellen Repräsentationen müssen jedoch notwendiger Weise von der Fülle konjunktiver Wissens- und Erfahrungsbestände abstrahieren und jene in allgemeines, milieuübergreifendes (kommunikatives) Wissen transformieren. (…) Doch gerade weil kulturelle Repräsentationen kollektive Zugehörigkeiten für alle erkennbar identifizieren und symbolisch verdichten, tendieren sie zur stereotypen, genauer: zur eindimensionalen Darstellung von Milieus" (Nohl 2010: 168).

rischen Ebene[100] lässt sich rekonstruieren, dass *Vergemeinschaftung* in der Gruppe New York primär *im Modus informeller Geselligkeit* erfolgt. Die *Projekte*, die laut *Innovage-Programmatik* zu realisieren sind, werden in der Gruppendiskussion zwar in Ansätzen thematisiert, geraten jedoch tendenziell in den Hintergrund. Ebenso ist anzunehmen, dass die *Erwartung an die Aktivität* der älteren Engagierten, die der Innovage-Programmatik inhärent ist, von der Gruppe New York als *exterior* erlebt wird. Im Unterschied zur Gruppe Lima formuliert die Gruppe New York *keine eindeutigen Leistungserwartungen* an die Mitglieder *als Voraussetzung für die Inklusion* in das Netzwerk. Vielmehr ist eine Teilnahme auch bei minimalem Beitrag möglich. Allerdings gibt es durchaus Mitglieder, die mit Blick auf die *kollektive Identität des Netzwerks*, das als flexibel und nicht formalistisch beschrieben wird, als nicht zum Netzwerk passend erlebt werden. Von den (zukünftigen) Mitgliedern wird beim Eintritt in das Innovage-Netzwerk ein Ablegen der mit dem Berufsleben assoziierten „Arbeitsreflexe", also des beruflichen Habitus, erwartet. Daher kann auch hier von einer *Orientierung an Assimilation* gesprochen werden. Die Gruppe New York grenzt sich nicht nur vom Interviewer, sondern auch von allen anderen Innovage-Netzwerken ab, indem sie sich auf die eigenen (kulturellen) Besonderheiten bezieht. Die Gruppendiskussion erhält in diesem Zusammenhang den Charakter einer *Inszenierung (kultureller) Differenz und Distinktion*; sie soll den anderen Netzwerken eine Botschaft übermitteln. Dies kann letztlich auch so gedeutet werden, dass die Gruppe New York ihre habituelle Praxis der Vergemeinschaftung *im Modus informeller Geselligkeit* nicht von vornherein im Kontext von Innovage repräsentiert sieht.

5.1.3 Vergemeinschaftung im Modus diskursiver Verständigung

Die Gruppendiskussion der *Gruppe Asmara* findet vor dem Netzwerktreffen statt. An ihr nehmen neun Personen, fünf Frauen und vier Männer, teil. Im Unterschied zu den Gruppen Lima und New York handelt es sich dabei um Mitglieder unterschiedlicher Innovage-Generationen. Anders als in allen anderen Gruppen ist das zentrale Thema das der *unentgeltlichen Tätigkeit* in Verbindung mit der *Wertigkeit bzw. Anerkennung* des freiwilligen Engagements. Dieses Thema ist relevant für die kollektive Identität des Netzwerks, und zugleich werden an ihm Unterschiede zwischen den – in diesem Fall anwesenden – Mitgliedern

---

100 Hier geht es, wie bereits dargestellt, darum, dass nicht nur rekonstruiert werden kann, was die Teilnehmenden der Gruppendiskussion propositional zum Ausdruck bringen, sondern zugleich beobachtet werden kann, wie die Teilnehmenden in der Gruppendiskussion selbst miteinander bzw. mit dem Interviewer umgehen.

deutlich und ausführlich verhandelt. Dies ermöglicht es, die Passage mit denen anderer Gruppen zu vergleichen, in denen ebenfalls Differenzen zwischen Mitgliedern zur Sprache kommen, und dabei die Handlungsorientierungen der Gruppe Asmara zu rekonstruieren. Diese zusammenfassend wird der Modus der Vergemeinschaftung als *diskursive Verständigung* bezeichnet. Da auch die diskursive Verständigung primär an einer Anpassung der Mitglieder orientiert ist, repräsentiert die Gruppe Asmara wie die beiden zuvor behandelten Gruppen den Typus der *Assimilation*.

Metakommunikative Aushandlung zu Beginn der Diskussion

Die Eingangspassage beginnt, indem verschiedene Teilnehmer/innen auf die Eingangsfrage des Interviewers mit einem Lachen reagieren. Dann bringt Am einen ersten Redebeitrag ein:

Am: ist das symptomatisch? wir machen nichts.
?f: ja. ((lacht))
Am: └ (   ) auch nicht.
?f: ((lacht))
Bf: ja, ich fühle mich gerade nicht so kompetent, gerade von Anfang an zu reden. das ist mein
      Problem. also ich meinte, da hätte es andere, wo (.) äh kompetenter wären um vielleicht die
      Entwicklung gerade von Anfang an (.) zu erklären. (.)
Cf: (so) vielleicht einfach gerade von der Gründung schon vom Netzwerk her?
Am: ich weiß nicht, ob das noch interessant ist. äh (.)
Bf?: ja, zuerst einmal-

                                                        (Asmara I, 7-17)

Der Teilnehmer Am stellt die Vermutung in den Raum, der Beginn der Diskussion – das Lachen mehrerer Teilnehmer/innen – sei „symptomatisch" für das Netzwerk und charakterisiert dieses bzw. die Anwesenden („wir") als nicht aktiv handelnd bzw. nicht produktiv. Seine Aussage wird von einer Teilnehmerin validiert. Nach einem weiteren kurzen Beitrag von Am äußert sich Bf. Ihr Beitrag lässt vermuten, dass sie nicht zur ersten Innovage-Generation gehört. Cf schlägt daraufhin vor, dass es „vielleicht" um die Gründung des Netzwerks gehen könne, ohne das Thema allerdings selbst weiter auszuführen. Es folgen Differenzierungen von Am und Bf, die die gegenwärtige Relevanz des vorgeschlagenen Themas ausloten. Es fällt auf, dass die Gruppe Asmara nicht in die Diskussion einsteigt, indem die Teilnehmer/innen von früheren oder gegenwärtigen Ereignissen erzählen; vielmehr findet eine ausführliche *metakommunikative Aushandlung* zwischen den Teilnehmer/inne/n der Gruppe darüber statt, wer beginnen soll und welche Themen zur Sprache gebracht werden könnten. Dabei bleibt die Gruppe, anders als die Gruppe New York, in dem vom Interviewer thematisch gesetzten Rahmen.

Am: └ ich denke interessanter ist die Entwicklung, die Innovage gemacht
hat. und die <u>wir</u> wahrscheinlich alle gemacht haben mit Innovage (.) irgendwie. wir sind ja alle
mit (.) gewissen Vorstellungen gekommen (.) und mit gewissem Erfahrungsschatz und der ist
bei jedem individuell ganz anders gewesen. (.) ist unter anderem auch das, was mich (.)
fasziniert hat und was mich schlussendlich bewogen hat, bei Innovage mitzumachen. (.) ich
bin sehr gespannt gewesen, ob das überhaupt zu funktionieren kommt. (2) weil, was hat man
gesucht? <u>Alphatiere</u>. (2) man hat ja (.) eben, dazumal noch (.) **höchstqualifiziert** oder weiß
der Teufel nicht wie man dem äh in dem @Prospekt gesagt hat@. inzwischen hat man das ein
wenig relativiert Gott sei Dank.

(Asmara I, 18-28)

Statt der Gründung des Netzwerks fokussiert Am in seinem Beitrag die *Entwicklung*, die Innovage durchlaufen hat bzw. die die einzelnen Teilnehmer/innen vollzogen haben. Dabei geht er auf die unterschiedlichen Vorstellungen und Erfahrungshintergründe der Teilnehmer/innen ein und stellt seine eigene Motivation zur Teilnahme dar. Er charakterisiert die von Innovage angesprochenen Personen als ‚höchstqualifizierte Alphatiere‘ und verweist damit auf die hervorgehobene Position Einzelner in Gruppen. Aus Sicht von Am kommen bei Innovage allerdings verschiedene „Alphatiere" zusammen, da diese zu Beginn gezielt angesprochen wurden.

Aus der Perspektive von heute und für die Gruppe sprechend, stellt Am fest, dass die Alphatiere zusammengefunden hätten (vgl. Asmara I, 28-34). Der Lernprozess ist für ihn jedoch noch nicht abgeschlossen. Er beschreibt, dass sich seine durch frühere Berufsverhältnisse geprägte Vorstellung gewandelt habe, bei Innovage handele es sich um ein „Geschäft" mit Hierarchien, Strukturen und ‚streng professioneller‘ Führung, wie es ihm aus Firmen bekannt war. Nun habe er erkannt, dass Innovage ein „Netzwerk" sei (Asmara I, 34-45). Eine vergleichbare Veränderung durchliefen offenbar auch die anderen Mitglieder, denn Am formuliert, diese seien langsam „zu Netzwerkern mutiert", was einen *ganzheitlichen*, die ganze Person umfassenden *Wandlungsprozess* impliziert (Asmara I, 46). Dm schließt an den Beitrag von Am an, indem er ebenfalls die aus seiner Sicht ‚große‘ Entwicklung der Gruppe („wir") fokussiert. Dabei erwähnt er auch verschiedene Personen, die zwischenzeitlich „ausgestiegen" sind (Asmara I, 47-52).

Dm: und das hat eine enorme Entwicklung (.) durchgemacht von dem (.) ja, diskutieren, ob wir jetzt
ein Verein sein wollen oder ein Verein sein müssen, bis zu dem, wo wir heute einfach als
Netzwerk arbeiten. und dazu beigetragen haben natürlich auch die <u>Jungen</u>, die Neuen, die mit
anderen Ideen gekommen sind und uns überzeugen mussten. und ich denke, wir haben uns
noch gut überzeugen lassen.

Cf: also ich glaube so viel Überzeugungsarbeit hat es gar nicht gebraucht. also ich habe sicher dort ein äh ein gewisser (.) Vorteil gehabt, in dem dass ich eben über Jahre schon in einem Netzwerk mitgearbeitet habe. und das ist zwar einfach eine Frauenorganisation gewesen und von dort her habe ich (.) ja, gewisse Erfahrung gehabt und habe eben dann aber auch Vorstellungen gehabt, wie ein Netzwerk funktionieren sollte. und am Anfang habe ich furchtbar Mühe gehabt, weil ich das Gefühl gehabt habe, ja, das ist ja alles andere weder ein Netzwerk. (.) ähm (2) weil **genetzwerkt** (.) ist wenig oder gar nichts worden am Anfang. also ich denke, da haben wir eine enorme Entwicklung wirklich durch- gearbeitet. (3)

(Asmara I, 52-68)

In dem Beitrag von Dm dokumentiert sich ein Wandel von einer Diskussion *über die* Arbeit als Netzwerk zu einer *selbstverständlichen Netzwerkpraxis*. Diesen Wandel führt er auch auf den Beitrag der „Jungen" bzw. „Neuen" zurück. Cf, vermutlich eines der neueren Mitglieder, führt daran anschließend aus, dass sie die Praxis der Innovage-Mitglieder zu Beginn in deutlicher Diskrepanz zu ihren eigenen früheren Erfahrungen in Netzwerken bzw. ihren (Ideal-)Vorstellungen vom Funktionieren eines Netzwerks erlebt habe, da aus ihrer Sicht nicht „genetzwerkt" wurde. Wie Dm sieht auch Cf eine „enorme Entwicklung"; dabei wird von ihr der *aktive Prozess* der Auseinandersetzung betont und zugleich *positiv bewertet*. Wurde zu Beginn der Diskussion formuliert, die Mitglieder des Netzwerks würden ‚nichts machen', dokumentiert sich in dem Beitrag von Cf durchaus eine Aktivität, allerdings scheint diese primär *nach innen* gerichtet und auf die *Frage der angemessenen Organisationsform* bezogen zu sein. Es folgen weitere Beiträge anderer Teilnehmer/innen, in denen die bisherige Entwicklung ebenfalls positiv bilanziert und daraus auf gute Möglichkeiten der Bewältigung aktueller Herausforderungen geschlossen wird (vgl. Asmara I, 69-123). Dabei wird auch erneut die eigene Leistung der Beteiligten hervorgehoben:

Bf: also ich bin (.) sehr (.) optimistisch und ich denke wir haben viel geleistet in den letzten Jahren. also von nichts haben wir irgendeine Form gefunden (.) eine gute Form gefunden, meine ich.

(Asmara I, 123-126)

Die unterschiedlichen Erfahrungshintergründe der Mitglieder werden in der Gruppe Asmara zwar als „Schwierigkeit" betrachtet, gleichzeitig aber mit Blick auf das Netzwerk positiv bewertet (Asmara I, 141-144). Einzelne Teilnehmer/innen kommen in diesem Zusammenhang auf eine Veranstaltung zu sprechen, die kürzlich gemeinsam „als Netzwerk" erfolgreich realisiert wurde; darauf könne nun aufgebaut werden (Asmara I, 144-152). Die Gruppe Asmara reflektiert in der Anfangspassage der Diskussion also die *diskursive Verständigung* über die organisatorische Verfasstheit von Innovage ebenso wie die *gemeinsam gestaltete (Netzwerk-)Praxis*. Fokussiert werden die individuell und kollektiv durchlaufenen *Wandlungsprozesse* und Entwicklungen, die positiv bewertet werden.

Unentgeltlichkeit und Wertigkeit des freiwilligen Engagements

Im weiteren Verlauf der Diskussion kommt es zu einer intensiven Auseinandersetzung der Anwesenden, die sich an der Unentgeltlichkeit des freiwilligen Engagements bei Innovage entzündet:

Am: (…) aber wo schon auch (2) auf Fragen gestoßen ist und auf Skepsis, die Unentgeltlichkeit.
      man hat die am Anfang auch wahnsinnig stark betont.
Cf?:   └ das ist jetzt noch betont.
Am: └ und ich bin an ein paar (.)
      Infoveranstaltungen dabei gewesen, wo man mit Kandidaten also irgendwie hat mobilisieren
      können sich einmal zu informieren. hier in Asmara. ich bin in Lima einmal eingeladen
      gewesen (dabei) und so. und es ist fast, **fast** ausnahmslos (.) ist das mehr oder weniger, aber
      meistens eher **mehr** diskutiert worden. ja hört einmal, was <u>nichts kostet</u> ist doch **nichts wert**.
Em?:   └ ist nichts
      wert. ist nichts wert.
Hf?:   das ist (   )
Em?: das kommt.
Am: also äh und <u>was soll ich</u> gratis arbeiten und so weiter, oder. äh inzwischen sind wir ja so weit,
      dass eine Innovage-Beratung nicht gratis ist (.) sondern dass <u>wir</u> einfach unsere <u>Zeit</u> einfach
      nicht verrechnen. aber wir (.) verlangen ja ein Netzwerkbeitrag und wir verlangen Spesen und
      so weiter. also ein Projekt (.) ist für den (.) Auftraggeber <u>nicht</u> kostenlos. und das darf es von
      mir aus nicht sein.
Cf?:   └ aber es (.) wirkt.
Am: aber wir sind so flexibel, dass wir können äh die Ansätze äh den Anfragen <u>anpassen</u> können (.)
      oder denen ihren finanziellen <u>Potenzen</u> (.) äh anpassen. aber (.) das ist schon auch eine <u>sehr</u>
      häufig in Frage gestellt worden (.) diese Unentgeltlichkeit. (1) <u>auch</u> von Mitgliedern, oder, in
      anderen Netzwerken. bei uns ist es nicht so riesig diskutiert worden.

                                                                 (Asmara IV, 1-28)

Die Unentgeltlichkeit wird von Am zunächst vermutlich im Hinblick auf die *Programmatik* von Innovage thematisiert. Der Beitrag von Cf macht deutlich, dass sich im Laufe der Zeit die Relevanz der Unentgeltlichkeit nicht verändert hat. Im Rahmen von Informationsveranstaltungen, die wahrscheinlich der Gewinnung weiterer Interessent/inn/en für Innovage dienten, wurden die Teilnehmer/innen mit der Orientierung konfrontiert, dass nichts wert sei, was nichts koste. Es wird also ein Zusammenhang zwischen der *Unentgeltlichkeit* und der *Wertigkeit* des Engagements bei Innovage hergestellt; allerdings wird die (Wert-)Haltung der Anwesenden zu diesem Thema bislang nicht deutlich. Die veränderte Praxis des Netzwerks (Erhebung eines Netzwerkbeitrags und Spesen bei Auftraggeber/inne/n) wird von den Teilnehmer/inne/n positiv bewertet. Dann stellt sich heraus, dass die Unentgeltlichkeit „auch von Mitgliedern" in Frage gestellt wird, allerdings eher in anderen Netzwerken als im eigenen. Im Folgenden bringt eine Teilnehmerin, Gf, ihre eigene Meinung zur Unentgeltlichkeit des Engagements ein:

Gf: also für mich ist das auch sehr stoßend. (.) das Unentgeltliche. äh, eben meistens dass nicht so angeschaut wird, nicht seriös, kann man sagen, aber so Wert- (.) von der Wertigkeit, wie wenn etwas bezahlt werden muss. und ich denke das Minimum ist, dass man die Spesen verlangen kann und äh (.) ja ich würde es gar nicht schlecht finden, wenn man auch etwas bekommen könnte dafür. also so im Gotteslohn, also- (.) ich habe nur jetzt ein (.) etwas. ist vielleicht voll daneben, aber ich tu den Garten sehr pflegen bei mir daheim. habe einen riesen Garten fünftausend Quadratmeter. und habe jetzt wo diese Föhnstürme gewesen sind gesagt ich hätte so gerne einen, der mir helfen gehen würde. der ist jetzt Gärtner von Beruf und der würde mir helfen aufzuräumen. die Äste die es hinunter genommen hat vom Wald zusammenraffen. wisst ihr wie viel verlangt der? hundertfünfzig Stei-[101] pro Stunde.

((mehrere Teilnehmer/innen lachen leise))

Gf: für einen Gärtner ausgebildet natürlich. Gärtner, oder. ja das sei ja noch relativ gut, günstig. also ich denke dann einfach es ist (.) gut man könnte ja dann auch (**nie**) (   )-

Am: ^Lalso da kommst du (.) da, da kommst du renommierte Firmen zu einem Teil vom Ansatz.

mehrere: mmh ((Lachen verschiedener Teilnehmer/innen))

Am: ich kenne die Ansätze vom Gärtnermeisterverband im Kanton

Gf: ^L gut wenn es-

Am: die sind nicht bei hundertfünfzig Franken.

Hf?:   ich hätte dir auch einen billigeren Gärtner, aber wir sind bei der Freiwilligenarbeit eigentlich.

mehrere Teilnehmerinnen: mmh

(Asmara IV, 29-55)

Gf bringt die Orientierung zum Ausdruck, dass sie eine *Entlohnung* (jenseits des ‚Gotteslohns') begrüßen würde. Dies begründet sie mit Ausgaben, die sie ihrerseits hat, wie sie exemplarisch am Stundensatz eines Gärtners deutlich macht. Auffällig ist, dass die anderen Teilnehmer/innen lediglich darauf eingehen, dass es auch günstigere Alternativen gäbe, einen Gärtner zu beauftragen, nicht aber auf eine mögliche Vergütung der Tätigkeit bei Innovage. Hf erinnert daran, dass man „bei der Freiwilligenarbeit" sei; das kann als Hinweis auf das eigentliche Thema der Diskussion, aber auch als Abgrenzung von einer Thematisierung bezahlter Beschäftigung interpretiert werden.

Hf: und Freiwilligenarbeit (.) ich muss sagen (.) es ist eigentlich ähm das was mich fasziniert hat auch an Innovage, dass Leute ähm, wie wir sind sagen, ich gebe dieser Gesellschaft etwas zurück. was ich bekommen habe. ich habe es gut gehabt. also ich kann das von mir sagen und jetzt gebe ich etwas zurück. ich habe einen Erfahrungshintergrund und so und ich gebe etwas zurück dieser Gesellschaft. das finde ich richtig.

(Asmara IV, 56-61)

---

101   Steine: Umgangssprachlich für Schweizer Franken.

Ebenso wie Gf geht Hf nur auf ihre eigene Position und Sichtweise ein. Auch ihr geht es um *Reziprozität*, allerdings nicht um eine Tätigkeit gegen Bezahlung, sondern darum, dass man mit dem freiwilligen Engagement etwas an die Gesellschaft zurückgibt. Potenziellen Kooperationspartner/inne/n vermittelt Hf, wie sie weiter ausführt, dass die Leistung (trotz der unentgeltlichen Tätigkeit der Berater/innen) für sie nicht gratis ist. Dies stellt eine erfolgreiche Strategie dar, wie auch von einer anderen Teilnehmerin validiert wird (Asmara IV, 61-72). Cf regt daraufhin an, dass die Teilnehmer/innen sich über ihre Motive für das freiwillige Engagement austauschen (vgl. Asmara V, 1-9). Am bringt als erster ein, dass er viele Erfahrungen habe sammeln dürfen und nun, da er Zeit habe und gesund sei, etwas weitergeben könne. Wie für Hf steht also auch für Am das *Geben* im Vordergrund. Als einen „Nebeneffekt", den er selbst zu Beginn nicht „so gewichtet habe", führt er an, dass er, der aus der Wirtschaft komme, Leute aus dem sozialen Bereich kennenlerne, was ihm sein frühere Job nicht erlaubt habe. Zugleich erwähnt er, dass es bereits zu Konflikten gekommen sei, die er auf die beiden verschiedenen Bereiche zurückführt (vgl. Asmara V, 10-33). Bf schließt an seinen Beitrag an:

Bf: also ich finde das ist (.) ein Kernpunkt von Innovage, dass man unentgeltlich arbeitet. also dass die Spesen bezahlt werden, ist ganz selbstverständlich. und dass noch ein kleiner Anteil an das Netzwerk reinkommt äh das haben wir so vorgesehen. ich finde, wenn wir das nicht wollen, dann gehen wir zu Adlatus[102]. also wer das nicht <u>will</u>, der muss wechseln zu Adlatus.

(Asmara V, 34-39)

Die *Unentgeltlichkeit der Tätigkeit* wird hier als *„Kernpunkt"* betrachtet, ist also für die *kollektive Identität* von Innovage zentral. Bf legt denen, die nicht unentgeltlich bei Innovage arbeiten möchten, einen Wechsel in eine andere Organisation nahe, in der sich Menschen nachberuflich gegen Entgelt engagieren und die hier den *negativen Gegenhorizont* bildet. Ähnlich wie in der Gruppe Lima ist die *Inklusion* in das Netzwerk also an bestimmte *Bedingungen* geknüpft; hier ist es die Einhaltung der Regel der Unentgeltlichkeit des Engagements. Mit der unentgeltlichen Tätigkeit verbinden die Teilnehmer/innen Bf und Dm die Möglichkeit freier Entscheidungen und zeitlicher Flexibilität; daneben spielt die „Dankbarkeit" der sozialen Organisationen für sie ein Rolle (vgl. Asmara V, 39-70).

Dm: und ich denke, das muss jeder mit sich selber ausmachen. also ich bin seit Jahren in der Turnerei. dort bekommt man Praliné und Blumenstrauß. wenn ich <u>Geld</u> wollen hätte, dann hätte ich Fußballtrainer werden müssen oder Tennislehrer, oder.

(Asmara V, 70-73)

---

102 Adlatus versteht sich als ein Netzwerk erfolgreicher und erfahrener Führungskräfte in der Schweiz. Mandate werden auf Honorarbasis übernommen (vgl. www.adlatus.ch).

Wie bereits Bf bringt auch Dm eine *bewusste Entscheidung* für das freiwillige unentgeltliche Engagement und gegen eine bezahlte Tätigkeit zum Ausdruck. Er hebt hervor, dass es ihm „Freude" bereite, etwas an andere weiterzugeben und dazu beizutragen, „dass es ihnen gut geht" (Asmara V, 78-79). Bf findet im Unterschied zu Hf und Am nicht, dass sie etwas „zurückgeben" muss oder will und fokussiert stattdessen den *Gewinn für die eigene Person,* der mit dem freiwilligen Engagement verbunden ist. Sie bleibe selbst „aktiv" und sei gezwungen Kontakt zu haben; ferner würde sie auf die Weise ebenso „mit heutigen Mitteln" kommunizieren, wie es im Rahmen der Berufstätigkeit üblich sei (Asmara V, 82-98). Daraufhin äußert sich Gf dazu, wie sie die bisherige Diskussion erlebt hat:

```
Gf:    ich sehe jetzt, dass ich da recht äh zusammengeschissen werde, so.
?f:                                                                     └ nein.
Gf:    ich empfinde das, aber äh ich finde die Argumente ja,
Am?:                                    └ hallo.
?f:                                                         └wieso?
Gf:    weil alle zusammen ja die, das dreckige Geld und so.
Cf?:                                       └ nein, also.
Gf:    ich denke (erstens) darf man das einmal auch auf ding- (.) diskutieren.
?f:                                                           └ ja, also sicher.
Cf?:   (      ) ist diskutiert worden.
```

(Asmara VI, 1-14)

Gf bewertet das kommunikative Verhalten der anderen ihr gegenüber. Zugleich geht sie auf eine *negative Werthaltung* der Gruppe im Hinblick auf Geld ein. Andere Teilnehmer/innen stellen Nachfragen oder widersprechen. Es findet also eine *Metakommunikation über die Kommunikationskultur* im Netzwerk statt und die Gruppe teilt die Orientierung, dass strittige Punkte im Netzwerk diskutiert werden dürfen. Gf macht dann deutlich, dass sie die von einer anderen Teilnehmerin eingebrachten Argumente nachvollziehen kann, also auch davon ausgeht, dass man stärker gebunden ist, wenn man für eine Tätigkeit bezahlt wird. Ferner bringt sie wie die anderen Teilnehmer/innen einen positiven Aspekt des freiwilligen Engagements zur Sprache, indem sie formuliert, sie schätze es, „spannende Leute" kennenzulernen (Asmara VI, 15-21).

```
Gf:    äh ich bin vielleicht einfach zu wenig lang (.) ich bin jetzt etwa ein halbes Jahr weg vom Geld
       verdienen. und äh ich habe nicht so schön verdient, wie ihr.
```

(Asmara VI, 21-23)

Gf expliziert hier eine Differenz zwischen sich und den anderen Teilnehmer/innen im Hinblick auf das Einkommen. In ihrer Äußerung dokumentiert sich ferner, dass sich etwas an der *Haltung zum Geldverdienen* ändert, je länger man Abstand dazu hat. Im Laufe der Zeit vollzieht sich also eine *individuelle Anpas-*

sungsleistung an die veränderte Lebenssituation, die mit einer Veränderung der Orientierung bzw. Werthaltung einhergeht. Wie Gf weiter ausführt, erhält sie aufgrund ihrer früheren freiberuflichen Tätigkeit im Unterschied zu den anderen Teilnehmer/inne/n keine Pension; sie verfügt über „viel weniger Sicherheit" (vgl. Asmara VI, 23-30). Die Haltung zur unentgeltlichen Tätigkeit bei Innovage hängt also ihrer Ansicht nach von der eigenen finanziellen Sicherheit ab. Da sie gerne weiterhin gegen Bezahlung gearbeitet hätte, sieht sich Gf selbst „noch in diesem Ablösungsprozess" (Asmara IV, 30).

Gf: aber jetzt auf die Art könnte ich mit euch den Weg gehen. finde ich total gut. und ich hoffe ihr behaltet mich trotzdem,
  ∟ ((kurzes Lachen von einer Teilnehmerin))
Gf: ∟ auch wenn ich den schnöden Mammon jetzt angesprochen habe (.)
  und noch in einem Prozess drin bin, wo ich jetzt nicht so souverän, wie ihr einfach sagen kann,
  nein nein mir ist das super gut so und ich habe das null nötig und es ist kein Problem.

(Asmara, VI 41-47)

Gf äußert die Sorge, von den anderen ausgeschlossen zu werden, da sie über Geld gesprochen hat, das als ‚schnöder Mammon' negativ konnotiert ist. Die (implizite) Regel der Gruppe lautete demnach nicht nur, dass man bei Innovage unentgeltlich tätig ist, sondern auch, dass nicht über Geld gesprochen werden soll. Dies setzt aus Sicht von Gf eine Souveränität voraus („ich habe das null nötig"), die sie im Gegensatz zu den anderen nicht bzw. noch nicht hat, denn sie verweist erneut auf den *Prozess,* in dem sie sich befindet. Offenbar geht Gf davon aus, dass sie nicht allein entscheidet, ob sie im Netzwerk bleibt, sondern dass die anderen Mitglieder sie aufgrund der von ihr zum Ausdruck gebrachten Orientierung *ausschließen* können.

Nachdem verschiedene Teilnehmer/innen zu Beiträgen ansetzen, beschreibt Fm, wie er von einer freiberuflichen Tätigkeit zu Innovage übergegangen ist. Mit der Bemerkung, er wisse, dass das Geld in diesem Bereich hart verdient werden müsse, schließt er an den *Erfahrungshintergrund* von Gf an (vgl. Asmara VI, 48-56).

Fm: aber ich muss auch sagen, die Unentgeltlichkeit ist natürlich eine gewisse Erlösung gewesen für mich.
Gf: absolut.
Fm: ∟ weil, wenn du für jemanden arbeitest,
Gf: ∟ ist klar.
Fm: ∟dann (wes Lied ich sing), oder. (wes Brot ich ess.)
Gf: das habe ich bemerkt, ja.
Fm: ∟ (des Lied ich sing.) und das haben wir gesehen gell. unsere (.) (gehst du in ein) Projekt rein und sagst ja, das machen wir, und das machen wir nicht. wir haben der kantonalen Verwaltung gesagt, nein, das machen wir nicht so. das machen wir anders.
Gf: ∟ ja.

Fm: und das ist natürlich, das finde ich chic. (.)
Gf: ja ja.

(Asmara, VI, 56-69)

Im Unterschied zu Gf sieht Fm in der Unentgeltlichkeit bei Innovage gerade vor
dem Hintergrund der früheren (freiberuflichen) Tätigkeit eine „gewisse Erlösung". Eine Redewendung zitierend drückt Fm seine Werthaltung zur Unabhän-
gigkeit von der Bezahlung durch Dritte aus. Er bewertet es als „chic", dass die
unentgeltliche Tätigkeit die Möglichkeit bietet, eine Leistung anders zu realisieren, als es sich der/die Abnehmer/in der Leistung vorstellt. Auch wenn Fm also
an den Erfahrungshintergrund von Gf anschließt, hält er an der *Orientierung an
Unentgeltlichkeit* fest und begründet diese *argumentativ*. Zwar spricht er hier
zunächst nur von sich, jedoch ist vor dem Hintergrund der bisherigen Diskussion
davon auszugehen, dass er eine von der Mehrheit der Gruppe Asmara *kollektiv
geteilte Orientierung* zum Ausdruck bringt. Die durch das Programm gesetzte
Regel des unentgeltlichen Tätigwerdens wird dabei von der Gruppe nicht als
exterior wahrgenommen. Nachdem die Teilnehmer/innen länger über den Aspekt
der Freiheit im freiwilligen Engagement diskutiert haben (vgl. Asmara VI, 70-
161), kommen sie erneut auf den Beitrag von Gf zurück:

Hf?:   ich habe noch zu dir Gabi etwas sagen wollen. du bist <u>überhaupt</u> nicht exotisch mit dieser
       Fragestellung.
?f: Lnein.
Hf?:   die haben wir schon manchmal diskutiert und das ist ähm (.) und ich denke, ja es wird
       vielleicht wieder einmal <u>kommen</u>, dass man darüber redet, ob freiwillig, gratis oder so, oder
       halt gerade im (.) wegen dem, was nichts kostet ist nichts wert, oder. das werden wir uns
       wahrscheinlich <u>immer wieder fragen</u> müssen. und die Zukunft wird auch zeigen, ob (.) weißt
       du, aber (1) es gibt wie (2) es gibt dann ja noch die persönliche Seite, oder.
Gf: L ja **absolut.**
?f: L so, ja
       genau.
Hf: L das
       ist eben wichtig, weil jeder ist in einem bestimmten Lebenspro- äh Phase und Prozess drin.

(Asmara VI, 162-176)

In dieser Sequenz wird die Orientierung zum Ausdruck gebracht, dass der *Diskurs* im Hinblick auf unterschiedliche Meinungen und Haltungen *Teil der normalen Praxis* des Netzwerks ist. Am Beispiel einer „Kollegin" aus einem anderen Innovage-Netzwerk werden anschließend erneut Prozesse der *individuellen
Anpassung* thematisiert, die nicht „vom Mittwoch auf den Donnerstag", d. h.
nicht von einem Tag auf den anderen zu bewältigen sind, nachdem man „dreißig Jahre in einem Prozess gewesen ist", in dem man etwas verdient hat (Asmara
VI, 182-190). Ähnlich wie in der Gruppe Lima steht das für die *kollektive Identi-*

tät des Netzwerks als relevant erachtete Merkmal – hier die Unentgeltlichkeit der Tätigkeit – nicht zur Disposition. Denjenigen, die neu ins Netzwerk kommen, wird lediglich Zeit für die *individuelle Adaptation* eingeräumt, sodass auch hier von einer Orientierung an *Assimilation* gesprochen werden kann.

Gf:	also mich hat sehr beeindruckt, eine Kollegin von Rio, die am Kurs ist (.) mit mir, die sagt, wir sind eigentlich die erste Generation, Pioniere, die so etwas wie Innovage <u>entsteht</u>. das ist vorher noch überhaupt nicht aktuell gewesen. weil dort ist man ausgelaugt gewesen und kaputt gewesen und ist froh gewesen, dass man ausruhen kann und <u>nichts</u> mehr machen muss.
Cf?:	ja, ganz sicher.
Gf:	└ und wir vor allem als Frauen, denke ich,
Hf:	└ genau.
Cf?:	└ ja, das ist-
Gf:	└ wo auch die erste Generation sind, wo einmal auch Karriere gemacht haben. und die verantwortungsvolle Jobs gehabt haben und jetzt <u>das</u> machen. da sind wir (eigentlich) Pioniere. und äh es braucht ein bisschen (.) Anpassungsvermögen.

(Asmara VI, 201-216)

Schließlich vergegenwärtigen sich mehrere Teilnehmerinnen, dass sie „Pioniere" sind, da sie Karriere gemacht haben und nun freiwillig tätig sind. Damit elaborieren sie sowohl einen generations- als auch einen genderspezifischen Aspekt und fokussieren zugleich eine Gemeinsamkeit zwischen ihnen, nachdem zuvor in der Diskussion Unterschiede aufgrund verschiedener finanzieller Hintergründe und Orientierungen im Mittelpunkt standen. Das „Anpassungsvermögen" betrifft nun alle Angehörigen bzw. alle Frauen dieser Generation gleichermaßen.

Zusammenfassung

Im Unterschied zu den zuvor dargestellten Gruppen Lima und New York steht in der Gruppe Asmara thematisch die *unentgeltliche Tätigkeit* im Mittelpunkt der Diskussion und wird mit großem Engagement verhandelt. Die entsprechenden Passagen sind mit denen der anderen Netzwerke jedoch vergleichbar, da es jeweils darum geht, unter welchen Umständen jemand in das Netzwerk inkludiert oder aus diesem exkludiert werden kann. Anders als in den anderen Gruppen betrifft die verhandelte Differenz zwischen den Mitgliedern in der Gruppe Asmara die Anwesenden. Das Gros der Gruppe sieht die *Unentgeltlichkeit* nicht als primär exterior gesetzte Regel im Rahmen der Programmatik von Innovage, sondern als ein wesentliches und positiv bewertetes Merkmal der *kollektiven Identität* des Netzwerks an. Eine Teilnehmerin hätte dagegen eine bezahlte Beschäftigung vorgezogen. Die Gruppe teilt die Orientierung, dass beim Übergang aus der bezahlten Berufstätigkeit in das nachberufliche Engagement bei Innovage eine *individuelle Adaptation* zu bewältigen ist, die Zeit erfordert. Insbesonde-re muss zu einer *neuen Werthaltung* im Hinblick auf verschiedene Tätigkeiten gefunden werden. Die Gruppe Asmara hat also ebenso wie die Gruppen Lima und New York *eindeutige Vorstellungen* hinsichtlich der *kollektiven Identität* des Netzwerks und ist ebenfalls an einer *Assimilation* der Mitglieder orientiert. Im Unterschied zur Gruppe Lima fokussiert die Gruppe Asmara jedoch nicht auf eine Konfrontation der als abweichend erlebten Mitglieder mit den für das Netz-werk und seine Identität relevanten Normen und Regeln. Stattdessen bringen die Teilnehmer/innen *Respekt für den Erfahrungshintergrund* des als different erleb-ten Mitglieds zum Ausdruck und setzen sich mit dessen Meinung auseinander. Zugleich vertreten sie mit Bezug auf ihre eigenen bewussten Entscheidungen für Innovage eine andere Meinung. Der *Diskurs* im Sinne einer *regelmäßig wieder-kehrenden Auseinandersetzung* zwischen differenten Meinungen wird als norma-ler Bestandteil der *Praxis des Netzwerks* verstanden. Auf der Ebene der Perfor-manz ebenso wie auf der propositionalen Ebene kann daher rekonstruiert wer-den, dass Vergemeinschaftung in der Gruppe Asmara primär *im Modus diskursi-ver Verständigung* erfolgt. Diese zielt jedoch nicht – und dies bildet eine wesent-liche Differenz zu dem Typus, der im Folgenden behandelt wird – auf eine Ver-änderung der Praxis des gesamten Netzwerks, sondern auf eine *individuelle Adaptation* bzw. *Assimilation* der Mitglieder an die Normen und Regeln sowie die kollektiven Handlungsorientierungen des Netzwerks; und wie in den zuvor behandelten Gruppen steht auch hier die Möglichkeit einer Exklusion bei man-gelnder Anpassung im Raum.

5.2 Orientierung an Inklusion

Nachdem der erste Typus betrachtet wurde, der hinsichtlich seiner Praxis der Selbstorganisation durch eine *Orientierung an Assimilation* gekennzeichnet ist, soll nun der zweite Typus vorgestellt werden. Dieser Typus wurde anhand der Gruppen Rio (Kap. 5.2.1) und Mumbai (Kap. 5.2.2) rekonstruiert; für ihn ist eine *Orientierung an Inklusion* charakteristisch. Hier wird nicht eine Anpassung der neuen oder der mit der (konstruierten) kollektiven Identität des Netzwerks nicht kompatiblen Mitglieder vorausgesetzt. Vielmehr werden in der Bearbeitung der internen Differenzen neue Praxen entwickelt, die Veränderungen für das gesamte Netzwerk mit sich bringen. *Vergemeinschaftung* erfolgt hier also *im Modus der Transformation.* Anders als beim ersten Typus wird im Folgenden keine Diffe-renzierung innerhalb des Typus vorgenommen, da die beiden Gruppen im Hin-blick auf die habituellen Praxen der Vergemeinschaftung im Wesentlichen über-einstimmen.

5.2.1 Vergemeinschaftung im Modus von Transformation (I)

An der Diskussion der *Gruppe Rio* nehmen fünf Personen aus drei verschiedenen Innovage-Generationen teil, drei Frauen und zwei Männer. In der Eingangspassage diskutiert die Gruppe Rio primär über die Weiterbildung. Die Teilnehmer/innen bringen die Orientierung zum Ausdruck, dass diese ihnen inhaltlich nicht viel Neues gebracht hat, während sie den Kontakt mit anderen im Rahmen der Weiterbildung positiv bewerten (vgl. Rio I, 6-137). Im weiteren Verlauf der Diskussion findet sich eine Passage, in der eine Differenz zwischen den Mitgliedern zur Sprache kommt. Es wird darüber diskutiert, wie man mit dieser Differenz umgehen kann. Dabei geht es, ähnlich wie in der Gruppe Lima, um Personen, die keine Projekte realisieren.

```
Cf:      also wir haben nicht nur innovative Leute in dieser Gruppe das muss man auch @sehen@ also
Em:                                                                                              L
         ja ich sehe auch-
Cf:      @um es vo:rnehm vornehm auszudrücken@
Em:      also ich sehe auch die Erwartungen sind sehr unterschiedlich. wir haben Leute welche noch nie
         ein Projekt gemacht haben, oder,
Df:                         L hmhm
Em:      und diese sind seit dreieinhalb Jahren dabei
Df und Cf:                                        L hmhm
```

(Rio V, 1-9)

Cf vermittelt ihre Kritik an den ‚nicht innovativen' Mitgliedern als Andeutung, die auszureichen scheint, damit die anderen wissen, was gemeint ist. Em thematisiert daraufhin unterschiedliche Erwartungen der verschiedenen Mitglieder an Innovage. Fokussiert werden dabei die Mitglieder, die schon länger dabei sind, aber noch nie ein Projekt durchgeführt haben. Daraufhin versuchen die Teilnehmer/innen, die *Perspektive* der Personen einzunehmen, die kein Projekt durchführen, und dabei die Frage zu beantworten, welche *Motivationen* zur Beteiligung an Innovage diese Mitglieder haben könnten:

```
Bf:      ja und was suchen die da einfach die Gesellschaft?
Em:      die suchen wahrscheinlich jetzt eher die Gesellschaft
Df:                                          L wa:hrscheinlich eher ja
Cf:      ja aber die Gesellschaft ist doch um halb fünf fertig.
Df:                                          L ja eben
Bf:                                                   L ja eben nichts- davon:
Cf:      ja wir waren nur zweimal unten im Restaurant (.) das ist auch schon wieder eingeschlafen
Bf:                                                                                           L ja
Cf:      oder vielleicht ist es was ich vorher schon gesagt habe (.) dieser Austausch. dass es eben
         anregend is::t
Df:             L der fehlt ja
```

Cf: weißt du der ist dann eben anregend während dieser Zeit wenn sie da sind aber welche gar
         nicht gezielt etwas suchen
Bf: └ aber viele sagen doch auch gar nichts
Cf: es können doch nicht alle sprechen jetzt wo wir immer grösser werden ((lacht))
Bf: └ ja schon aber (.) ich bin ja noch nicht oft da
         gewesen aber es gibt ja solche die sagen glaube ich nie etwas
Df?:   ((lacht))

                                                                                    (Rio V, 10-28)

Es wird vermutet, dass diejenigen, die bisher noch kein Projekt durchgeführt
haben, „wahrscheinlich jetzt eher" Gesellschaft suchen. Jedoch stellt Cf fest,
dass die Gesellschaft „um halb fünf fertig" sei, und andere Teilnehmerinnen
validieren diese Aussage. Darin dokumentiert sich, dass die Anwesenden die den
anderen Mitgliedern unterstellte Orientierung an Gesellschaft nicht teilen bzw.
der Ansicht sind, dass es einen zeitlich klar begrenzten und ausreichend großen
Rahmen für das Erleben von „Gesellschaft" gebe; außerhalb dieses Zeitraums
bleibt demnach immer noch genügend Zeit, um Projekte zu realisieren. Gesellig-
keitsorientierte Aktivitäten (Restaurantbesuche) der Gruppe sind, wie Cf konkretisiert, inzwischen wieder „eingeschlafen"; das weist darauf hin, dass die Mitglieder eher wenig Interesse an dieser Form von Geselligkeit haben. Bei der
weiteren Suche wird der anregende Austausch als mögliches Interesse der Personen thematisiert, jedoch wird einschränkend hinzugefügt, dass viele Mitglieder
den Austausch nicht aktiv unterstützten. Auch wenn die Gruppengröße die Möglichkeiten beschränkt, dass „alle sprechen", wird schließlich festgestellt, dass
einige „nie" etwas sagen.

Am: hmm ja es gibt von allem etwas. ja es gibt aber auch solche die lange nichts sagen und dann
         kommt alles konzentriert auf zwei Sätze dann musst du dann- hmm zum Beispiel Karl ist da
         ein Spezialist er hört lange Zeit zu und denkt und plötzlich kommt er mit bam-
Df: aber bei Karl ist do-
Cf: └ bei ihm ist es aber sehr gut
Df: └ jajaja der Karl denkt immer mit
Em: └ jaja
Df: └ ja er denkt mit
Em: └ jaja
Mehrere: jaja
Em: er sagt lange nicht und dann bum. das haben wir auch gesehen mit unseren Sachen-
Cf: aber er ist dann sehr präzise
Em: aber er ist doch einer der mitdiskutiert
Df: └ jaja doch doch
Em: ich habe nicht den Eindruck dass- er spricht vielleicht nicht sehr viel aber aber er diskutiert
         mit, oder?
Df: └ jaja::
Em: es gibt andere die sagen nichts
Am: └ jaja: (3) ja es ist natürlich jeder anders

                                                                                    (Rio V, 29-51)

Im Sinne einer weiteren Differenzierung bringt Am nun das Beispiel eines Mitglieds ein, das lange nichts sagt, jedoch bei der Sache ist („denkt") und dann plötzlich („bum") etwas sagt. Das Mitdenken und die Präzision der Kommentare des Mitglieds werden positiv bewertet und es wird die Ansicht vertreten, dass dieses trotz geringer Wortbeiträge „mitdiskutiert". Festgestellt wird schließlich eine Differenz zwischen den Mitgliedern, die jedoch nicht mit einer Bewertung einhergeht. Die Diskussion wendet sich erneut der Frage zu, wie mit Mitgliedern umgegangen werden soll, die keine Projekte durchführen:

```
Em:   also ich kenne Netzwerkbeisp- also für mich stellt sich nun beispielsweise die Frage (.) von
      Innovage Schweiz hat man eigentlich die Regelung aufgestellt dass jemand
      der de::r länger als ein Jahr kein Projekt aufgestellt hat, dem müsste man eigentlich
      nahelegen dass er äh @gehen soll@
Df:                  └ ahja?
Em:   oder ihn mal fragen ob er am richtigen Ort ist.
Df:                            └ ahja?
Em:   das ist ein Institut- äh Institution welche Projekte orientiert arbeitet
Df:                                                     └ aha hmm hmm
Em:   und ich weiß zum Beispiel in Asmara (.) da haben sie glaube ich drei oder vier rausgeworfen
      °gerade so ja°
Df:              └°ah nein°
(2)
Am:   das finde ich ein bisschen grob gleich am Anfang
Cf:                          └ ja::
Df:                             └ nein eben nicht am **Anfang nicht am Anfang**
Cf:                                └ (    )
Em:   **das hätte ich ja nicht sondern ich möchte mehr überlegen, kann man diese Leute**
      **motivieren doch noch einmal in ein Projekt einzusteigen.** aber so bei ein zwei Fällen weiß
      ich es ist hoffnungslos
Cf:   └ eben-
Am:   aber auch das Mitmachen nicht? (.) also nicht n:icht ein eigenes Projekt sondern Mitmachen
      oder Coaching oder weiß Gott was.
Cf:   └ hmm
```

                                                        (Rio V, 52-75)

Thematisiert wird eine Regelung, auf die man sich im Rahmen von Innovage Schweiz verständigt hat. Demnach soll Mitgliedern, die länger als ein Jahr kein Projekt durchgeführt haben, nahegelegt werden, das Netzwerk zu verlassen. Die Praxis des Netzwerks Asmara, das diese Regelung bereits realisiert, wird in der Gruppe Rio als „ein bisschen grob" bewertet und bildet insofern einen *negativen Gegenhorizont*. Die Äußerungen implizieren, dass die Exklusion aus dem Netzwerk allenfalls das Ende einer Handlungskette sein soll, in der zuvor andere Umgangsweisen ausprobiert werden. In der Sequenz dokumentiert sich, dass die Gruppe Rio, ausgehend von dem Versuch einer *Perspektivenübernahme*, ihren Fokus darauf richtet, Mitglieder, die bisher keine Projekte durchführen, zu *moti-*

vieren, sich in irgendeiner Weise aktiv zu beteiligen, und sie zugleich im Netzwerk zu halten. Die Gruppe ist also an einer *Inklusion* der Mitglieder orientiert. Sie misst der *Durchführung von Projekten* und der *Aktivität* der Mitglieder im Hinblick auf die *kollektive Identität* zwar Bedeutung bei, zugleich scheint es *keine eindeutige Vorstellung* hinsichtlich der Art der Aktivität zu geben, die von den Mitgliedern erwartet wird.

Geselligkeit als Projekt

Im weiteren Verlauf wird die Frage, wie man mit den Personen umgeht, die nicht an Projekten interessiert sind, erneut aufgegriffen. Zunächst wird die Hoffnung geäußert, dass neue Strukturen anregen könnten, ausführlich über Projekte zu sprechen (vgl. Rio VI, 1-14). Dann werden erneut Differenzen zwischen den Mitgliedern thematisiert:

Em: es gibt Leute welche sehr projektorientiert mitarbeiten möchten, oder? diese kommen nur
        aufgrund der Projekte und Rainer ist zum Beispiel so.
Cf?:   L hmm
Em: er möchte nur Projekte, oder? er kommt auch nie an gesellschaftliche Anlässe, oder?
Cf?:   L hmm
Em: also ich habe ihn noch nie gesehen (.) aber das müssen wir respektieren
Df: L jaja:
Cf: L er macht gute Arbeit
Em: es ist auch gut für uns (.) er ist ein guter Imageträger für uns gegen außen
Mehrere: L jaja
Em: das müssen wir respektieren dass er nur seine Projekte möchte, oder (.) und dann gibt es jene
        welche einfach nur Gesellschaft möchten. oder, was machen wir mit diesen?
Cf: ja du das wird sich dann vielleicht unter Umständen äh löst sich diese Frage äh nicht so wie in
        Asmara sondern (.) durch die neuen Strukturen
Cf: L hmm

(Rio VI, 15-32)

Die Teilnehmer/innen teilen hier die Orientierung, dass es unproblematisch ist, wenn ein Netzwerkmitglied nur Projekte durchführt, sich aber nicht an den „gesellschaftliche[n] Anlässe[n]" beteiligt, zu denen vermutlich auch die Netzwerktreffen gehören. In dem konkreten Fall kommt hinzu, dass die projektorientierte Arbeit des Netzwerkmitglieds positiv bewertet und das Mitglied als guter „Imageträger" charakterisiert wird. Es stellt sich jedoch die Frage, wie mit Mitgliedern umgegangen werden soll, die nur aufgrund der Gesellschaft im Netzwerk sind. Hier besteht offenbar ein Problem, mit dem noch keine Form des Umgangs gefunden wurde. Erneut werden die neuen Strukturen als Ansatzpunkt für eine Problemlösung angeführt.

Am: hmm und und man könnte ihnen zum Beispiel ein Projekt gesellschaftliche Events
      organisieren-
Mehrere: └ jaja
Bf: wir könnten ihnen die Aufgabe geben für sich @einen Stammtisch zu organisieren@ ((lacht))
Cf?:   └ ja:: oder
      irgendeinen gesellschaftlichen Anlass für das ganze Netzwerk zu organisieren (.) das ist auch
      ein Projekt
Am: └ genau ja das
      wäre nichts Schlechtes- so etwas
Cf: └ ja

(Rio VI, 33-41)

In dieser Sequenz dokumentiert sich erneut, dass es aus Sicht der Teilnehmer/innen für die *kollektive Identität* des Netzwerks von zentraler Bedeutung ist, dass die Mitglieder Projekte durchführen. Die Gruppe Rio sucht nach einer Lösung des Problems, indem sie einerseits *an den Interessen der Gesellschaft suchenden Mitglieder anknüpft* und andererseits *an der Projektdurchführung festhält*, woraus schließlich etwas Neues entsteht. Das *Innovative* an der hier geäußerten Idee besteht darin, aus der Organisation gesellschaftlicher Events ein Projekt zu machen. Die bisher nicht aktiven Mitglieder leisteten damit zugleich einen Beitrag für das gesamte Netzwerk. Die Idee, die hier im Sinne eines *positiven Gegenhorizonts* interpretiert werden kann, wird lachend und vermutlich eher scherzhaft entfaltet. Dennoch zeigt sich in der Sequenz eine *Orientierung an der Inklusion* aller Mitglieder, welche die unterschiedlichen Motivationen der Beteiligung an Innovage wie auch die im Hinblick auf die *kollektive Identität* für zentral erachtete Projektdurchführung berücksichtigt. Während Projekte im Kontext von Innovage in der Regel solche sind, die außerhalb des Netzwerks und häufig in Kooperation mit anderen Partner/inne/n realisiert werden, nimmt die Gruppe Rio eine *Erweiterung des Projektbegriffs* vor, indem sie Aufgaben, die die Mitglieder *für das Netzwerk* realisieren, als Projekte betrachtet.

Die Idee einer „Passivmitgliedschaft"

Der Umgang mit Mitgliedern, die keine Projekte realisieren, wird gegen Ende der Diskussion erneut thematisiert. Die Teilnehmer/innen diskutieren nun doch die Möglichkeit, Mitglieder, die nie ein Projekt durchführen, aus dem Netzwerk zu exkludieren oder sie mit der Erwartung zu konfrontieren, dass sie Projekte durchführen sollten (vgl. Rio IX, 1-21). Aus Sicht der Gruppe Rio ist dies legitim, da es „nicht der Sinn" von Innovage sei, nur an den Sitzungen teilzunehmen und ‚ein bisschen mitzuplaudern' (Rio IX, 9). Eine aktive Beteiligung an den Sitzungen reicht also nicht aus, um der Mitgliedsrolle gerecht zu werden. Erneut wird die Vermutung oder Hoffnung artikuliert, dass die neue Struktur (die „Projektwerkstatt"[103]; Rio IX, 22) das Engagement bisher nicht in Projekten engagierter Mitglieder begünstigen oder Mitglieder, die kein Interesse an Projektarbeit haben, zum Austritt bewegen könnte. In Abgrenzung zum Netzwerk Asmara wird erneut ein anderer, weniger „brutaler" Umgang mit den Mitgliedern präferiert (Rio IX, 28-32).

Am:	ja wir können immer noch Passivmitglieder machen dann gibt es ein bisschen Geld in die Kasse
Df:	└ was meinst du?
Cf:	└wir sollen Passivmitglieder-
Df:	ja genau::: **Passivmitglieder** ((lacht))
Cf:	die sollen dann einfach zahlen

(Rio IX, 36-41)

Der Vorschlag einer „Passivmitgliedschaft" wird lachend aufgenommen. Dennoch dokumentiert sich darin erneut, dass die Gruppe *neue Mitgliedsrollen* entwirft, die eine *Inklusion* aller Mitglieder ermöglichen. Die ‚Passivmitgliedschaft' erfüllt zwei Funktionen zugleich: Einerseits können die entsprechenden Mitglieder auf diese Weise im Netzwerk inkludiert bleiben, andererseits erhält das Netzwerk etwas von ihnen, d. h., alle Mitglieder leisten einen positiven Beitrag für die Gruppe – im Fall der ‚Passivmitgliedschaft' in Form eines monetären Beitrags.

Zusammenfassung

Die Gruppe Rio diskutiert wie die Gruppe Lima über Mitglieder, die keine Projekte durchführen. Hierbei handelt es sich jedoch, anders als in der Gruppe Lima, nicht um Mitglieder, die neu dabei sind, sondern um solche, die zum Teil bereits seit längerer Zeit Mitglied im Netzwerk sind. Im Unterschied zu der Gruppe Lima versuchen die Teilnehmer/innen der Gruppe Rio im Sinne einer *Perspektivenübernahme* zu ergründen, was die Mitglieder, die keine Projekte realisieren, bei Innovage suchen und welche *Motivationen* sie für die Beteiligung haben könnten. Es wird vermutet, dass sie Geselligkeit suchen. Die Gruppe Rio sieht die Lösung aber nicht, wie die Gruppe New York, primär in der informellen Geselligkeit, sondern hält an der *Projektorientierung* fest, die offenbar für die *kollektive Identität* eine zentrale Rolle spielt. Als *negativer Gegenhorizont* dient der Gruppe Rio das Netzwerk Asmara, in dem einzelne Mitglieder exkludiert oder zumindest mit der Erwartung konfrontiert wurden, dass sie Projekte durch-

---

103   Die Projektwerkstatt ist Teil der Weiterbildung im Rahmen von Innovage (vgl. Einleitung).

führen sollen. Zwar schließt die Gruppe Rio eine Exklusion von Mitgliedern nicht gänzlich aus, jedoch gibt sie anderen Maßnahmen den Vorzug. Im Sinne einer *tentativen Annäherung* werden zwei verschiedene Ideen entwickelt, die beide die Orientierungen der Gruppe an *Inklusion* zum Ausdruck bringen: Zum einen könnten die betreffenden Mitglieder gesellige Anlässe für das Netzwerk organisieren; diese Aufgabe wird von der Gruppe Rio als ‚Projekt‘ betrachtet. Zum anderen wird über eine ‚Passivmitgliedschaft‘ nachgedacht, bei der die passiven Mitglieder einen monetären Beitrag leisten. In beiden Fällen hätte das Netzwerk als Ganzes einen Nutzen und die Mitglieder könnten Teil des Netzwerks bleiben. Die *Programmatik* von Innovage (in diesem Fall die Regel, dass Projekte durchgeführt werden) wird von der Gruppe Rio weder unhinterfragt übernommen noch abgelehnt. Vielmehr entstehen *in der Auseinandersetzung* mit der Programmatik einerseits und den verschiedenen Motivationen und Anliegen der Mitglieder andererseits *neue Definitionen und Praxen*. In diesem Sinne nimmt das Netzwerk als Ganzes verschiedene Impulse auf und verändert sich. *Vergemeinschaftung* erfolgt hier *im Modus der Transformation*.

5.2.2 Vergemeinschaftung im Modus von Transformation (II)

An der Gruppendiskussion der *Gruppe Mumbai* nehmen insgesamt neun Personen teil, sieben Männer und zwei Frauen. Von den neun Teilnehmer/inne/n gehören sieben der ersten Innovage-Generation an. Die Gruppendiskussion findet vor einem Netzwerktreffen statt. Die Gruppe Mumbai stimmt mit der Gruppe Rio insofern überein, als hier ebenfalls eine *Orientierung an Inklusion* rekonstruiert werden kann. Auch hier werden Differenzen zwischen den Mitgliedern thematisiert, in diesem Fall zwischen Gründungsmitgliedern und neu hinzugekommenen Mitgliedern. Auffällig ist in dieser Gruppe, dass die Diskussion von einem neuen Mitglied eröffnet wird, das seine Wahrnehmung einbringt (vgl. Mumbai I, 1-32). Die Differenz zwischen den verschiedenen Innovage-Generationen kommt im Verlauf der Diskussion immer wieder zur Sprache. Im Folgenden soll eine vergleichsweise dichte Passage dargestellt werden, in der der Fokus auf Möglichkeiten der Integration neuer Mitglieder liegt.

Gm: ich höre noch etwas raus (.) also (.) und eine Idee, die noch jetzt gerade auftaucht, wegen dem. also es kommt ja immer wieder die Frage vom wie gelingt es, nicht einfach nur als Randfigur hier einmal mal kommen. also könnten <u>nicht</u> einmal überlegen, dass man Neue die kommen, dass die nicht einfach eingeladen werden an die nächste Sitzung, sondern dass man bewusst überlegt, wie nehmen wir die nächsten drei oder vier oder wie viel es sind bewusst und konkret und mit ganz bestimmter (.) <u>auf</u>. und nicht einfach an die Sitzung und wir erzählen wieder, sondern, ich weiß doch nicht. es gibt gruppendynamisches Zeug oder weiß nicht was. also jedenfalls

Bm?:   └ ein Initiationsritus.
Gm: └ auch jedenfalls
((Lachen mehrerer Teilnehmer/innen))
Gm: jedenfalls nicht einfach nur so ja
Cm: zufällig, (nicht nur so)
Gm: zufällig, sondern
Am: └ also was
Gm: bewusst und und ganz (.) mit <u>Ritualen.</u> ist ja wurscht was man (.) wie man es nennt, aber
       einfach <u>bewusster, bewusster</u> aufnehmen.
Am: └ bewusster
Em: └ aufnehmen.

                                                            (Mumbai V, 1-21)

Die Gruppe Mumbai sucht in dieser Sequenz, indem sie die bisherige Praxis der
Aufnahme neuer Mitglieder reflektiert, nach Möglichkeiten einer „bewusster[en]", also systematischen und reflektierten Aufnahme neuer Mitglieder in der
Zukunft. Die angedachten Maßnahmen zielen auf die Schaffung eines offenen
Gesprächssettings bei Neuaufnahmen, mit dem eine komplementäre Rollenfigur
aufgebrochen werden soll, bei der die Alteingesessenen die Sitzung aktiv, aber
einseitig gestalten („erzählen") und den Neuen dadurch nur die Rolle der „Randfigur[en]" bleibt. Impliziert ist hier das Bild von Zentrum und Peripherie: Die
Neuen sollen die Möglichkeit erhalten, ins Zentrum vorzurücken, was im Sinne
eines *positiven Gegenhorizonts* gedeutet werden kann. Eine genaue Vorstellung
davon, wie die Aufnahmesituation verändert werden kann, hat die Gruppe Mumbai noch nicht, vielmehr findet eine *tentative Annäherung* an verschiedene Möglichkeiten statt („gruppendynamisches Zeug", „Initiationsritus"), die Ähnlichkeiten mit der Ideenentwicklung in der Gruppe Rio hat. Dabei verweist der Begriff
des „Initiationsritus" auf eine rituelle Einführung in die bestehende Gruppe, ggf.
auch in die nachberufliche Lebensphase.

Am: also die Zielsetzung wäre eigentlich, dass man wenn, wenn <u>Neue</u> kommen, dass man ein
       <u>spezielles</u> Meeting macht,
Gm: └ das meine ich.
Am: └ wo man einmal sagt <u>das</u> und <u>das</u> und das und das und was noch
       sehr gut wäre, wenn jeder der neu ist bekommt einen Götti[104]. ich habe meinen. du weißt das
       @nicht einmal, aber ich schaue dich als das an@
                                   └ ((mehrere lachen))
Am: weil wir einfach am Anfang ein bisschen (.) ich habe dir dieses Projekt (.) habe dir einmal die
       Unterlagen geschickt, weil ich einfach wissen wollte hey ist das überhaupt so. und und das
       wäre vielleicht eine Lösung. dann ist, ist man auch ein bisschen integriert. dann kommst du
       und kann man den den, ich nenne den jetzt mal Götti. kann man mal unabhängig treffen. und
       kommt man ein bisschen mehr rein. und einfach eines (.) Initiationssitzung, wenn man zwei,
       drei Neue zusammensitzt und dann eigentlich jeden ein bisschen von sich erzählt und und was
       was <u>was</u> und ja was wir jetzt eigentlich <u>hier</u> machen.

---

104 Schweizerdeutscher Ausdruck für „Pate".

Gm: ich würde es gerne (   ) (Unterstützung). ich würde es gerne unterst- und die beiden
      Stichworte ankommen einbinden.
Mehrere: ∟ mmh
Gm: das nennt sich so.

                                                              (Mumbai V, 22-41)

Auch hier wird zunächst die Gestaltung spezieller Sitzungen thematisiert, die der
Aufnahme und Integration der neuen Mitglieder dienen. Der Teilnehmer Am
meint, dass es primär darum geht, grundlegende Informationen zu geben. Er
schlägt allerdings zusätzlich vor, dass jeder Neue einen „Götti", d. h. einen *Paten*
bekommen soll. Wie er lachend und vermutlich Gm ansprechend einbringt, hat
er sich selbst bereits einen solchen Paten auserkoren, von dem er sich am Anfang
ein Feedback zu seinem Projekt holte, der jedoch bisher offenbar noch nichts von
der Patenschaft weiß. Ein Pate bzw. eine Patin soll für die Neuen also verschiedene Funktionen erfüllen: Es geht um den *persönlichen bilateralen Kontakt, die
Kommunikation über Projekte und die Integration in das Netzwerk.* Darüber
hinaus soll mit einer „Initiationssitzung" ein der aktuellen Gruppendiskussion
(„was wir jetzt eigentlich hier machen") vergleichbares offenes Setting geschaffen werden, das alle zu Wort kommen lässt. Gm fasst dies mit den Begriffen
„Unterstützung", „ankommen" und „einbinden" zusammen, was mehrere Teil-
nehmer/innen validieren. In dieser Sequenz bringen die Teilnehmer/innen die
Orientierung zum Ausdruck, dass ihnen an einer guten und reflektiert erfolgen-
den *Integration der neuen Mitglieder gelegen ist.* Dazu werden verschiedene
Maßnahmen angedacht. Diese erfordern jeweils Beiträge der alten und der neuen
Mitglieder und implizieren eine *Veränderung des Verhaltens der alten Mitglieder.* Die Teilnehmer/innen thematisieren anschließend, dass man bisher Interes-
senten, die namentlich erwähnt werden und die zu unterschiedlichen Zeitpunkten
zu Innovage kamen, zu den Sitzungen eingeladen hat, um sie nicht bis zum Beginn der nächsten Weiterbildung warten zu lassen (Mumbai V, 42-56).

Em: da haben wir, hat man einfach so (1) einfach so pragmatisch geschaut, was machen wir? gut,
      wir laden sie ein, wenn wir uns treffen und, und vielleicht gibt es schon im Voraus etwas, wo
      sie mitmachen könnten, damit sie nicht einfach in der Luft hängen, bis ein Einführungskurs
      kommt. und sie wissen aha, das ist Innovage. und dann werden sie offiziell.

                                                              (Mumbai V, 56-61)

Die Einladung zur Netzwerksitzung eröffnete den Neuen die Möglichkeit, konkret zu erfahren, was Innovage ist, und sich an laufenden Aktivitäten zu beteiligen. Da in der nächsten Zeit mehrere Neue gleichzeitig hinzukommen werden,
schätzt Em die Möglichkeiten einer ‚formelleren' Integration der Neuen positiv
ein (vgl. Mumbai V, 61-64). Mit Blick auf eine „Liste" wird festgestellt, dass
sowohl einige Neue als auch einige der alten Mitglieder nicht anwesend sind; es

wird vermutet, dass das Fehlen Gründe hat (Mumbai V, 65-75). Eine der Teilnehmerinnen, Df, meint daraufhin, dass „Innovageler, die **wirklich** wollen (…)
zäh am Ball geblieben sind" (Mumbai V, 76-78). Sie geht davon aus, dass sich
auf diese Weise die „Spreu vom Weizen trennen" werde (Mumbai V, 84-85),
und plädiert dafür, diejenigen zu unterstützen, die wirklich wollen. Die anderen
Teilnehmer/innen gehen jedoch nicht auf die von Df zum Ausdruck gebrachte
Orientierung ein und halten stattdessen fest, dass sie aufbauend auf der bisherigen Praxis ein Patenschaftssystem etablieren möchten (vgl. Mumbai V, 89-111).

Cm: dass man halt jetzt einfach gewisse, ich weiß nicht ob man dem Regeln oder Normen sagen
      würde, dass man jetzt sagt, also gut, ab Mitte Jahr dann, wollen wir zwei, drei (.) ich weiß
      nicht was das sind, Regeln oder Nor- (.) uns an das halten, damit die den gleichen
      Informationsstand haben. das ist bei mir ein wichtiger Punkt. bis jetzt haben wir sehr
      unterschiedliche Erfahrungen aus diesen ein, zwei, zwei Jahren, nicht. das würde aber heißen,
      dass man, das ist (nicht) ein Pflichtheft. ich weiß nicht was das werden soll. musst dann halt
      einfach sagen, wir führen neue Leute ein. alle drei Monate mal. geben einen Götti und und
      und. einfach so ein paar Punkte und das wird ja schweizerisch wahrscheinlich ähnlich gehen.
      an- andere Netzwerke werden ja ähnliche Probleme haben, wenn das mal raus kommt und ⌐ja
?m: ⌐
      sicher.
Cm: ⌐ ist eher positiv.

                                                                        (Mumbai V, 110-123)

Die Einführung von Patenschaften soll zu einer ‚Regel' oder ‚Norm' erhoben
werden, an die man sich halten will. Dies soll allerdings nicht den Charakter
eines „Pflicht[en]hefts" bekommen, das hier den *negativen Gegenhorizont* bildet.
Allerdings scheint nicht ganz klar zu sein, was die Alternative dazu ist. Es wird
unterstellt, dass die anderen Netzwerke, weil sie vergleichbare Probleme lösen
müssen, dem Vorhaben des Netzwerks Mumbai „eher positiv" gegenüberstehen.

Zusammenfassung

Ähnlich wie in der Gruppe Lima ist der Fokus in der Gruppe Mumbai auf die
neuen Mitglieder gerichtet. Allerdings werden hier nicht einseitig Erwartungen
an diese Mitglieder formuliert. Vielmehr sucht die Gruppe über die Reflexion
der bisherigen Praxis nach Wegen, die Neuen anders und systematischer zu in-
tegrieren als bisher. Es fällt auf, dass die Gruppe Mumbai zunächst keine genaue
Vorstellung hinsichtlich der zu entwickelnden Maßnahmen hat, sich vielmehr
langsam an verschiedene Möglichkeiten herantastet. Hier zeigen sich Übereinstimmungen mit der Gruppe Rio, die ebenfalls eine *tentative Annäherung* an verschiedene Lösungsmöglichkeiten für die identifizierten Probleme vollzieht. In
den Maßnahmen, die in diesem Zusammenhang angedacht werden (Initiationsri-

tus, Patenschaften), dokumentiert sich die Orientierung der Gruppe an einer Integration bzw. *Inklusion der Mitglieder*, die (im Unterschied zur Gruppe Rio) sowohl die *Mitgliedsrolle* als auch die *persönlichen Beziehungen* im Blick hat. Im Unterschied zu den Gruppen Lima, New York und Asmara wird darüber hinaus deutlich, dass die Gruppe Mumbai im Hinblick auf die Inklusion der als different erlebten Mitglieder ebenso wie die Gruppe Rio eine *Veränderung der Praxis des gesamten Netzwerks* für notwendig hält. Daher kann zusammenfassend formuliert werden, dass *Vergemeinschaftung* in diesen Netzwerken *im Modus der Transformation* erfolgt.

5.3 Mangel an Vergemeinschaftung

Abschließend soll die *Gruppe Lissabon* dargestellt werden. Die Gruppendiskussion findet in Verbindung mit der Sitzung des Netzwerks in einem kleinen Saal eines Restaurants statt. Die Netzwerksitzung beginnt, anders als geplant, mit einem ersten Tagesordnungspunkt, bevor die Gruppendiskussion beginnen kann. Grund für diese Programmänderung ist die Verspätung des Mitglieds, das die Netzwerkkoordination innehat. An der Gruppendiskussion nehmen acht Innovage-Berater/innen verschiedener Innovage-Generationen, fünf Männer und drei Frauen, teil. Darüber hinaus ist eine Seminarleiterin anwesend, was nicht abgesprochen war und dem Interviewer zu Beginn der Diskussion nicht auffällt. Erst kurz nach Beginn der Diskussion thematisiert die Seminarleiterin ihre Anwesenheit. Die Innovage-Berater/innen finden es nicht problematisch, dass sie an der Gruppendiskussion teilnimmt, da sie dazugehöre (vgl. Lissabon I, 56).

Die Gruppe Lissabon unterscheidet sich in verschiedener Hinsicht von allen bisher dargestellten Gruppen und entspricht keinem der beiden bereits beschriebenen Typen. Weder ist mit Blick auf die Praxis der Vergemeinschaftung eine Orientierung an Assimilation auszumachen, noch eine Orientierung an Inklusion. Im Vergleich mit den anderen Gruppen fällt auf, dass es in der Diskussion der Gruppe Lissabon keine interaktiv dichten Passagen im Sinne von Fokussierungsmetaphern gibt. Stattdessen finden sich viele zum Teil recht lange Beiträge einzelner Teilnehmer/innen, die sich aneinanderreihen, ohne dass deutliche Konklusionen[105] erkennbar sind. Daher fällt es in der Interpretation schwer, geteilte Orientierungen der Gruppe auszumachen. Dies korrespondiert damit, dass die Teilnehmer/innen der Diskussion selbst thematisieren, dass sie sich nicht als Gruppe erleben. Ein zentrales Thema der Diskussion ist die (mangelnde) Ver-

---

105 *„Konklusionen* finden sich am Ende eines Themas und bei der Beendigung einer Darlegung eines Orientierungsgehalts" (Przyborski 2004: 74, Herv. i. O.). Zu den Begriffen zur Beschreibung der Diskursorganisation im Rahmen der dokumentarischen Methode siehe auch Kap. 4.4.

bindlichkeit der Mitglieder, die bereits in der Eingangspassage zur Sprache kommt.

Enttäuschte Erwartungen und mangelnde Verbindlichkeit

Nach dem Eingangsstimulus des Interviewers entsteht in der Gruppe Lissabon zunächst eine Pause von zehn Sekunden, bevor Am die Diskussion mit einem sehr langen Beitrag eröffnet:

Am: es muss, einer muss
?f: ⌐ ((lacht))
Am: ja der Eisbrecher sein, oder, also ich denke, ich bin noch bald der einzig Überlebende von der
      von der ersten Staffel. ich habe eigentlich nicht so Lust zum Rückblick machen, aber äh, ich
      finde viel spannender Ausblicke. aber nichtsdestotrotz, ich denke, unterschiedliche
      Erwartungen nach dem Seminar, wo man gehabt hat. es hat ja das Ganze- die ganze Aufgabe
      als Innovage Berater, eigentliche- die Vorstellungen sind sehr unterschiedlich gewesen, die
      Ausrichtungen. die <u>Erwartungen</u> sind unterschiedlich gewesen. wir haben äh einigen äh
      Aderlass gehabt von Austritten. wir haben eigentlich in den letzten drei Jahren eher weniger
      Zuwachs gehabt=wir haben mehr Austritte gehabt. alle bedingt durch <u>plausible</u> Gründe aus
      diesem Verein. **nach wie** vor steht eigentlich im <u>Zentrum</u> von allen Bemühungen,
      Anstrengungen und Aktivitäten die Projektarbeit. es ist im Netzwerk Lissabon gelungen,
      <u>einige</u> gute Projekte zu realisieren oder wir sind jetzt noch dran an der
      Realisierung=Umsetzung.

(Lissabon I, 8-20)

Indem Am sich die Rolle des „Eisbrechers" zuschreibt, nimmt er in gewissem Sinne eine prominente Rolle und wichtige Funktion im Netzwerk für sich in Anspruch. Er verweist insofern auf eine *Differenz* zwischen sich und den übrigen anwesenden Mitgliedern, als er sich als „einzig Überlebende[n]" der ersten Staffel bezeichnet. Damit steht seine *Individualität* im Vordergrund, während zunächst *keine Verbindung* zu anderen Teilnehmer/inne/n hergestellt wird. Auch im Folgenden richtet er den Fokus auf die Differenz der Mitglieder im Hinblick auf ihre Erwartungen, Vorstellungen und Ausrichtungen. Am erwähnt Austritte in den letzten Jahren, geht jedoch nicht näher auf Fragen der Mitgliedschaft ein, sondern fokussiert stattdessen die „Projektarbeit", die seiner Ansicht nach „im <u>Zentrum</u> von allen Bemühungen" steht. Positiv hebt er hervor, dass es dem Netzwerk gelungen sei, einige gute Projekte zu realisieren. Eines davon bezeichnet er anschließend als „<u>Glücksfall</u>" (Lissabon I, 24) und zugleich „typisches Innovage Projekt" (Lissabon I, 25). Außerdem erwähnt Am kurzfristige Beratungsmandate, für die man „recht äh solide Feedbacks" erhalten habe (vgl. Lissabon I, 20-29). Aktuelle Probleme sieht Am in der „Nachwuchssicherung" (Lissabon I, 29), aber auch in dem Mangel an Nachfragen und dem Umstand, dass einige Mitglieder „**keine** konkreten Projekte bearbeiten" (Lissabon I, 31).

Am: ja, das ist so aus meiner Sicht- **persönliche** Erfahrungen, die ich gemacht habe, die sind unisono eigentlich äußerst positiv trotz Höhen und Tiefen. ich habe verschiedene Sachen neu dazugelernt in meinem Leben, Geduld, Geduld und nochmals Geduld üben.

(Lissabon I, 31-34)

Am rahmt mit dieser Äußerung seine bisherigen Ausführungen als „**persönliche** Erfahrungen", erhebt also nicht den Anspruch, damit für alle im Netzwerk gesprochen zu haben. Nachdem einige Anwesende lachen, geht Am weiter auf sein eigenes Befinden und seine Lernerfahrungen ein (vgl. Lissabon I, 36-44), bevor er seinen Beitrag schließt:

Am: ich komme jedesmal gerne ins Netzwerk, weil ich sehe Potenzial in dem Netzwerk und bei mir nicht entscheidend ist Quantität sondern Qualität von den Leuten=aber Qualität von der Bearbeitung her, von den Projekten.
Bm: er ist gewohnt, Interviews zu geben, hä?
((lautes Lachen der Anwesenden))

(Lissabon I, 44-48)

Fokussiert wird die *Arbeit an den Projekten*: Die „Qualität von den Leuten" interessiert Am in erster Linie in Bezug auf die Projektarbeit. Die *sozialen Beziehungen* zwischen den Mitgliedern, so kann man interpretieren, haben *keine eigenständige Bedeutung* und werden nicht weiter thematisiert. In der Anmerkung von Bm könnte sich Anerkennung für die Kompetenz von Am widerspiegeln, sie könnte aber auch als eher ironische Kommentierung der langen Ausführung und des argumentativen Charakters der Äußerungen interpretiert werden. Jedenfalls schließt Bm nicht inhaltlich an den Beitrag von Am an. Vielmehr hat seine Äußerung den Charakter einer metakommunikativen Stellungnahme, in der Am und seine Fähigkeiten *bewertet* werden. Es folgt die bereits eingangs erwähnte Verhandlung zur Anwesenheit der Seminarleiterin (vgl. Lissabon I, 49-61), bevor Bm auf seine im Vergleich zu anderen Mitgliedern kürzere Erfahrung verweist und auf die Weiterbildung zu sprechen kommt. Er erwähnt, dass die Teilnehmer/innen der Weiterbildung („wir") kritisch gewesen seien. Dass die Kritik inzwischen aufgenommen wurde, bewertet er positiv (vgl. Lissabon I, 62-66)

Bm: **meine** Erwartung ist eigentlich äh nicht erfüllt worden **bisher**, im Sinne von äh ich bin ins Netzwerk gekommen in der Meinung, ich könne nach meiner dreißig, über dreißigjährigen Berufstätigkeit, wo ich **sehr viel** geführt habe, weiß ich was machen, ich könne irgendwo da

rein kommen und da sind Projektideen da und ich könne an Projekten arbeiten. und habe
festgestellt, dass es eigentlich nicht so wahr ist

(Lissabon I, 62-71)

Neben den *negativen Bewertungen* der Weiterbildungen wurden auch die *Erwartungen* von Bm an vorhandene Projekte im Netzwerk, an denen er hätte arbeiten können, *nicht erfüllt.* Nachdem Bm exemplarisch auf ein Projekt eingegangen ist, fasst er zusammen, dass es nicht sein Ziel gewesen sei „zu administrieren" oder eine Gruppe zu führen, er wolle vielmehr „irgendwo substanziell mitarbeiten" (Lissabon I, 75-78). Bm betont, dass man ‚frei entscheide' (Lissabon II, 2), ob man bei Innovage dabei sein wolle oder nicht, und erwähnt in diesem Zusammenhang das Alter. Dem freien Entscheid stellt er die „Verbindlichkeit" gegenüber und konstatiert, dass für ihn in dieser Hinsicht im Netzwerk und in der Weiterbildung Verschiedenes nicht stimme (Lissabon II, 8).

Bm: wo ich einfach sage, die Art von Unverbindlichkeit, die stimmt für mich nicht und das ist eine
       Verlässlichkeit, wo letztlich auch im Projekt drin entscheidend ist und wenn die nicht da ist,
       dann ist das für mich ein absoluter Frust, nicht zuletzt, weil wir ja auch ein schlechtes Bild
       abgeben gegenüber denen, die uns ja geholt haben und einen Auftrag gegeben haben. also
       irgendwo ist die Freiraum, Verbindlichkeitsgeschichte nicht in Balance in dieser Organisation.

(Lissabon II, 10-14)

Problematisch ist für Bm die *mangelnde Verlässlichkeit* in der Projektarbeit, weil sie bei ihm „Frust" erzeugt. Zudem geht es ihm um die *negative Außenwahrnehmung* der Organisation. Dabei spricht Bm in einer distanzierten Weise von „dieser Organisation", bezieht die wahrgenommene Problematik also nicht unmittelbar auf die anwesende Gruppe und sich selbst. Die Mitglieder der anderen Netzwerke stellen im Hinblick auf Kompetenz und Verbindlichkeit einen *positiven Gegenhorizont* dar (vgl. Lissabon II, 15-24). Für Bm ist Verbindlichkeit die Voraussetzung, um sich weiter zu beteiligen:

Bm: und wenn das nicht gegeben ist, dann dünkt mich- dann ist das eigentlich die falsche
       Organisation für mich.

(Lissabon II, 24-25)

Bm fokussiert in seinem Beitrag nicht, was er oder andere tun könnten, um Verbindlichkeit zu fördern, sondern deutet stattdessen die Möglichkeit an, *die „Organisation" zu verlassen*, wenn seine Erwartungen nicht erfüllt werden. Nach einer kurzen Interaktion mit der Seminarleitung, die an dieser Stelle eine Verständnisfrage äußert (vgl. Lissabon II, 26-36), schließt Cm mit einer Validierung und Elaboration[106] des Beitrags von Bm an:

Cm: also ich teile eigentlich vor allem den ersten Teil, den du erwähnt hast. ich habe eigentlich auch <u>mehr</u> erwartet, dass- dass ich nicht um Projekte mich bemühen <u>muss, weil</u> ich habe <u>genug</u> Anfragen sonst, die an mich herankommen, die mich <u>befriedigen</u> können, die jetzt halt nicht im Innovagebereich dann laufen und **ich** hätte- habe mir eigentlich vorgestellt, dass wir eben (.) eigentlich äh <u>in</u> Projekt mit, ich=sage=jetzt=da mit relativ <u>kleinem</u> Aufwand eine große Wirkung erzielen kann, <u>das</u> ist was ich erlebe in anderen Bereichen, also in wirtschaftlichen Bereichen. ich bin da noch in ein paar KMUs noch ein bisschen äh- tu ich unterstützen und das ist eigentlich- das passiert dort sehr einfach.

(Lissabon II, 37-44)

Die *Erwartungen* von Cm, die er an das *Verhältnis von Aufwand und Ertrag* in Bezug auf das Engagement bei Innovage hegte, wurden *nicht erfüllt*. Seine Tätigkeit im wirtschaftlichen Bereich bildet einen *positiven Gegenhorizont*, da er dort genügend befriedigende Anfragen erhält. In verschiedenen Projekten sei man an einen Punkt gelangt, „wo man dann gesagt hat, ja=nein, also <u>weiter</u> geht es **nicht**" (Lissabon II, 44-48). In Bezug auf ein Projekt, das nicht schlecht gelaufen sei, habe er eine Verbindlichkeit feststellen können, die für ihn zugleich die Voraussetzung sei, um Projekte ‚auf die Beine stellen zu können'. Cm formuliert die Erwartung, mehr in kleineren Teams arbeiten zu können; das habe er bei Innovage aber bisher wenig erleben können (Lissabon II, 51-62). Df führt anschließend ein positives Beispiel für Verbindlichkeit an, indem sie einem anderen Teilnehmer oder einer anderen Teilnehmerin ein positives Feedback für das Durchhalten in einem gemeinsamen Projekt gibt (vgl. Lissabon II, 63-72).

Df: also für mich ist die Schlussfolgerung, dass man wirklich einen <u>Termin</u> entweder sich selber oder die ganze <u>Team</u>, das ganze Team, man muss terminmäßig arbeiten, damit man weiß, <u>diese</u> Leute stabil bis da und da mit Sicherheit dabei. dann kann ich mich- das mit der Verlässlichkeit, was Otto sagt, da kann ich mich äh darauf verlassen. und das haben wir eigentlich in der Vergangenheit <u>weniger</u> gemacht, dass wir diese <u>Termine</u> beachtet haben, weil das bedeutet <u>sehr</u> genaue Planung und wir haben ja- weil wir ja **frei** arbeiten, freiwillig und auch <u>frei</u> gestalten die Sachen (.) ist das mit der Verbindlichkeit denke ich, nur <u>wirklich</u> möglich, wenn wir uns **genauere** Pläne machen mit <u>ganz</u> genauer- sagen wir ein halbes Jahr. wir haben das bei Projekt ZZ haben wir (**gar zu**) ein Termin, sagen wir (.) äh no- point of no return oder wie war das genau? auf Deutsch ((lacht))?
?m: └ also (vorentscheiden)

---

106 Jede Aus- und Weiterbearbeitung einer Orientierung wird als Elaboration (einer Proposition) bezeichnet (vgl. Przyborski 2004: 69). Zu den Begriffen zur Beschreibung der Diskursorganisation im Rahmen der dokumentarischen Methode siehe auch Kap. 4.4.

Df: └ ja, wir hatten so was ähm im äh nach einem halben
Jahr haben wir so einen point of no return, das hat äh eigentlich dort niemand benutzt in dem
Sinn (2) ähm und dann haben wir bis zum Ende durchgehalten (.)

(Lissabon II, 72-85)

In dem Beitrag dokumentiert sich die Orientierung, dass *Verbindlichkeit in der Projektarbeit über projektbezogene Vereinbarungen kommunikativ hergestellt* werden soll. Diese Vereinbarungen haben nicht den Charakter eines ‚Vertrages‘, der in diesem Sinne einen *negativen Gegenhorizont* darstellt (vgl. Lissabon II, 68), sie binden die beteiligten Personen aber für den Zeitraum der Realisierung des Projekts. Auch der „point of no return" kann als eine solche Vereinbarung betrachtet werden. Bezogen auf ein aktuelles Projekt stellt Df fest, dass es an Abmachungen fehle, „dass jeder weiß, daran **muss** ich mich halten und sonst fällt das Ganze irgendwie auseinander" (Lissabon II, 90). Sie erwähnt in diesem Zusammenhang auch „das Wort Vertrauen", ohne genauer darauf einzugehen (Lissabon II, 91). In den folgenden Beiträgen von Em und Df kommt zum Ausdruck, dass auch die Projektpartner/innen eine Verbindlichkeit zeigen müssen; dabei sei fallspezifisch zu klären und zu kommunizieren, was dies bedeute. Dies sei bisher in zu geringem Maße geschehen (Lissabon II, 92-100).

Das Netzwerk Lissabon – ein „Chaotenhaufen"?

Es folgt eine Passage, in der unterschiedliche Orientierungen der Anwesenden zum eigenen Engagement und zum Aufwand deutlich werden. Am Anfang der Passage weist Am auf die Notwendigkeit der *Eigeninitiative* der Mitglieder hin, sowohl im Hinblick auf die Projekte als auch auf die Verbesserung der Kommunikation. Es könne weder davon ausgegangen werden, dass es im Netzwerk „endlos" Projekte gebe, in die man seine Kompetenzen einbringen könne (Lissabon III, 9-11) noch, dass Kommunikation einfach so funktioniere. Er stellt fest, dass die interne Kommunikation gegenwärtig nicht ausreichend betrieben werde, „um das **Minimum** sicherzustellen" (Lissabon III, 35-36). Em hält der von Am zum Ausdruck gebrachten Orientierung an eigener Aktivität daraufhin jedoch die Frage entgegen, wie viel Aufwand es denn Wert sei, ein Projekt zu generieren (vgl. Lissabon II, 51):

Em: äh, ich meine, wenn man jetzt ums Verrecken ein äh- Arbeit sucht, dann nachher ist es mir viel
Wert, oder. jetzt wenn ich aber sage, ich will eigentlich meine Erfahrung einsetzen können,
dann muss ich einfach sage, ja=gut, äh äh- ich mag mich erinnern, als Gustav und ich beim
Projekt A das angezogen haben, da haben wir uns ziemlich viel Mühe gegeben um das Projekt
auf die **Beine** zu stellen und am Schluss haben die gesagt, ja- oder ich habe schon gemerkt, äh-
wir haben dann einfach gemerkt, äh, es ist nicht ganz- sie **wollen** das eigentlich nicht

unbedingt, oder. dann dann sage ich, ja=gut so will, dann ist das in Ordnung, wenn ihr das nicht wollt- ich **suche nicht**, also ich suche nicht <u>ums</u> ‚Verrotten‘[107] äh Beschäf- also für <u>mich</u> ist das nicht Beschäftigungstherapie, oder ääh Innovage, sondern das ist eigentlich äh eine Möglichkeit, die ich offeriere, dass ich auch Leistungen erbringe, die Sinn machen und die jemand <u>will</u>, oder und wenn es niemand <u>will</u>, dann dann äh dann hat, dann hat es andere, die diese Leistung gerne nehmen=wo die Leistung nehmen, oder=also, das ist nicht äh- jetzt ist einfach die Frage, wie **viel** Aufwand soll man- <u>kann</u> man treiben, das ist individuell **um** zu einem Projekt zu kommen. das dünkt mich ein bisschen die Frage, oder.

(Lissabon III, 51-64)

Auch der Beitrag von Em enthält implizit eine Vorstellung zum Verhältnis von *Aufwand und Ertrag*. Da man nicht um jeden Preis Arbeit oder Beschäftigung sucht, wird das eigene Engagement als Angebot verstanden, für das sich jemand interessiert, ohne dass man selbst einen allzu großen Aufwand betreiben möchte, um Abnehmer/innen für die eigene Leistung zu finden. Fm validiert die Orientierung von Em, indem er formuliert, dass er sich in Aufträgen betätigen möchte, bei denen er das Interesse der Partner/innen spürt. Auf seine Erfahrungen im Berufsleben rekurrierend, erläutert er darüber hinaus, dass er vorsichtig damit geworden sei, Angebote zu machen, da am Ende niemand diese Angebote annehme (vgl. Lissabon III, 68-78)

Fm: Eigeninitiative, Projektideen daran zu arbeiten, das ist **ein Teil** von unserer Aufgabe, aber <u>noch</u> wichtiger ist es, dass wenn wir solche Aufträge <u>herein</u> bekommen, dass man die auch **zusammen** mit den anderen eben gleichberechtigt durchziehen können. äh (3) das wäre mal das **eine** da zu dem, zu diesen Aufträgen (.) wo sind die? und da stell ich <u>fest</u>, interessanterweise so Rio, das Netzwerk Rio, das Netzwerk Lima, die sind <u>überhäuft</u> mit Aufträgen=ich bin da kürzlich im Workshop gewesen da bei der Edith und habe dürfen das Projekt B vorstellen, das ist **beeindruckend**. das ist beeindruckend, wie die aus Lima da, der=der=der hat das da vorgestellt du, und ich habe nur gestaunt, ich **habe nur gestaunt**. wir sind ein **Chaotenhaufen**, sage ich euch, wir sind ein Chaoten- die sind dort **organisiert** und das ist, <u>du</u>, ich sage dir.

(Lissabon III, 78-87)

Zwei andere Netzwerke werden hier als *positiver Gegenhorizont* angeführt. Diese zeichneten sich dadurch aus, dass sie mit Aufträgen „<u>überhäuft</u>" und „organisiert" seien. Im Gegensatz dazu bezeichnet Fm das Netzwerk Lissabon als „Chaotenhaufen". Diese Formulierung impliziert, dass es sich (bspw. im Unterschied zu einem Netzwerk) lediglich um eine *Ansammlung* einzelner Elemente handelt, die *nicht miteinander in Beziehung stehen* und keine geordnete Struktur ergeben. Auf die Rückfrage einer anderen Teilnehmerin geht Fm exemplarisch auf ein Projekt eines der anderen beiden Netzwerke ein, das durch externe Nachfrage zustande gekommen sei und eine Kette von weiteren Anfragen ausgelöst

---

107 Ähnlich zu verstehen wie „ums Verrecken".

habe. Er stellt dem gegenüber, dass man im eigenen Netzwerk zwar „ein leuchtendes Projekt wunderbar=toll" (Lissabon III, 99), aber weiter keine großen Projekte habe. Im Folgenden relativiert Fm die positive Sicht auf die anderen Netzwerke deutlich. Zum einen stellt er die Frage in den Raum, ob in den anderen Netzwerken vielleicht „ein Haufen Luft dahinter" sei (Lissabon III, 101). Zum anderen stellt er fest, ein Netzwerk, das sich durch eine Vielzahl von Mitgliedern auszeichnet, hätte „fast bald ein Problem, so viele Mitglieder haben die" (Lissabon III, 118).

Viele Alphatiere und mangelndes Zusammengehörigkeitsgefühl

Im weiteren Verlauf der Diskussion werden die Schwierigkeiten in der Zusammenarbeit auf die „Alphatiere" in der Gruppe zurückgeführt:

Fm: ja, dann nachher die Zusammenarbeit, unsere Zusammenarbeit, dort kommt der Ausdruck
     wieder ins Spiel, also (.) ich schließe mich da=ein, wir sind alles ein bisschen so ein bisschen
     Alphatierli[108] und ähm (.) das ist **das,** wo du Gerald vorher gesagt hast, wo, wo ähm
?f: ∟ das stimmt.
Fm: ∟ wir viel
     ähm noch **lernen** müssen, vielleicht lernen wir es (.) die einen besser, die anderen weniger=die
     einen brauchen mehr Zeit, die anderen überhaupt keine. äh, **können** in diesem Spannungsfeld
     drin sein, wo wir in der Gruppe etwas machen müssen und wo ich, wo ich äh mich zurück
     nehmen, wann ist das der richtige Moment und wo will ich mich auch durchsetzen

                                                                                   (Lissabon IV, 1-10)

Mit dem Begriff „Alphatiere" wird hier die hervorgehobene oder führende Rolle angesprochen, die eine Person in einer Gruppe einnimmt. Die Schwierigkeit scheint aus der Sicht von Fm und einer anderen Teilnehmerin darin zu bestehen, dass mehrere „Alphatiere" zusammentreffen. Dabei wird durchaus positiv bewertet, dass Einzelne vorübergehend die Führung übernehmen – auch wenn andere zeitweise darunter leiden. Die Schwierigkeit bestehe darin, sich zurückzunehmen, wenn eines der (anderen) „Alphatiere" die Führung übernommen hat, bzw. zu entscheiden, wo man selbst etwas durchsetzen wolle (vgl. Lissabon IV, 10-22).

Em: empfindest denn du (.) das Team
Df: ∟ du meinst also ke-
Em: ∟ da als Gruppe?
Fm: nein.
?f: (eben.)

---

108   Schweizerdeutsche Verniedlichung von „Alphatier".

Em: also äh, was jetzt du vorher gesagt hast über Führung und so, oder. das ist in einem <u>Gewerk</u>
        drin, da glaub ich äh äh- und dort gibt es jetzt in diesem äh in diesem Projekt B vielleicht
        typisch oder auch bei dir bei diesen äh bei diesem äh Projekt C ist eine Gruppe, die, die unter-
        mitemander etwas gestaltet. <u>das</u> empfinde ich eigentlich nicht als eine Gruppe, oder, also und
        das ist sehr wahrscheinlich <u>eines</u> von den Themen
?f: └ mhm
Em: das wir haben wir müssen sehr wahrscheinlich- also wir haben einfach (.) einen zu wenig
        intensiven <u>Austausch</u>, natür- da die äh paar Mail, oder, das ist, das ist <u>etwas</u>=oder, aber das ist
        eigentlich <u>nichts</u>, oder ist seh- das ist nicht gruppenbildend od- und, und äh ich glaube einfach,
        es braucht eine gewisse, eine gewisse <u>Gruppen</u>dynamik um <u>eben</u> auch können äh vielleicht
        Projekte gescheit aufzunehmen oder=oder Gestalter oder ein, ein=ein Arbeitsleistung in einem
        Projekt formieren zu können und=und ich, also **ich** empfinde das ein bisschen, oder.

(Lissabon IV, 23-39)

In den Beiträgen dokumentiert sich ein *Defizit im Hinblick auf das Empfinden eines Gruppenzusammenhangs.* Dies wird auf den zu wenig intensiven Austausch zurückgeführt, der im Wesentlichen über E-Mails erfolgt und nicht als „gruppenbildend" wahrgenommen wird. „Eine gewisse Gruppendynamik" wird als notwendig erachtet, um Projekte zu realisieren, erfüllt also lediglich einen *Zweck* im Hinblick auf die *Projektarbeit* und hat *keinen Wert an sich.* Anders formuliert: Den Teilnehmer/inne/n scheint nicht an der Verbesserung der sozialen Beziehungen und der Bildung einer Gruppe an sich gelegen.

Einige Zeit später kommt eine Teilnehmerin, Gf, auf die Differenz zwischen Mitgliedern mit Erfahrungen in wirtschaftlichen Organisationen, die die Mehrheit im Netzwerk darstellten, und solchen mit Erfahrungen in Nonprofit-Organisationen zu sprechen. Sie schildert einen bereits überwundenen Konflikt zwischen sich und einer anderen Teilnehmerin, in der beide mit ihren jeweiligen ‚Alphaseiten' aneinandergeraten seien. Zudem stellt sie die Frage in den Raum, ob jemand zu einer Fortbildung mitkommen wolle, die sie gerne besuchen würde, denn allein werde sie das damit verbundene Projekt nicht realisieren. Ihre Anfrage bleibt unbeantwortet im Raum stehen, was als *Unverbindlichkeit* der Teilnehmer/innen im Umgang miteinander interpretiert werden kann, die sich in der Performanz dokumentiert (vgl. Lissabon IV, 54-92). Wie in anderen Beiträgen zuvor ist in der Äußerung von Gf, sie habe mitunter gedacht, sie „passe nicht" in das Netzwerk (Lissabon IV, 92-93), die Möglichkeit impliziert, das Netzwerk zu verlassen, während der Fokus nicht darauf gerichtet wird, wie das Netzwerk passend gemacht werden kann. Gleichzeitig bleiben die Kriterien unklar, nach denen entschieden wird, ob jemand in das Netzwerk ‚passt' oder nicht. Gf schließt damit, dass sie den Kontakt mit den Anwesenden („mit euch") schätzt, „obwohl wir keine Gruppe sind" (Lissabon IV, 97-98).

Aus der Sicht von Bm, der an den Beitrag von Gf anschließt, braucht es „**mehr** als nur ein Treffen alle drei oder vier Monate" (Lissabon IV, 116-117), damit eine „Durchmischung" (Lissabon, IV, 115) der Mitglieder aus der Wirtschaft und denen aus der Zivilgesellschaft stattfinde. Dabei gehe es ihm um „irgendetwas", das einen Gedankenaustausch fördert und aus dem sich ggf. weitere gemeinsame Aktivitäten entwickeln. Abschließend formuliert Bm den Wunsch, dass noch mehr aus dem Bereich „Zivilgesellschaft" als Stimulus in das Netzwerk einfließen möge (Lissabon IV, 117-131).

Bisherige Ablehnung von Maßnahmen, die zu mehr Verbindlichkeit und Gruppenbildung hätten führen können

In einer „Vergangenheitsanalyse" (Lissabon IV, 138) stellt Am fest, das Netzwerk Lissabon („wir") sei etwas „organisationsscheu" (Lissabon IV, 138). Seine Vorschläge zur Verbesserung des Zusammenwirkens seien immer abgelehnt worden:

Am: ich denke, all die Situationen- also ganz ein kleines Beispiel aus der Praxis. die Verfügbarkeit der Leute ist doch ein <u>ganz</u> wesentlicher Punkt. ich habe mal am **Anfang**, ein Ferienplan, wer ist verfügbar zu welcher Zeit, dass der Schmidt **einigermaßen** die Möglichkeit hat zum eine Anfrage kompetent zu beantworten, oder. das ist mir <u>nicht</u> gelungen, weil, wieso brauchst du jetzt einen Ferienplan, wir sind doch jetzt

?f: └ ja, ja, aber, das begreife ich

Am: └ Pensionierte und so weiter und da sieht man einfach, dass wir keine Balance haben. das <u>Zweite</u>, das ich immer gesagt hat, ein <u>Stammtisch</u> in *Ort X*, oder. <u>ich</u> von *Ort Y* würde selbstverständlich einmal im Monat an den **Stammtisch** kommen, im *Gasthaus M* oder irgendwo oder in eine Gartenwirtschaft, **zum** sich einander

?f: └ oder in *Ort Z*

   ((lacht))

Am: └ oder in *Ort Z*, wie auch immer, wo man sich spürt, <u>wo</u> man sich <u>austauschen</u> kann.

?f: └ ja, das ist gut.

(Lissabon IV, 140-153)

Während die Idee des ‚Ferienplans' mit der Begründung abgelehnt wurde, man sei jetzt pensioniert, wurde der Stammtisch zwar in der Vergangenheit nicht realisiert, wird in der aktuellen Gruppendiskussion jedoch durchaus positiv aufgenommen. Der Stammtisch ist für Am damit verbunden, dass man sich „spürt", sich also wechselseitig sinnlich erfahren und austauschen kann. Am appelliert an die Bereitschaft der Mitglieder, etwas zu verändern, wobei das *„Klima" in der Gegenwart* den *negativen Gegenhorizont* darstellt (Lissabon IV, 154-162). Er teilt die Auffassung nicht, dass die Mitglieder des Netzwerks „Chaoten" seien, und verweist auf positive Entwicklungen seit der Gründung. Erneut fordert er die Anwesenden auf, eine „innere Bereitschaft" zu signalisieren, und er ergänzt, ihm und „**allen** zusammen" wäre damit gedient, wenn man einen Zeitplan hätte. Dabei soll es sich nicht um ein „Dossier von hundertfünfundzwanzig Seiten" handeln, sondern um „eine A4, wo gewisse Verbindlichkeiten drauf sind, von den **Terminen**, wie auch immer" (Lissabon IV, 162-174).

Am bezeichnet Innovage bzw. das Netzwerk als „besonderen Verein"; die „Alphatiere" hebt er explizit hervor. Auf die neuen Mitglieder verweisend, macht er auf Chancen des Wandels aufmerksam und spricht sich für eine Harmonisierung „wirtschaftlicher Interessen" und „Sozialkompetenzen" aus, worin ein Umgang mit den zuvor thematisierten Differenzen impliziert ist (vgl. Lissabon IV, 174-189). Am verweist zudem auf die Besonderheiten des eigenen Netzwerks gegenüber denen in den anderen Regionen; diese werden allerdings sehr vage formuliert: „wir sind einfach nicht so äh, so gläubig wie andere Regionen, wir haben auch andere Zusammensetzung, andere Menschen" (Lissabon IV, 189-190).

Em: └ chaotisch würde ich gar nicht so als negativ äh taxieren, oder
?f: └ ich
           auch nicht, gar nicht
Em: └ äh, aber ich glaube, <u>ganz</u> wichtig ist einfach, dass wir die <u>Gefäße</u> schaffen,
           wie der Otto gesagt hat, eben wir müssen **häufiger** kommunizieren und zwar nicht über E-
           Mail und so, so oneways und so
?f: └ja, mhm, das ist richtig.
Em: sondern wir müssen einen gewissen Gedankenaustausch haben und diese <u>Phase</u> fehlt uns
           eigentlich da. oder wir machen hie und da mal sehr äh
?m: └ aufwendig
Em: └ @aufwendig@ und da kommen
           wir auch- aber dann geht es so lange, bis wir wieder zu einer Kommunikation kommen, dass
           das Zeugs alles abebbt. also wir **müssen** sehr wahrscheinlich, wenn wir das das Modell
           aufrecht erhalten wollen, müssen wir uns häufiger treffen.
Df: aber das Idee Stammtisch, einmal im Monat, das sollten wir wirklich (aufbehalten).

                                                                  (Lissabon IV, 194-208)

Em und eine weitere Teilnehmerin bewerten die Bezeichnung „chaotisch" für das Netzwerk nicht als negativ. Wie bereits zuvor wird in dieser Sequenz auf die Notwendigkeit verwiesen, „Gefäße" für einen über E-Mails bzw. „oneways" hinausgehenden Austausch zu schaffen. Indem Em vermutet, man müsse sich häufiger treffen, wenn man das „Modell" aufrechterhalten wolle, erscheint die Möglichkeit einer *Auflösung des Netzwerks* implizit als *negativer Gegenhorizont*. Eine Teilnehmerin, Df, plädiert dafür, an der Idee des monatlichen Stammtischs festzuhalten, was von mehreren anderen validiert wird (vgl. Lissabon IV, 209). Es schließt sich noch ein kurzer Diskurs an, in dem unterschiedliche Orientierungen im Hinblick darauf zum Ausdruck kommen, ob das Netzwerk zu chaotisch oder zu starr sei (Lissabon IV, 210-218). Der Diskurs endet mit der Äußerung von Gf, sie empfinde es als etwas „starr", während Em gleichzeitig zusammenfasst, man habe keine Struktur und sei „vogelfrei" (Lissabon IV, 217-219).

Mehrere Teilnehmer/innen sprechen durcheinander und lachen. Die letzten Äußerungen bleiben unverbunden nebeneinander stehen. Im Anschluss daran wird erneut die Orientierung zum Ausdruck gebracht, dass häufigere Treffen eine andere Gruppendynamik hervorbrächten, und andere Netzwerke werden von einem der neuen Mitglieder als *positive Gegenhorizonte* angeführt (vgl. Lissabon IV, 221-257).

Zusammenfassung

Zwar betrachten nicht alle Teilnehmer/innen das Netzwerk als „*Chaotenhaufen*" und nicht alle werten diese Bezeichnung als negativ. Jedoch wird deutlich, dass die Teilnehmer/innen sich *nicht als Gruppe erleben*. Die Kommunikation zwischen den Mitgliedern wird in verschiedener Hinsicht als unzureichend empfunden, bspw. weil die Kommunikation via E-Mail nur einseitig verläuft und nicht gruppenbildend ist. Die Notwendigkeit gruppenbildender Maßnahmen wird mit den Differenzen zwischen den Mitgliedern begründet. Hierbei geht es um *unterschiedliche Erfahrungshintergründe* in der Wirtschaft und in der Zivilgesellschaft. Zudem müssen Konflikte bearbeitet werden, die daraus resultieren, dass im Netzwerk viele „Alphatiere" zusammenkommen. Einerseits will die Gruppe *Verbindlichkeit* in erster Linie projektbezogen in Form von *Vereinbarungen kommunikativ herstellen*, andererseits geht es um Möglichkeiten einer *sinnlichen Erfahrung von Gemeinsamkeit* sowie der Schaffung eines Rahmens für den informellen Austausch und die Anbahnung gemeinsamer Aktivitäten. Dabei fällt auf, dass die angestrebte Gruppenbildung in der Gruppe Lissabon keinen eigenen Wert hat, sondern in erster Linie einen *Zweck* für die *Durchführung von Projekten* erfüllt. Im Unterschied zu den Gruppen, die dem Typus der Orientierung an Assimilation entsprechen, gibt es in der Gruppe Lissabon keine eindeutige Vorstellung, wann ein Mitglied in das Netzwerk inkludiert sein kann oder wann es zu exkludieren ist. Stattdessen thematisieren die Teilnehmer/innen primär, dass sie das Netzwerk *selbst verlassen könnten*, weil das Engagement bei Innovage insbesondere im Hinblick auf das *Verhältnis von Ertrag und Nutzen* nicht ihren *Erwartungen* entspricht. Im Unterschied zu den Gruppen, die dem Typus der Orientierung an Inklusion entsprechen, ist nicht erkennbar, dass in der Auseinandersetzung mit der Differenz der Mitglieder neue Praxen entwickelt werden, die eine Beteiligung aller fördern. Die *kollektive Identität* des Netzwerks wird fast ausschließlich auf der Basis *negativer Abgrenzung* bestimmt. Die *gegenwärtige Situation* des Netzwerks fällt aus der Perspektive der Teilnehmer/innen mit dem *negativen Gegenhorizont* zusammen; gleichzeitig bleiben *positive Gegenhorizonte* vage, sodass von einem *Orientierungsdilemma* ausgegangen werden kann. Die Teilnehmer/innen der Diskussion bringen zwar kommunikativ zum Ausdruck, dass ihnen perspektivisch an Verbindlichkeit gelegen ist, jedoch wird diese *Verbindlichkeit* im Rahmen der Gruppendiskussion *kaum handlungsprak-tisch hergestellt,* sodass eine *fehlende Vergemeinschaftung* zu konstatieren ist.

5.4 Zentrale Ergebnisse zur Praxis der Selbstorganisation in den Netzwerken

Betrachtet man die dargestellten Gruppen in der Gesamtschau, werden *Span-nungsverhältnisse* deutlich, die für das bürgerschaftliche Engagement charakte-ristisch sind: Das Spannungsverhältnis zwischen dem Engagement für andere und dem Nutzen für sich selbst bzw. dem Interesse an Geselligkeit; das Span-nungsverhältnis zwischen unbezahlter und bezahlter Tätigkeit sowie schließlich das Spannungsverhältnis zwischen Freiwilligkeit bzw. individueller Freiheit und Verbindlichkeit im Engagement. Im Rahmen ihrer Selbstorganisation in den Netzwerken müssen die Akteurinnen und Akteure einen Umgang mit diesen Spannungsverhältnissen finden. Sie sind gefordert, sich mit der *Programmatik von Innovage* und den dieser Programmatik inhärenten *(gesellschaftlichen) Er-wartungen, Normen und Regeln* auseinanderzusetzen. Zudem muss ein Umgang mit den *unterschiedlichen Interessen, Motivationen und Orientierungen der einzelnen Mitglieder* gefunden werden. Hinzu kommt die *Spezifik des nachberuf-lichen Engagements*, d. h., es findet zugleich ein mehr oder weniger *prozess-hafter Übergang* von der bezahlten Beschäftigung in zum Teil hierarchisch ge-prägten Organisationen in das nachberufliche freiwillige und unbezahlte Enga-gement in einem netzwerkförmigen Kontext statt. *Es ist also von einem mehrdi-mensionalen Spannungsfeld auszugehen, in dem sich die Selbstorganisation der Akteurinnen und Akteure vollzieht.*

Die durchgeführte Studie interessierte sich für die *Selbstorganisation* in den Netzwerken, die *als kollektive Praxis* verstanden und auf der Basis von Daten, die im Rahmen von Gruppendiskussionen erhoben wurden, prozesshaft rekon-struiert wurde. Im Sinne der dokumentarischen Methode und praxeologischen Wissenssoziologie können zwei Ebenen unterschieden werden, auf die sich das Erkenntnisinteresse richtete: Zum einen sollte erkundet werden, wie die Akteu-rinnen und Akteure im Kontext ihrer Selbstorganisation eine *kollektive Identität* entwickeln; das entspricht der Ebene des reflexiven Handelns bzw. kommunika-tiven Wissens. Zum anderen richtete sich das Erkenntnisinteresse auf den jewei-ligen *Modus der Vergemeinschaftung* und damit auf die Ebene des vorreflexiven, habitualisierten Handelns, d. h. auf die *kollektiven Handlungsorientierungen*, die sich anhand der Erzählungen und Beschreibungen der Akteurinnen und Akteure sowie ihrer Performanz rekonstruieren ließen. Diese *habituellen Praxen der Vergemeinschaftung* sichtbar zu machen, bildete das zentrale Anliegen der Studie (s. Kap. 3.5).

Im Zuge der Analysen konnte anhand der erhobenen Daten eine *sinngenetische Typologie* entwickelt werden, die abbildet, in welch unterschiedlichen (*Orientierungs-)Rahmen* die beforschten Akteurinnen und Akteure die Herausforderung der Selbstorganisation in den Netzwerken bearbeiten. Rekonstruiert wurden verschiedene *Modi der Vergemeinschaftung*, denen im Wesentlichen zwei *Typen von Handlungsorientierungen* zugrunde liegen: Der erste Typus ist dadurch charakterisiert, dass sich die Praxis der Vergemeinschaftung an *Assimilation* orientiert. Beim zweiten Typus orientiert sich die Praxis der Vergemeinschaftung primär an *Inklusion*. Im Folgenden werden die Ergebnisse zusammenfassend dargestellt.

Orientierung an Assimilation

Eine Orientierung an Assimilation konnte anhand der Diskussionen der Gruppen Lima, New York und Asmara rekonstruiert werden. Diesen Typus kennzeichnet eine *eindeutige Vorstellung hinsichtlich der kollektiven Identität des Netzwerks.* So sieht die Gruppe Lima ihr Netzwerk als eines, in dem sich die Mitglieder aktiv in Projekten engagieren, während für die Gruppe New York klar ist, dass das eigene Netzwerk nicht formalistisch und starr ist. Für das Gros der Gruppe Asmara ist demgegenüber die Unentgeltlichkeit des freiwilligen Engagements als Merkmal der kollektiven Identität des Netzwerks zentral. Trotz der unterschiedlichen Aspekte, die die einzelnen Gruppen in den Vordergrund rücken, erwarten alle von den Mitgliedern, dass diese sich der (konstruierten) kollektiven Identität des Netzwerks und den damit verbundenen Normen und Regeln anpassen, sich also *assimilieren*. In den Gruppen Lima und Asmara ist dies mit der Orientierung verbunden, dass die individuelle Anpassung an die nachberufliche, durch freiwilliges Engagement gekennzeichnete Lebensphase und die kollektive Identität des Netzwerks nicht ‚von heute auf morgen' bewältigt werden kann, also Zeit erfordert, die den Mitgliedern durchaus zugestanden wird. In der Gruppe New York findet sich dieser Aspekt der prozesshaften individuellen Anpassung nicht, hier wird vielmehr ein „Ablegen" des beruflichen Habitus an der Schwelle des Eintritts in das Innovage-Netzwerk erwartet. In den Gruppen Lima und New York fehlt fast vollständig die *Auseinandersetzung mit der Perspektive* der Mitglieder, die als von der kollektiven Identität abweichend wahrgenommen werden; eine Beschäftigung mit ihren Motiven der Beteiligung an Innovage findet kaum statt. In allen drei Gruppen gibt es deutliche Vorstellungen darüber, wer nicht als zum Netzwerk passend empfunden wird: Dies sind in der Gruppe Lima Mitglieder, die nur im Netzwerk ‚hocken‘, ohne aktiv zu werden; in der Gruppe New York fallen darunter Mitglieder, die zu ‚formalistisch und starr‘ und damit aus ihrer Sicht einem beruflichen Habitus verhaftet sind; für die Gruppe Asmara sind das diejenigen Mitglieder, die es vorziehen, sich gegen Entgelt zu betätigen. In allen drei Gruppen steht mehr oder weniger explizit die *Möglichkeit der Exklusion* solcher Mitglieder im Raum.

Während die Gruppen also in ihrer Orientierung an Assimilation übereinstimmen, unterscheiden sie sich zugleich im Hinblick auf die *Modi der Vergemeinschaftung*, denen diese Orientierung zugrunde liegt:

- Anhand der Diskussion der Gruppe Lima konnte rekonstruiert werden, dass *Vergemeinschaftung* im Netzwerk primär *im Modus (berufsförmiger) Aktivität* erfolgt. Die Teilnehmer/innen der Diskussion teilen die Orientierung, dass eine über die Beschäftigung im Privaten hinausgehende Aktivität ihre nachberufliche Lebensphase prägen soll. Das freiwillige Engagement stellt tendenziell die Fortsetzung der früheren beruflichen Tätigkeit an einem anderen Ort, verbunden mit einem größeren Maß an Freiheit, dar. Praxen, die den Mitgliedern aus dem beruflichen Kontext vertraut sind, werden habituell auf den neuen Kontext des freiwilligen Engagements übertragen. In ihrer Orientierung an Aktivität sieht sich die Gruppe in Übereinstimmung mit der Programmatik von Innovage und erlebt die entsprechenden Normen und Regeln nicht als exterior.

- Die Gruppe New York steht für eine *Vergemeinschaftung im Modus informeller Geselligkeit und (kultureller) Distinktion*. Im Unterschied zur Gruppe Lima gibt es hier keine Leistungserwartung an die Mitglieder, sich aktiv in Projekten zu engagieren oder eine Funktion zu übernehmen. Vergemeinschaftung entsteht durch nettes Beisammensein, gemeinsames Essen und Trinken. Dies wird von der Gruppe nicht nur im Rahmen der Diskussion thematisiert, sondern zeigt sich auch auf der Ebene der Performanz. Soziale Beziehungen, Spaß und Freude stehen für die Gruppe bei der Beteiligung an Innovage im Vordergrund. Die Gruppe sieht ihre (kulturelle) Praxis der Vergemeinschaftung nicht von vorneherein im Kontext von Innovage repräsentiert. Sie thematisiert in der Gruppendiskussion nicht nur ihre (kulturellen) Besonderheiten im Vergleich zu anderen Netzwerken, von denen sie sich ebenso abgrenzt wie vom Interviewer, sondern inszeniert diese auch und ist daran interessiert, dass andere ihre Besonderheiten wahrnehmen. Die Orientierung an Aktivität im Sinne eines Engagements für Dritte, die der Programmatik von Innovage inhärent ist, wird von der Gruppe tendenziell als exterior erlebt, ebenso wie sie die mit Innovage einhergehende Formalisierung ablehnt.

▪ In der Gruppe Asmara wird *Vergemeinschaftung im Modus diskursiver Verständigung* hergestellt, wie anhand der Thematisierung der Unentgeltlichkeit des Engagements herausgearbeitet wurde. Die entsprechende Regel, die mit der Programmatik von Innovage verbunden ist, wird von der Mehrheit der Gruppe nicht als exterior erlebt. Die Gruppe rekurriert im Rahmen ihrer diskursiven Verständigung auf ihre positiven Erfahrungen in der Auseinandersetzung mit der Frage der organisationalen Struktur von Innovage („Geschäft" oder „Netzwerk"). In diese Auseinandersetzung sind verschiedene Sichtweisen und Erfahrungshintergründe der Mitglieder eingeflossen. Auch wenn die Gruppe Asmara – wie die anderen beiden Gruppen – eine Assimilation der Mitglieder an die kollektive Identität des Netzwerks erwartet, ist ihre habituelle Praxis im Umgang mit den als different erlebten Mitgliedern eine andere. Deren je individuellen Erfahrungshintergründe werden durchaus wahrgenommen und partiell mit denen anderer Mitglieder in Übereinstimmung gesehen. Zugleich findet eine offene und explizite kommunikative Verständigung über die unterschiedlichen Meinungen statt. Diese zielt nicht darauf ab, gemeinsam eine neue Praxis zu entwickeln, sondern das als different erlebte Mitglied argumentativ von der Orientierung der Mehrheit zu überzeugen. Der regelmäßig wiederkehrende Diskurs über Aspekte, die aus Sicht der Gruppe im Hinblick auf die kollektive Identität des Netzwerks relevant sind, wird hier als Teil der normalen Praxis angesehen.

Orientierung an Inklusion

Im Unterschied zu den Gruppen Lima, New York und Asmara kennzeichnet die Gruppen Rio und Mumbai eine Orientierung an Inklusion. Charakteristisch ist hier, dass eine *Perspektivenübernahme* im Hinblick auf die Orientierungen der Mitglieder erfolgt, die vor dem Hintergrund der kollektiven Identität des Netzwerks als different erlebt werden. Dabei wird die *kollektive Identität des Netzwerks* weniger eindeutig und monolithisch konstruiert als in den Netzwerken des ersten Typus; sie erscheint vielmehr *hybrid und wandelbar*. Im Vordergrund steht die Suche nach Möglichkeiten, alle Mitglieder zu beteiligen; dabei setzen sich die Gruppen dieses Typus mit deren unterschiedlichen *Beteiligungsmotivationen* auseinander. Dies geht jedoch nicht mit einer grundlegenden Abwendung von der *Programmatik von Innovage* einher. Indem die Gruppen Rio und Mumbai sich mit der Programmatik von Innovage beschäftigen und zugleich verschiedene Impulse der Mitglieder und anderer Netzwerke aufnehmen, entsteht etwas Neues, man könnte sagen: *Innovatives*. Wie dieses Neue aussehen kann, ist den Mitgliedern zunächst selbst nicht klar; sie nähern sich *tentativ* verschiedenen Möglichkeiten an, die der *Inklusion* der Mitglieder Rechnung tragen könnten. Im Prozess werden *neue Praxen* entwickelt, die eine Veränderung für alle beteiligten Mitglieder mit sich bringen, sodass von einer *Vergemeinschaftung im Modus der Transformation* gesprochen werden kann. Während sich bspw. das Netzwerk Lima an einer Fortsetzung der berufsförmigen Aktivität im Kontext des freiwilligen Engagements orientiert und das Netzwerk New York auf einen klaren Bruch mit dem beruflichen Habitus im Übergang in das freiwillige Engagement setzt, wird in den Netzwerken Rio und Mumbai, so kann interpretiert werden, gemeinsam etwas entwickelt, das weder eine ungebrochene Fortsetzung der aus dem Berufsleben resultierenden Praxen noch einen klaren Bruch mit diesen Praxen impliziert. Vielmehr wird im Hinblick auf die beruflichen Erfahrungen ausgelotet, was sich bewährt hat und was an den neuen Kontext des freiwilligen Engagements angepasst werden soll.

Mangel an Vergemeinschaftung

Die Gruppe Lissabon unterscheidet sich von den anderen Gruppen dadurch, dass anhand der Diskussion *keine positive Vorstellung der kollektiven Identität* des Netzwerks rekonstruiert werden konnte. Die gegenwärtige Lage des Netzwerks, die durch die mangelnde Verbindlichkeit der Mitglieder gekennzeichnet ist, fällt mit dem *negativen Gegenhorizont* der Gruppe zusammen. Es fehlt zugleich ein eindeutig *positiver Gegenhorizont*, auf den man sich zubewegen könnte. Verschiedene Teilnehmer/innen thematisieren *enttäuschte Erwartungen* im Hinblick auf *Ertrag und Nutzen* des freiwilligen Engagements bei Innovage. Dass sich die Teilnehmer/innen in ihren Erzählungen und Beschreibungen selbst *nicht als Gruppe erleben*, korrespondiert mit der Performanz, also ihrem interaktiven Verhalten in der Diskussion selbst, die durch eine geringe Selbstläufigkeit gekennzeichnet ist. Auffällig ist, dass *soziale Beziehungen* im Netzwerk selbst *keinen Wert* für die Teilnehmer/innen besitzen, sondern lediglich einen *Zweck* zur Durchführung von Projekten erfüllen. Dennoch scheint ein Minimum an interner Kommunikation, die über E-Mail hinausgeht und nicht einseitig verläuft, aus Sicht der Mitglieder erforderlich, um das Netzwerk aufrechtzuerhalten. Ein *Mehr an Verbindlichkeit* soll einerseits über projektbezogene Vereinbarungen hergestellt werden, andererseits über informelle Treffen, die eine sinnliche Erfahrung des Netzwerkzusammenhangs ermöglichen. Auch wenn thematisiert wird, dass ein Mehr an Verbindlichkeit angestrebt wird, so dokumentiert sich in der Performanz im Rahmen der Gruppendiskussion ein gewisses Maß an Unverbindlichkeit. Es kann letztlich kein Modus rekonstruiert werden, in dem sich Vergemeinschaftung im Netzwerk Lissabon vollzieht, vielmehr ist ein *Mangel an Vergemeinschaftung* zu konstatieren.

Einige Hinweise auf soziogenetische Aspekte

Dem Prinzip der Offenheit entsprechend war die Zusammensetzung der Gruppen für die Gruppendiskussionen den Netzwerken selbst überlassen. Die Art und Weise, wie die Akteurinnen und Akteure mit dieser Aufgabenstellung umgingen, war bereits im Sinne ihrer je spezifischen Praxis der Selbstorganisation interpretiert worden. Anhand der so generierten Datenbasis konnte in komparativer Analyse eine *sinngenetische Typologie* entwickelt werden. Eine systematische *soziogenetische Typenbildung* zu erstellen, die auf die Rekonstruktion der *Genese* von handlungsleitenden Orientierungen in spezifischen kollektiven Erfahrungsräumen, d. h. in spezifischen sozialisationsgeschichtlichen Bedingungen, gerichtet ist (vgl. z. B. Bohnsack 2010a, Nohl 2013), war dagegen nicht Ziel der vorliegenden Studie und wäre auf dieser Basis nicht möglich gewesen. Dennoch geben die vorliegenden Daten einige Hinweise auf unterschiedliche Erfahrungshintergründe der Akteurinnen und Akteure, in denen ihre Handlungsorientierungen verortet sind und die in den Netzwerken bedeutsam werden können. Während die Akteurinnen und Akteure vermutlich weitgehend generationstypische Erfahrungen teilen, erwies sich insbesondere die Zugehörigkeit zu den verschiedenen ‚Generationen' des Innovage-Projekts als eine wesentliche Differenz im Sinne konjunktiver Erfahrungsräume[109]. Es war insbesondere bedeutsam, ob die Akteurinnen und Akteure der Gründungsgeneration angehörten oder ihre Erfahrungen in einer der nachfolgenden Innovage-‚Generationen' gemacht hatten. Darüber hinaus konnten Differenzen im Hinblick auf geschlechtsspezifische Erfahrungsräume bzw. Milieus rekonstruiert werden. Schließlich wurden Unterschiede hinsichtlich der beruflichen Erfahrungshintergründe sichtbar. So hatten einige der Akteurinnen und Akteure ihre Erfahrungen primär in Nonprofit-Organisationen gemacht, während andere in wirtschaftlichen Unternehmen und wieder andere freiberuflich tätig gewesen waren. In manchen Netzwerken schien diese Differenz für die Mitglieder durchaus bedeutsam zu sein. Die verschiedenen netz

---

109 Vgl. dazu Kap. 3.2.

werkbezogenen und -übergreifenden Milieus im Sinne einer differenzsensiblen Forschung (vgl. z. B. Kubisch 2010b, 2012, 2015) und mit dem Ziel weiterführender Typenbildungen systematisch zu erforschen, wäre eine lohnende Aufgabe für weitere Studien.

6 Engagement und Erfahrungswissen der Innovage-Berater/innen im Kontext von Kooperation

Die Innovage-Berater/innen führen Projekte in Kooperation mit zivilgesellschaftlichen Initiativen und Organisationen durch. Manchmal gehen sie selbst auf andere Akteurinnen und Akteure zu, häufig werden sie jedoch angefragt, eine Initiative oder Organisation bei einer mehr oder weniger konkret formulierten Aufgabe oder Problemstellung für eine gewisse Zeit zu unterstützen. Die Innovage-Berater/innen begeben sich dann einzeln oder zu mehreren in ein spezifisches Feld, übernehmen bestimmte Aufgaben und arbeiten auf unterschiedliche Weise mit den Mitgliedern der jeweiligen Organisation oder Initiative zusammen. Das folgende Kapitel, in dem Ergebnisse des zweiten Teilprojekts der Studie dargestellt werden, wendet sich diesen Kooperationen und den Perspektiven der daran Beteiligten zu.

Kapitel 6.1 fokussiert das *Erfahrungswissen der freiwillig Engagierten* und zielt darauf ab, dieses auf der Basis empirischer Analysen genauer zu bestimmen. *Kapitel 6.2* ergänzt Kapitel 6.1 um die *Perspektive der Kooperationspartner/innen* und stellt dar, welche Erfahrungen diese im Kontakt mit den Innovage-Berater/inne/n machen.

6.1 Handlungsorientierungen der freiwillig Engagierten im kooperativen Engagement

Wenden wir uns zunächst den Innovage-Berater/inne/n zu: Wie nehmen die freiwillig Engagierten Situation und Entwicklung im jeweiligen Projekt vor dem Hintergrund bzw. im Horizont ihrer Erfahrungen wahr? Und wie gestalten sie das Engagement in Kooperation mit den Partner/inne/n aus zivilgesellschaftlichen Organisationen und Initiativen auf der Basis ihres Erfahrungswissens?

Wie die Fragen bereits verdeutlichen, gehen wir davon aus, dass sich das Erfahrungswissen der älteren Engagierten, das als ein atheoretisches oder implizites Wissen zu verstehen ist (vgl. Kap. 3.4) vor allem in der Art und Weise ihres Wahrnehmens und Handelns zeigt. Rekonstruiert wurden vor diesem Hintergrund unterschiedliche *Handlungsorientierungen*[110], die der Wahrnehmungs- und Handlungspraxis der freiwillig Engagierten in diesem spezifischen Kontext zugrunde liegen. Die Rekonstruktionen mündeten in eine *sinngenetische Typologie*[111]. Diese gibt eine Antwort auf die Frage, welche *modi operandi,* d. h. Arten und Weisen des Wahrnehmens und Handelns das (kooperative) Engagement der Innovage-Berater/innen charakterisieren. Unterschieden wurden *Modi der normativen Relationierung (Kap. 6.1.1), des dependenten Anschließens(Kap. 6.1.2) und der konfluenten Partizipation (Kap. 6.1.3)*, die zur Einführung kurz umrissen werden sollen:

- *Normative Relationierung als Modus der Wahrnehmungs- und Handlungspraxis im kooperativen Engagement*
  Die im jeweiligen Projekt vorgefundene Situation und Praxis werden hier von den Innovage-Beratern[112] zu eigenen Normalitäts- bzw. Idealvorstellungen hinsichtlich der (erfolgreichen) Realisierung von Projekten in Beziehung gesetzt. Die Innovage-Berater konfrontieren die Perspektive der Kooperationspartner/innen mit eigenen Bewertungen und nehmen in Verbindung damit eine eigene Position im Projekt ein. In einer spezifischen Weise wird hier also Differenz wahrgenommen bzw. erzeugt.

- *Dependentes Anschließen als Modus der Wahrnehmungs- und Handlungspraxis im kooperativen Engagement*
  Das eigene Engagement wird bei diesem Typus von den Innovage-Beratern als abhängig von der Praxis der Kooperationspartner/innen gesehen und gestaltet. Eine Wahrnehmung oder Erzeugung von Differenz in der Weise, wie sie für den eben dargestellten Typus der normativen Relationierung charakteristisch ist, fehlt dem Typus des dependenten Anschließens. Es gelingt den Innovage-Beratern in diesem Fall nicht, eine eigene Position einzunehmen. Vielmehr bemühen sie sich darum, an die Praxis im Projekt anzuschließen, ihr zu folgen.

---

110   Zum Begriff der Handlungsorientierung siehe Kap. 3.4.
111   Vgl. Kap. 4.4.
112   Die Beschränkung auf die Projekte, zu denen sowohl Daten bei den freiwillig Engagierten als auch bei den Kooperationspartner/inne/n erhoben worden waren, hat den nicht intendierten Nebeneffekt, dass im vorliegenden Kapitel ausschließlich Datenmaterial zu finden sein wird, das aus Interviews mit männlichen Innovage-Beratern resultiert. Dies erklärt auch, warum im Folgenden dort, wo es nicht um allgemeine Aussagen geht, nur die männliche Bezeichnung „Innovage-Berater" verwendet wird. Ausführlich zu Sampling, Erhebungsmethode und forschungspraktischem Vorgehen siehe Kap. 4.3.

- *Konfluente Partizipation als Modus der Wahrnehmungs- und Handlungspraxis im kooperativen Engagement*
  Ebenso wie beim zuvor skizzierten Typus wird auch beim Typus der konfluenten Partizipation keine Differenz in der Art und Weise wahrgenommen bzw. erzeugt, wie sie beim Typus der normativen Relationierung sichtbar wurde; vielmehr wird seitens des Innovage-Beraters[113] die Perspektive der Kooperationspartner/innen übernommen. Im Unterschied zum Typus des dependenten Anschließens, für den eine sich weitgehend getrennt voneinander realisierende Praxis von freiwillig Engagierten und Kooperationspartner/inne/n charakteristisch ist, ‚taucht' der Innovage-Berater hier gleichsam in die unmittelbar ausführende Praxis im Projekt ein und wird gemeinsam mit den Kooperationspartner/inne/n tätig.

In die Typologie integriert sind Erkenntnisse zu den *Habits*[114]. Diese strukturieren die einzelnen Praktiken der jeweiligen Akteurinnen bzw. Akteure (vgl. Nohl et al. 2015: 215) und werden als Handlungstendenzen in ihren Darstellungen sichtbar. Im Rahmen der Studie ermöglicht es der Begriff der Habits zu rekonstruieren, inwiefern im Engagement auf habituelle Praktiken zurückgegriffen wird und ob dies in der Kooperation gelingende Handlungsanschlüsse zur Folge hat oder ob die Praktiken ins Leere laufen. Es wird sich zeigen, dass den freiwillig Engagierten die Enaktierung ihrer Handlungsrepertoires in den verschiedenen Projekten unterschiedlich gut gelingt. Im Folgenden sollen die verschiedenen Typen anhand des empirischen Materials ausführlich dargestellt werden.

6.1.1 Normative Relationierung als Modus der Wahrnehmungs- und Handlungspraxis im kooperativen Engagement

Der Typus, bei dem sich die Wahrnehmungs- und Handlungspraxis der freiwillig Engagierten *im Modus der normativen Relationierung* realisiert, wurde anhand der Interviews von drei Innovage-Beratern rekonstruiert, die sich in den Projekten Lavendel, Rose und Tulpe[115] engagieren.

---

113 Für diesen Typus steht nur ein Fall; im Interview werden keine weiteren Innovage-Berater/innen erwähnt.

114 Zum Begriff der Habits siehe Kap. 3.4.

115 Alle Organisationen und die in Kooperation mit Innovage durchgeführten Projekte werden im Folgenden durch Pflanzen- bzw. Blumennamen anonymisiert. Auf detaillierte Informationen zu Zielsetzungen und Adressat/inn/en der Organisationen wird aus Gründen der Anonymisierung verzichtet.

Innovage-Berater im Projekt Lavendel

Bei dem Projekt Lavendel, in das neben dem Innovage-Berater Peter Seiler[116], mit dem das Interview geführt wurde, noch ein weiterer Innovage-Berater involviert ist, handelt es sich um ein Vorhaben der Dachorganisation Ahorn. Ziel ist es, ein Haus mit gemeinsam verfügbarer Infrastruktur zu etablieren, in dem verschiedene Mitgliedsorganisationen ihren Sitz haben werden. Im Anschluss an die Eingangsfrage zur Entstehung und zum Verlauf des Projekts Lavendel beginnt Herr Seiler wie folgt:

> also wir sind ja schon länger an diesem Projekt, oder. also rund zwei Jahre jetzt schon. (.) und die Anfrage kam von Ahorn. (.) Ahorn, das ist der Dachverband von allen Familien-Organisationen im Kanton Rio[117]. das sind etwa zweihundert Familien-Organisationen. (.) die haben ein ehrgeiziges Pro-, Ziel, die möchten gern ein Haus (…) realisieren.
>
> (Lavendel, IB[118], I, 11-14)

Herr Seiler spricht von Beginn an von einem „wir", das sich hier vermutlich auf die beiden Innovage-Berater bezieht, und verweist auf die bereits zweijährige Tätigkeit, die mit der Anfrage der Dachorganisation Ahorn ihren Anfang nahm. Bei der Vorstellung der Organisation gelangt Herr Seiler zu einer ersten *Bewertung* des Vorhabens der Kooperationspartner/innen („die"), indem er deren Ziel als „ehrgeiziges (…) Ziel" bezeichnet. Dies weist auf eine *implizite Vergleichsfolie* hin, mit der Herr Seiler das Vorhaben *in Beziehung* setzt und an der er es misst. Diese hat, so kann man auch formulieren, den Charakter eines *alternativen Horizonts,* an dem sich die eigene *Bewertung* orientiert (vgl. Lamprecht 2012: 41f.). Zudem wird in dem Beitrag eine Distanz zum Ziel der Kooperationspartner/innen deutlich, möglicherweise auch eine Wertschätzung für deren Anspruch. Anschließend stellt Herr Seiler die „Grundidee" des Projekts vor (vgl. Lavendel, IB, I, 14-20) und geht genauer auf den Beginn und die ersten Schritte der Zusammenarbeit ein:

> und die sind dann vor zwei Jahren rund auf uns gekommen und haben gefragt, ob wir ihnen behilflich sind bei der Realisierung dieses Projekts oder? und wir sind dann von Innovage zuerst zwei Mitglieder eingestiegen, ein Architekt und ich. (.) ich komme vor allem aus der Öffentlichkeitsbranche oder. und (.) wir haben dann (2) also wir waren damals zu fünft. drei Leute von Ahorn und zwei von Innovage oder. (4)
>
> (Lavendel, IB, I, 20-25)

---

116 Die Namen der interviewten Innovage-Berater, der Kooperationspartner/innen sowie von Personen, über die in den Interviews gesprochen wird, sind anonymisiert.

117 Die Regionen, in denen die Projekte realisiert werden, sind, wie bereits in Kapitel 5, mit internationalen Städtenamen (z. B. Rio, New York) anonymisiert.

118 Die Abkürzung IB steht hier und im Folgenden für Innovage-Berater.

Wie Herr Seiler darstellt, richtete sich die Anfrage von Ahorn darauf, dass Innovage ihnen bei der Realisierung des Projekts „behilflich" ist, ohne dass hier bereits deutlich wird, welche Aufgaben die freiwillig Engagierten konkret übernehmen sollten. Die seitens Innovage beteiligten Personen führt Herr Seiler ein, indem er ihre *beruflichen Hintergründe* erwähnt. Damit setzt er implizit die beruflichen Tätigkeiten und die damit verbundenen Kenntnisse und Kompetenzen auf der einen und die freiwillige Tätigkeit im Projekt Lavendel auf der anderen Seite miteinander *in Beziehung*. Er konstruiert in Ansätzen eine *Kongruenz*, die sich in der weiteren Schilderung der ausgeführten Aufgaben noch konkretisieren wird. Das „Wir" umfasst nun auch die Kooperationspartner/innen; allerdings werden diese nicht genauer vorgestellt. In der folgenden Sequenz ist nicht immer eindeutig zu bestimmen, wann mit dem „Wir" die freiwillig Engagierten gemeint sind und wann es alle am Projekt Beteiligten umfasst:

> wir haben zuerst einmal das Projekt angeschaut und dann diskutiert, wie wir vorgehen wollen oder. und als erstes Bedürfnis zeigte sich, dass wir eine äh repräsentative Umfrage machen müssen oder? bei den interessierten Familien-Organisationen. das haben <u>wir</u> übernommen. wir haben einen <u>Frage</u>katalog ausgearbeitet u:nd der wurde dann äh (.) mit mit Ahorn zusamm dann bereinigt und dann wurde die Vernehmlass-, oder die Umfrage gemacht und dann gabs eine Auswertung. und diese Auswertung, die haben wir in einem Dokument zusammen, Auswertung und Fragebögen (.) das können Sie mitnehmen, wenn es Sie interessiert. ((Dokumente werden übergeben)) und da haben wir gesehen <u>wo</u> die Bedürfnisse sind. und aus dieser Umfrage haben wir dann ein so genanntes Raumkonzept entwickelt. (2) das da haben wir gesehen, wie groß die Räume dann sein müssen. welcher Raumbedarf da (.) nötig wäre. übrigens, das wäre dann alles in diesem Papier drin. sehen Sie. warten Sie. das können Sie ganz dann in Ruhe studieren. da haben wir verschiedene Varianten von Raumsituationen errechnet oder? (5) das war der der zweite Schritt.

> (Lavendel, IB, I 25-38)

Bei den Arbeiten, die die Innovage-Berater nach der Diskussion über das Vorgehen übernehmen, handelt es sich um klar umrissene *Teilaufgaben*, deren Ergebnis jeweils ein *Produkt* in Form eines Dokuments darstellt. Die Art und Weise, wie Herr Seiler Fachbegriffe verwendet („so genanntes Raumkonzept"), deutet darauf hin, dass er auf ein *Expertenwissen* rekurriert, das er (bspw. dem Interviewer gegenüber) für erklärungsbedürftig hält. Die verschiedenen Aufgaben und Handlungen bauen der Darstellung von Herrn Seiler zufolge aufeinander auf, er schildert sie in einer bestimmten Reihenfolge. Da weder alternative Handlungsmöglichkeiten noch Zweifel artikuliert werden, kann interpretiert werden, dass das dargestellte Vorgehen, das einen analytisch-systematischen Eindruck vermittelt, für Herrn Seiler *selbstverständlich bzw. normal* zu sein scheint. Probleme der *Übertragbarkeit* der genutzten Ansätze aus anderen Kontexten auf das zivilgesellschaftliche Projekt werden von Herrn Seiler nicht thematisiert. Die Situationen, in denen hier gehandelt wurde, wurden also offenbar (vor dem Hintergrund entsprechender *Wahrnehmungsmuster*) vorreflexiv als solche identifiziert, die mit bereits bekannten Situationen vergleichbar – *homolog* – sind und mit entsprechenden *Habits* beantwortet werden können. Und es scheint tatsächlich so zu sein, dass sich die *Handlungsrepertoires* der Innovage-Berater hier in der Kooperation ohne Probleme in entsprechende Praktiken umsetzen, also enaktieren ließen.

Herr Seiler geht darauf ein, dass im nächsten Schritt ein Trägerverein gegründet wurde (vgl. Lavendel, IB, I, 38-44) und schildert das weitere Vorgehen:

> dann gab es einen weiteren Schritt. dann war es unsere Aufgabe, einen so genannten Businessplan zu erarbeiten oder? das ist dieses Papier, oder? da wurde alles genau, was- wie=das Vorgehen sein soll und so weiter, was für Schritte und so weiter- das ist alles unsere Arbeit. in einem letzten Schritt wurde dann der Finanzplan erstellt. (.) der sieht dann so aus oder? also das ist unsere Mitarbeit. wobei ich betonen muss, wir machen nur Beratung von diesem Projekt. die Projektleitung liegt bei diesem neu gegründeten Verein oder. Verein Ahorn. (3)
>
> (Lavendel, IB, I, 45-51)

Herrn Seiler hat die Dokumente, die im Rahmen der Bearbeitung von Teilaufgaben entstanden sind, zum Interview mitgebracht, sodass sie den Interviewer bei seiner Arbeit unterstützen können. Es kann interpretiert werden, dass sich hier seine handlungspraktischen Gewohnheiten, die zuvor auf *propositionaler Ebene* als Handlungstendenzen sichtbar wurden, auch auf der Ebene der *Performanz,* der sich im Kontext des Interviews vollziehenden Praxis, zeigen.

Herr Seiler geht anschließend auf die gegenwärtig zu realisierenden Aufgaben ein, an denen die Innovage-Berater jedoch „nicht stark beteiligt" seien. Eine Weiterarbeit sei geplant, sobald die „Objektevaluierung" abgeschlossen sei und die „so genannte Konkretisierungsphase" folge (Lavendel, IB, I, 57-59). Erneut verwendet Herr Seiler Formulierungen, die er durch den Zusatz „so genannte" als *Expertenbegriffe* markiert. Mit Blick auf das Ziel, das Haus zu einem konkreten Zeitpunkt zu eröffnen, verweist Herr Seiler auf „etliche Stolpersteine", die vor allem die Finanzierung beträfen (Lavendel, IB, I, 51-61). In der ganzen Sequenz werden *klar umrissene Aufgaben und Phasen* im Rahmen der Projektrealisierung geschildert, die von Herrn Seiler als „Schritte" bezeichnet und seiner Darstellung zufolge in einer spezifischen *Reihenfolge* realisiert worden sind. Sie münden überwiegend in schriftlich verfasste *Produkte.*

Bisher wird an keiner Stelle ein *Nicht-Wissen oder Nicht-Können* der Innovage-Berater thematisiert, vielmehr verweist die Art der Schilderung darauf, dass die Innovage-Berater aus Sicht von Herr Seiler über das für die Realisierung der einzelnen Aufgaben benötigte *Wissen* und die entsprechenden *Kompetenzen* verfügen. Deutlich wird zudem ein *Verständnis der eigenen Rolle* im Projekt, die Herr Seiler selbst als *„Beratung"* bezeichnet. Das steht für ihn offenbar nicht im Widerspruch dazu, dass die Innovage-Berater konkrete Aufgaben übernehmen und realisieren, die offenbar über die reine Beratung hinausgehen.

also das ganz in Kürze oder. und wir trafen uns immer so anfänglich so monatlich, dann
vierteljährlich zu gemeinsamen Sitzungen oder, und berieten äh die Situation und das weitere
Vorgehen und vor allem wurde dann wurde definiert, was macht jetzt Innovage und was macht jetzt
Ahorn. (3)

(Lavendel, IB, I, 61-64)

von Ahorn und Innovage, bei der nach gemeinsamer Besprechung jeweils ,defi-
nierte' Aufgaben realisiert werden. Bisher wurden keine Differenzen oder Konflikte zwischen Innovage-Beratern und Kooperationspartner/inne/n angesprochen. In der Darstellung dokumentiert sich daher bezogen auf die kooperative
Praxis eine gewisse von den unterschiedlichen Akteur/inn/en *geteilte Selbstverständlichkeit* hinsichtlich der Art des Vorgehens; die entsprechenden *Habits*
werden nicht infrage gestellt.

Herr Seiler schließt mit einer *Evaluation*, in der er das Projekt als ein „grö-
ßeres", „sehr anspruchsvolles" und „sehr ehrgeiziges" Projekt bezeichnet. Mit
Verweis auf gegenwärtige Kontextbedingungen (z. B. die Finanzkrise) formuliert er, er wisse nicht, ob es jemals realisiert werden könne (Lavendel, IB, I, 68-
76). Hier *relationiert* er das Vorhaben der Kooperationspartner/innen nicht nur
mit einer *impliziten Vergleichsfolie,* dem *alternativen Horizont,* sondern auch mit
den *Rahmenbedingungen* und nimmt auf dieser Basis eine Einschätzung vor.

Als der Interviewer Herrn Seiler nach Abschluss der Eingangserzählung im
Sinne einer immanenten Nachfrage bittet, noch einmal genauer auf die Startpha-
se einzugehen, führt dieser Folgendes aus:

also, <u>sie</u> kamen auf <u>uns</u> zu. es gab eine erste Sitzung. diese Sitzung war mehr das gegenseitige
Kennenlernen, (2) auf der einen Seite wir Alten, und auf der anderen Seite die Jungen oder. es sind
drei Junge, der Geschäftsleiter von Ahorn war dabei, dann die Administrativleiterin und der
Marketingleiter. also es waren drei Leute. wir waren drei-, fünf Leute anfänglich. (2) das hat sich
dann so entwickelt ja, da gabs erste Gespräche. lustig war noch oder interessant war noch; sie stiegen
mit einem ehrgeizigen-, sie kamen mit einem ehrgeizigen Zeit- sie kamen mit einem ehrgeizigen
Zeitplan oder. sie wollten das Projekt innerhalb eines Jahres realisieren. also <u>ungefähr</u> in diesem
Zeitrahmen. da mussten wir sagen, <u>so</u> geht das nicht oder. also braucht schon mehr Zeit und mehr
mehr Arbeit als sie sich das vorgestellt haben. vor allem die Finanzierung die ja noch offen ist. (2)
und dann (.) gab es eine <u>Wende</u>, dass wir im Verlauf der Verhandlungen und äh Sitzungen dann
Ahorn sagen mussten, aber jetzt müsst ihr aufpassen, dass das Projekt nicht <u>zu</u> lang dauert. dass klare
Fristen gesetzt werden. es gab fast einen Rollentausch in der Zeitfrage oder und im Vorwärtsgehen.

(Lavendel, IB, II, 4-17)

Herr Seiler konstruiert hier eine *Differenz* zwischen den Innovage-Beratern und
den Kooperationspartner/inne/n, die sich auf das *Alter* bzw. die *Generationenzu-
gehörigkeit* der beteiligten Akteurinnen und Akteure bezieht und offenbar vor
allem zu Beginn der Zusammenarbeit wahrgenommen wurde. Indem er die Al-
tersdifferenz in Zusammenhang mit dem „ehrgeizigen Zeitplan" der Jüngeren
stellt und die Beobachtung als „lustig" bezeichnet, verweist Herr Seiler zugleich

auf eine *Erfahrungsdifferenz*, die *alterskonnotiert* ist. Die Innovage-Berater als die Älteren waren in der Lage abzuschätzen, dass der „ehrgeizige(...) Zeitplan" der Jungen nicht würde realisiert werden können, und mussten darum dem geplanten Vorgehen Einhalt gebieten („so geht das nicht"). Ihre *Einschätzung* setzten sie dabei, so wie Herr Seiler es wiedergibt, *absolut*, stellten ihre Sichtweise also nicht als eine von mehreren möglichen dar. Auch wenn Herr Seiler von einem „Rollentausch" in der weiteren Projektentwicklung spricht, so sind es doch die Innovage-Berater, die darüber befinden, welches *Tempo* angemessen ist. Sie übernehmen dabei die jeweils *komplementäre Rolle* zu den Kooperationspartner/inne/n, indem sie antreiben oder bremsen.

Zur Zusammenarbeit zwischen Innovage und Ahorn führt Herr Seiler auf Nachfrage weiter aus:

> also es (.) bis jetzt wars immer so, sie kamen mit einer Traktandenliste[119] und sagten, wir möchten gerne das und das und das und das mit euch besprechen oder. und dann wurde nach dieser Traktandenliste verfahren und beschlossen, wer übernimmt was °eigentlich dann oder°. (.) also (.) **ganz** normaler Sitzungsverlauf.
>
> (Lavendel, IB, II, 27-30)

Den Ablauf der Sitzungen, die die Akteurinnen und Akteure von Innovage und Ahorn gemeinsam mit einer „Traktandenliste" durchführten, betrachtet Herr Seiler als ‚ganz normal'. Das deutet erneut darauf hin, dass die Art und Weise der Projektrealisierung mit seinen *Erfahrungen und Erwartungen* übereinstimmt, seinen *handlungspraktischen Gewohnheiten* entspricht, und von Innovage-Beratern und Kooperationspartner/inne/n *geteilt* wird. Später erwähnt Herr Seiler zwar auch Spannungen, die es immer wieder gegeben habe, bewertet den Verlauf der Gespräche und Sitzungen rückblickend dennoch als gut (vgl. Lavendel, IB, II, 36-38). Er kommt in diesem Zusammenhang erneut auf die Erfahrungsdifferenz zu sprechen:

> am Anfang war es eher so ein Abtasten gegenseitig oder; die Jungen wussten noch nicht so genau, was sie von uns verlangen können oder; und wir wussten auch noch nicht so genau, was **wir** beitragen können oder. da gabs so, äh quasi wir hatten mit der Zeit ein bisschen (.) den Input geben müssen. jetzt müssen wir **das und das** machen, äh **diese** Frage klären, **jene** Frage klären, oder? die Jungen die hat- (.) wie so- (.) ich sag nicht **keine** Ahnung (.) aber **wenig** Ahnung, wie man ein so großes Projekt aufziehen muss oder. was für äh: (.) Erfordernisse (.) äh:: gegeben sind. wie Businessplan machen, Finanzplan machen und so weiter oder, genaue Bedürfnisse abklären und so weiter also das haben alles wir mehr oder weniger eingebracht. (.) und äh::: (.) ich glaube sie sind heute (.) sehr dankbar dafür, (.) wo ich nicht so sicher bin ob, (.) ob sie noch ernsthaft an diesem Projekt da-, interessiert- da bin ich nicht so sicher, weil sie haben sich schon ein gewisse Illusion gemacht. einerseits sie sie haben projektiert, es muss ein Gebäude in entsprechender Lage sein oder. und das darf nichts kosten oder. oder wenig oder. und das ist schon die erste Illusion, die wir-, die

---

119 Schweizerdeutsch für Tagesordnung.

mussten wir wegnehmen und sagen, so ist das nicht möglich. oder wir finden einen, ein äh (.) einen großen Sponsor, der hat viele Gebäude und ist bereit, dies zu einem äh Taschengeld zur Verfügung zu stellen. aber das sind eher seltene Glücksfälle. die gibts, aber eher sehr selten

(Lavendel, IB, II, 38-54)

Die *auf Erfahrung gegründete Expertise* der Innovage-Berater sieht Herr Seiler insbesondere in der *Durchführung 'großer Projekte'*. Er macht dies an konkreten Aufgaben wie der Erstellung eines Businessplans oder eines Finanzplans deutlich, die zur Realisierung solcher Projekte nötig seien. Den Kooperationspartner/inne/n spricht er die entsprechende Erfahrung weitgehend ab und verweist darauf, dass die Innovage-Berater die Kompetenzen in das Projekt eingebracht hätten, über die die Kooperationspartner/innen seiner Meinung nach nicht oder nur in geringem Maße verfügten. Damit unterstellt er zugleich auch eine *Übertragbarkeit* des eigenen im beruflichen Kontext erworbenen Wissens auf das Projekt im zivilgesellschaftlichen Bereich; es wird eine Übereinstimmung, eine *Homologie* beider Bereiche konstruiert. Erneut relationiert Herr Seiler hier die Perspektive der Kooperationspartner/innen mit der der Innovage-Berater. Erstere wird als „Illusion" eingeordnet, während die Innovage-Berater in der Lage sind, eine *realistische Einschätzung* zu geben. Rückblickend geht Herr Seiler schließlich davon aus, dass die Kooperationspartner/innen den Beitrag der Innovage-Berater *positiv bewerten.*

Innovage-Berater im Projekt Rose

Im Unterschied zu Peter Seiler im Projekt Lavendel ist der Innovage-Berater Fritz Lüthi der einzige Freiwillige im Projekt Rose, während die anderen Beteiligten, wie er im Verlauf des Interviews darstellt, „im normalen Erwerbsalter" sind und bezahlt werden (Rose, IB, IV, 32-33). Zu Beginn des Interviews erklärt Herr Lüthi, dass „die Initialzündung" für das Projekt von Innovage in einer anderen Region ausgegangen sei. Er schildert ausführlich den fachlichen Hintergrund des Projekts und stellt geschichtliche, institutionelle sowie disziplinäre Bezüge her (Rose, IB, I, 5-21). Inhalt des Projekts sei es, ein bereits in einer anderen Region etabliertes Kursangebot für eine spezifische Zielgruppe in der Region, in der er selbst tätig sei, zu etablieren. Die am Projekt Rose beteiligten Akteurinnen und Akteure sind in verschiedenen Organisationen oder freiberuflich tätig. Das Projekt unterscheidet sich damit in seiner Anlage von dem Projekt Lavendel der Organisation Ahorn, das auf die Etablierung eines Hauses als Sitz für Mitgliedsvereine ausgerichtet ist.

Herr Lüthi formuliert, dass das Engagement in dem Projekt für ihn ein „sehr guter Weg" gewesen sei, sein „Erfahrungswissen @bei Innovage anzuwenden@" (Rose, IB, I, 23-24). Deutlich expliziter als Herr Seiler setzt Herr Lüthi dabei seine beruflichen Erfahrungen *in Beziehung* zu dem Projekt, um das es geht, und legt im Sinne einer eigentheoretischen Stellungnahme dar, welche Arten des Erfahrungswissens ihn seiner Meinung nach für das Projekt qualifizieren. Dazu gehört einerseits das im Rahmen langjähriger Berufstätigkeit erworbene *Fachwissen* zu der für das Projekt relevanten Thematik, andererseits führt Herr Lüthi *Feldkenntnisse* über das regionale Netzwerk sowie Kenntnisse bezüglich der *beruflichen Positionen* einzelner am Projekt beteiligter Personen an (vgl. Rose, IB, I, 24-31). Im weiteren Verlauf des Interviews formuliert er, dass er die für das Projekt relevante Abteilung einer Organisation aus seiner beruflichen Tätigkeit fast „inside out" kannte (Rose, IB, II, 44). Herr Lüthi erkennt in dem Projekt eine gute Möglichkeit, sein in dieser Weise expliziertes Erfahrungswissen ‚anzuwenden'. Er sieht seine Kenntnisse und Erfahrungen – ähnlich wie Herr Seiler – in Übereinstimmung mit den Anforderungen des Projekts, konstruiert hier also eine *Kongruenz.*

Dann erwähnt er, dass das Projekt zu dem Zeitpunkt, als er hinzukam, auf dem Papier bereits „skizziert" gewesen sei; die damalige Zusammensetzung des Projektteams betrachtet er als eine „hervorragende Grundlage" für den Aufbau des Projekts (Rose, IB, I, 31-39). In dieser Aussage dokumentiert sich, dass Herr Lüthi das Projekt mit einer *impliziten Vergleichsfolie,* einem *alternativen Horizont in Beziehung setzt,* wie es auch Herr Seiler in der Schilderung des Projekts Lavendel tat. Er verfügt über eine *Normalitäts- bzw. Idealvorstellung*, wie ein Team zusammengesetzt sein sollte, um ein Projekt erfolgreich zu realisieren, und anhand dieser *bewertet* er die vorgefundene Situation positiv.

und die ganze Budgetierung und Planung war natürlich **sehr unrealistisch**, nicht, war keine **Erfahrung**, es war außer in New York gab es **keine Erfahrung**. wie man so etwas **einführt** in einer anderen Region. (2) und (3) das hat dann dazu geführt, nicht, dass man sich auch mal um Fundraising kümmern musste. nicht, wo kommt das Geld her? (2) und dann äh, rein praktisch gesehen, **wie** baut man Kurse (2) äh auf. (3) und da (2) muss ich sagen, **hilft**, hat mir auch sehr geholfen, meine Erfahrung in, in einem Großunternehmen wie die Organisation Brandt früher, nicht. man hatte diverse **Disziplinen**, die man in eine Richtung (.) koordinieren musste, nicht. also, wie bringen wir das dazu, nicht. (2) äh der Planer wollte sofort (2) überall Kurse, bewerben, nicht. und i- und ich hatte nur eine **Kursleiterin**.

(Rose, IB, I, 40-51)

Herr Lüthi nimmt hier eine *eigene Einschätzung* vor. Dabei *konstruiert* er nicht nur eine *Differenz* im Hinblick auf das Vorgehen bzw. die Perspektiven der verschiedenen Akteurinnen und Akteure, sondern er bezeichnet die Planung der anderen als ‚sehr unrealistisch'. Die unrealistische Planung scheint er dabei erwartet zu haben („natürlich") und bewertet sie *negativ* – auch hierin kann eine Parallele zu Herrn Seiler gesehen werden. Der fehlenden Erfahrung der anderen bei der Realisierung des Projekts stellt Herr Lüthi die eigenen Erfahrungen in einem „Großunternehmen" gegenüber, die er als hilfreich für den Aufbau der Kurse und vermutlich auch für das kurz erwähnte Fundraising betrachtet. Darin dokumentiert sich nicht nur, dass er eine *Bewertung* der Praxis im Projekt vor dem Hintergrund seiner *Erfahrungen im Großunternehmen* vornimmt, sondern auch, dass er das *Wissen*, das er in beruflichen Zusammenhängen erworben hat, für *übertragbar* auf den neuen Kontext des freiwilligen Engagements hält.

Implizit konstruiert Herr Lüthi eine *Übereinstimmung* zwischen seiner früheren Aufgabe, ,diverse Disziplinen in eine Richtung zu koordinieren', und der Aufgabe im Innovage-Projekt, das Vorgehen der unterschiedlichen Beteiligten in einen sinnvollen Zusammenhang bzw. eine sinnvolle Abfolge zu bringen. Wie bereits zuvor wird auch in der kritischen Bewertung der Intention des Planers ersichtlich, dass Herr Lüthi über eine *Normalitätsvorstellung* verfügt, wie ein Projekt erfolgreich zu realisieren ist – hier betrifft diese die *Abfolge der Aufgaben* und die Absicherung *personeller und materieller Ressourcen* des Vorhabens. Die Normalitätsvorstellungen, die aus dem beruflichen Kontext stammen, bilden für Herrn Lüthi also unhinterfragt auch im freiwilligen Engagement die Folie, an der er das eigene Vorgehen im Projekt *orientiert* und anhand derer er das Vorgehen der Kooperationspartner/innen *bewertet*.

Herrn Lüthis Vorstellungen über die richtige *Reihenfolge* bestimmter Aufgaben werden auch im weiteren Verlauf des Interviews deutlich. So musste seiner Ansicht nach beispielsweise „zuerst" ein Ausbildungskurs etabliert werden, Kursleiterinnen mussten gefunden und qualifiziert werden, bevor andere Aufgaben umgesetzt werden konnten. Der Innovage-Berater schildert dabei die einzelnen Probleme, die sich im Prozess stellten, und erläutert, wie es dem Projektteam („uns") gelang, diese zu lösen (Rose, IB, I, 51-64). In der Art und Weise, wie Herr Lüthi in der Eingangssequenz den Prozess des Projektaufbaus schildert, dokumentiert sich, dass das gewählte Vorgehen in Verbindung mit der spezifischen Reihenfolge systematisch aufeinander aufbauender Schritte für ihn eine gewisse *Selbstverständlichkeit* hat, also vermutlich seinen *handlungspraktischen Gewohnheiten* entspricht. Erkennbar wird dies insbesondere daran, dass auch im Rückblick keine Zweifel am eigenen Vorgehen oder alternative Handlungsoptionen thematisiert werden. Herr Lüthi bringt sich also nicht zu seinem Handeln in Distanz. *Irritationen oder Konflikte* im Zusammenhang mit der Art der Projektrealisierung zwischen Herrn Lüthi und den Kooperationspartner/inne/n kommen nicht zur Sprache. Daraus kann gefolgert werden, dass die *Habits* als auf homologe Situationen bezogene (habitualisierte) Kooperationen von Akteur und Umwelt hier nicht infrage gestellt werden. Später kommt Herr Lüthi auf seine Rolle im Projekt zu sprechen:

aber du **siehst, hier** ist meine Rolle, nicht, **nirgends** ausschlaggebend, es war **immer** (den)
koordinieren mit dem Nächsten, damit etwas (.) in Richtung (.) **wie** etablieren wir die Kurse.

(Rose, IB, I, 134-137)

Es wird deutlich, dass Herr Lüthi über ein *Verständnis seiner eigenen Rolle* im
Projekt verfügt, die er in der *Koordination* sieht. Er erwähnt in diesem Zusammenhang erneut sein „Erfahrungswissen", das er hier genauer als *Insiderkenntnisse* bezeichnet, die aus seiner früheren beruflichen Tätigkeit resultieren. Erneut
relationiert er dabei seine *Kenntnisse* mit den *Anforderungen im Projekt* (Rose,
IB, I, 137-145). Darin lässt sich wiederum eine Parallele zum Interview mit
Herrn Seiler erkennen.

Nach Abschluss der Eingangserzählung geht Herr Lüthi auf Nachfrage des
Interviewers noch einmal genauer darauf ein, wie er die Anfrage erhielt und an
der ersten Projektsitzung teilnahm:

und da war dann schon- da war dann schon eine (.) ein O- ein Organigramm, das sagte, du hier
((lacht)). ah okay. @du warst @da wurde ich gerade Projektleiter. @**ohne** zu wissen um was es bei
dem Thema des Projekts geht@. okay, okay okay, aber wie- (.) aber eben, da wenn du so versch-,
grundverschiedene Disziplinen beisammen hast, ist es relativ einfach, für einen Generalist. Ja, ich
war mein Leben lang ein Generalist,

(Rose, IB, II, 16-25)

Es scheint Herrn Lüthi nichts ausgemacht zu haben, dass die Kooperations-
partner/innen ihm anhand des Organigramms die Position einer Projektleitung
zugewiesen haben; seine Schilderung deutet zumindest nicht auf Irritationen,
Diskrepanzen oder Aushandlungsprozesse in dieser Angelegenheit hin. Anders
als Herr Seiler thematisiert Herr Lüthi hier auch sein *Nichtwissen* in Bezug auf
das Projekt, stellt diesem jedoch sogleich eine *Selbstzuschreibung* gegenüber,
indem er sich als „Generalisten" bezeichnet. Zwar verfügte er nicht über Kenntnisse des spezifischen Themas, jedoch über langjährige Erfahrungen, Spezialis-
ten zielgerichtet zu koordinieren, sodass ihm die Aufgabe „relativ einfach" erschien (vgl. Rose, IB, II, 23-32). Damit stellt er erneut eine *Übereinstimmung*
fest zwischen den Kompetenzen, die er benötigt, um die entsprechenden Aufgaben im Projekt Rose zu übernehmen, und denen, die er in der früheren beruflichen Tätigkeit erworben hat. Die *Rolle*, die er im Projekt einnimmt bzw. sich
aktiv sucht oder schafft, ist ihm vor diesem Hintergrund vertraut. Später bilanziert Herr Lüthi auf Nachfrage des Interviewers seine Rolle im Projekt wie folgt:

also ich würde sagen, (3) meine Rolle (3) meine Rolle war vor allem, zur warnen. nicht
voranzupreschen, ohne das nötige Backup zu haben.

(Rose, IB, IV,, 9-11)

In diesem Sinne habe er ‚gebremst', während die anderen Beteiligten „immer zu enthusiastisch" gewesen seien und „keinen Plan" gehabt hätten. Dies erklärt Herr Lüthi sich damit, dass die anderen Beteiligten als „free agents" tätig und somit keine längerfristige Planung gewohnt seien. Er selbst macht dagegen in seiner Schilderung deutlich, dass er nichts von einer Expansion habe wissen wollen, solange nicht die Voraussetzungen dafür gegeben gewesen seien (Rose, IB, IV, 13-17). Darin dokumentiert sich eine *analytische Gesamtsicht* auf das Projekt, die verbunden ist mit der *Normalitätsvorstellung* einer bestimmten Abfolge verschiedener Arbeitsschritte. Hinzu kommt ein *Gespür für das angemessene Tempo*. Hier verweist Herr Lüthi implizit auf eine *Differenz* zwischen der Geschwindigkeit der Kooperationspartner/innen und dem von ihm selbst präferierten Tempo. Zugleich *bewertet* er die von den Kooperationspartner/inne/n favorisierte Vorgehensweise erneut negativ. Herr Lüthi fasst schließlich zusammen:

und, äh (.) sagen wir, in der Konsolidierung (2), weißt du, in der Konsolidierung war wahrscheinlich meine wichtigste Rolle. (.) von guten Ideen, guten Methoden, begeisterungsfähigen Leuten ein Unternehmen in Anführungszeichen zu machen, das auf eigenen **Beinen** stehen kann, nicht? (10) kann es jetzt auf eigenen Beinen stehen? ja (.) knapp. ich habe immer eine Rechnung gemacht. die war immer null. ob ich die Minimalvariante oder die realistische Variante nahm, es war immer noch null. ((lacht)) okay

(Rose, IB, IV, 20-27)

Die Tragfähigkeit des Projekts, die anhand der ökonomischen Situation bewertet wird, bildete, wie Herr Lüthi rückblickend erläutert, die *Zielsetzung* seiner freiwilligen Tätigkeit im Projekt. Indem Herr Lüthi von einem „Unternehmen in Anführungszeichen" spricht, wird hier deutlich, dass er sich einerseits der Differenz des Projekts zu einem Unternehmen bewusst ist, sich andererseits durchaus in seinem Vorgehen daran orientiert. *Unternehmen*, wie er sie aus seiner beruflichen Tätigkeit kennt, bilden, wie schon vorher deutlich wurde, die *Folie*, vor deren Hintergrund der Innovage-Berater Projektleitung und Koordination im Projekt Rose realisiert, an der er das eigene Vorgehen *orientiert* und das Vorgehen der Kooperationspartner/innen *bewertet*.

Innovage-Berater im Projekt Tulpe

Bei dem Projekt Tulpe handelt es sich um die Unterstützung einer Initiative, die von der späteren Kooperationspartnerin Magritte Wyss gegründet wurde. Neben dem Innovage-Berater Toni Moser, mit dem das Interview geführt wurde, ist eine weitere Innovage-Beraterin in das Projekt Tulpe involviert. Zu Beginn des Interviews stellt Herr Moser die Initiative als einen „kleinen Verein" mit etwa 20 Mitgliedern vor, die „irgendwann einmal zwanzig Franken bezahlt" hätten (Tul-

pe, IB, I, 11-14). In dieser Aussage dokumentiert sich, dass sich die Mitgliedschaft aus Sicht von Herrn Moser auf die Zahlung eines Beitrags in der Vergangenheit reduziert und nicht auf entsprechenden Aktivitäten in der Gegenwart
beruht.

> wir haben eher das Gefühl, das seien ein paar Kollegen, welche einmal etwas zusammen gemacht
> haben (.) jetzt, ob dieses Projekt überhaupt tauglich ist oder nicht, ist eine andere Frage (.) denn wir
> haben ein Interview gemacht und das Problem dieses Vereins ist, dass sie zu wenig Leute haben (.)
> sie können sich nicht weiter entwickeln und (.) das Ziel dieser Frau, also dieser Frau ist, dass sie
> davon leben kann. okay und das ist theoretisch nicht unbedingt unser Ziel, dass wir so etwas
> unterstützen, nicht wahr? (.) aber das ist das Problem das sie hat.
>
> (Tulpe, IB, I, 12-22)

Herr Moser schildert zu Beginn die *Probleme* des Vereins bzw. der Kooperationspartnerin, zu denen er eine *distanzierte Position* einnimmt. Er stellt dabei die
‚Tauglichkeit' des Projektes grundsätzlich in Frage. Ferner weist er auf eine
Diskrepanz zwischen der (individuellen) Zielsetzung der Kooperationspartnerin
und der Programmatik von Innovage hin, setzt also beides miteinander *in Beziehung*. Herr Moser fährt fort, indem er ein weiteres Problem benennt, das mit der
finanziellen Situation des Vereins zu tun hat. Er schildert anschließend, was die
Tätigkeit des Vereins ausmacht (vgl. Tulpe, IB, I, 22-27). Bereits in dieser Eingangssequenz wird deutlich, dass sich das Projekt Tulpe von den beiden zuvor
dargestellten Projekten Lavendel und Rose dadurch unterscheidet, dass es sich
hier um eine *kleine Initiative* handelt und der Unterstützungsbedarf sich nicht nur
auf ein abgegrenztes Projekt, sondern auf die *Initiative als Ganzes* richtet.

Herr Moser geht nun darauf ein, wie die Kooperationspartnerin und die
Ausgangssituation wahrgenommen wurden:

> zuerst dachten wir, also Moment, diese Frau trägt eine rosarote Brille. sie sieht alles, wie es die
> Amerikaner sagen. viele Leute sind sehr interessiert und würden gerne mitmachen und so weiter. das
> haben wir einmal angeschaut mit der Magritte. (.) später sind wir (.) sind wir- hat sie nichts weiter
> gemacht. wir dachten zuerst, sollen wir oder sollen wir nicht?
>
> (Tulpe, IB, I, 27-31)

Herr Moser *distanziert* sich einerseits von der *Perspektive der Kooperationspartnerin*, der er eine zu positive und gewissermaßen naive Einschätzung der
Situation unterstellt; ihre Annahme, dass es Leute gibt, die sich für das Projekt
interessieren und gerne daran mitwirken würden, teilt der Innovage-Berater
nicht. Andererseits weist er auf eine *gemeinsame* Betrachtung der Situation mit
der Kooperationspartnerin hin. Nach anfänglichem Zögern entschließen sich die
Innovage-Berater/innen, sich in dem Projekt zu engagieren:

was wir gemacht haben ist, dass wir zusammen gesessen sind und gesagt haben, wir versuchen es. zuerst erstellten wir einen Projektbeschrieb mit allem. mit dem Ziel, mit was man tut, mit was man erreichen will wie man dies erreichen soll und so weiter. mindestens zwei Ziele erreichen. erstens, dass mehr Leute im Verein sind und zweitens, dass sie den Vorstand erneuern, denn ein paar Leute im Vorstand wollen aufhören und man muss einen Ersatz finden. und dann muss man an Geld kommen, damit das Projekt endlich bezahlt werden kann.

(Tulpe, IB, I, 37-44)

Die Schilderung lässt hier keine eindeutige Interpretation zu, ob das „wir" nur die Innovage-Berater/innen oder auch die Kooperationspartnerin umfasst. Dagegen dokumentiert sich in dieser Sequenz, dass Herr Moser – wie auch Herr Seiler und Herr Lüthi in den Projekten Lavendel und Rose – über eine *Normalitätsvorstellung* verfügt, wie ein Projekt zu realisieren ist und was bspw. ein „Projektbeschrieb" umfassen muss. Dazu gehört auch die Definition von Zielen, auf die Herr Moser im weiteren Verlauf zum Teil genauer eingeht. Am Ende der Sequenz stellt Herr Moser dar, dass auch mit Blick auf die finanzielle Situation des Vereins ein Dokument erstellt wurde „mit Ziel und mit Plan. mit allem, was sich für ein Projekt gehört" (Tulpe, IB, I, 46-47). Wie bei Herrn Seiler fällt hier auf, dass es sich jeweils um *Produkte* in Form von Dokumenten handelt, die bei der Realisierung von Aufgaben durch die Innovage-Berater/innen entstehen. Ebenso wenig wie in den Interviews mit den Innovage-Beratern Herrn Seiler und Herrn Lüthi werden hier *Zweifel* am eigenen Vorgehen oder an der *Übertragbarkeit* entsprechender Praktiken auf den Kontext der zivilgesellschaftlichen Initiative thematisiert. Vielmehr werden die Situationen, in denen gehandelt wird, offenbar im Hinblick auf frühere Situationen als *homolog* wahrgenommen. Indem die Ausgangssituation analysiert, Ziele bestimmt und bestimmte Aspekte dokumentiert werden, wird das Handlungsrepertoire in der hier dargestellten Sequenz von Situationen wie selbstverständlich in entsprechende Praktiken umgesetzt. Herr Moser führt weiter aus:

und dann hat sie Leute gesucht. also es sind sind (.) eine Person die sie unterstützt. (11) ja, sie hat eine Person, welche sie unterstützt. aber sie arbeitet hundert Prozent.

(Tulpe, IB, I, 47-49)

Hatte Herr Moser zuvor die Aktivitäten der Innovage-Berater/innen beschrieben, geht er hier in Ansätzen auf die Aktivitäten der Kooperationspartnerin ein; die Aufgaben werden also seiner Darstellung zufolge *arbeitsteilig* ausgeführt. Die Bemerkung, dass die Kooperationspartnerin zu „hundert Prozent" arbeite, leitet eine ausführliche Analyse eines wesentlichen *Problems* des Vereins ein, das Herr Moser der Kooperationspartnerin attribuiert; damit *distanziert* er sich erneut von dem beschriebenen Problem. Dieses besteht darin, dass sich die Kooperationspartnerin eine bezahlte Stelle im Verein schaffen möchte und andere Akteurinnen und Akteure vor diesem Hintergrund nicht „gratis arbeiten wollen" (Tulpe, IB, I, 70).

ähm also (2), wir machen das nicht für sie, aber wir haben einfach einen Plan zusammengestellt, was sie machen sollte und erreichen sollte. dass sie neue Leute findet und motiviert; das ging noch soweit. (2) und wir haben eine neue gemacht. wir haben verschiedene Sachen gemacht und uns eigentlich Mühe gegeben. sie hat auch viel selbst gearbeitet. aber sie kommt nicht auf einen grünen Zweig, also sie findet keine neuen Leute.

(Tulpe, IB, I, 74-79)

Erkennbar wird hier, dass Herr Moser – wie Herr Seiler und Herr Lüthi – über ein *Verständnis der Rolle* der Innovage-Berater/innen im Projekt verfügt; in diesem Fall besteht sie darin, den „Plan" zu erstellen, nicht jedoch, die Aufgaben auszuführen. Der Misserfolg trotz Engagement aller Beteiligten wird hier einseitig der Kooperationspartnerin zugeschrieben, die aus Sicht von Herrn Moser „nicht auf einen grünen Zweig" kommt. Die Zusammenarbeit mit ihr bezeichnet der Innovage-Berater dennoch als „gut". Dabei erwähnt er erneut die Probleme, die er bezüglich der Person der Kooperationspartnerin sieht, und ergänzt, sie sehe alles durch die „rosarote Brille" (Tulpe, IB, II, 3-4). Er erläutert, die Innovage-Berater/innen hätten versucht, aus ihrem Anliegen „ein Projekt zu machen"; das beinhalte auch Fragen des Budgets, bedeute jedoch nicht, dass sie das Projekt für die Kooperationspartnerin „laufen lassen" würden (Tulpe, IB, II, 5-10). Die Aufgabe der Innovage-Berater/innen bezeichnet er als „Consulting" (Tulpe, IB, II, 11); darin zeigt sich erneut seine *Rollenvorstellung.* Im weiteren Verlauf des Interviews führt Herr Moser aus, dass die Innovage-Berater/innen im Rahmen des Coachings die Ziele mit der Kooperationspartnerin definierten. Man habe ihr gesagt, dass man „stabil" da sei, dass sie jedoch die Arbeit machen, also bspw. Vereinsmitglieder suchen und die Finanzen klären müsse (vgl. Tulpe, IB, V, 30-42). Erkennbar wird in dieser Darstellung erneut eine *klare Arbeitsteilung* zwischen den Innovage-Berater/inne/n und der Kooperationspartnerin. Herr Moser resümiert:

also was gut gelaufen ist. wir konnten gut miteinander sprechen, wir haben ein Projektablauf zusammen aufgebaut. also wir haben einen Projektbeschrieb gemacht und verstanden was sie wollte. wir haben Ziele definiert und nachdefiniert was noch gemacht werden sollte. wir haben Ziele und Teilziele, (.) ich weiß nicht, wie man auf Deutsch sagt, objectives. da haben wir einfach gesagt was sie erreichen muss. wie man besser so ein Projekt macht, (.) wie man die, die, die Standardprojekte und eh (2) da hat sie sehr gut mitgemacht. wir haben ein Budget gemacht. und die andere Frau, die dabei war, hat auch sehr gut mitgemacht. also sie waren da und haben sich Mühe gegeben. sie hat also eine Kollegin, die auch mitmachen möchte, falls es gut läuft. mhm. ja.

(Tulpe, IB, VI, 9-18)

Die gemeinsame Kommunikation wird von Herrn Moser positiv bewertet. In der Sequenz dokumentiert sich darüber hinaus, dass Herr Moser davon ausgeht, über das richtige *Wissen* zu verfügen, „wie man besser so ein Projekt macht" bzw. ein „Standardprojekt" realisiert. Wie bei den Innovage-Beratern Herrn Seiler und Herrn Lüthi zeigt sich hier erneut, dass er sich in seiner Praxis im Projekt an einer *Normalitätsvorstellung* erfolgreicher Projektumsetzung orientiert, die einen *alternativen Horizont* bildet. Die eigene Ansicht wird dabei *absolut* gesetzt und nicht vor dem Hintergrund der Wahrnehmung der offensichtlich *anderen Praxis und Perspektive der Kooperationspartnerin* hinterfragt. Die Differenzerfahrung geht nicht mit einer Irritation der *Habits* einher, in den entsprechenden Situationen können die (vorreflexiven) *Handlungsrepertoires* also dennoch enaktiert werden.

6.1.2 Dependentes Anschließen als Modus der Wahrnehmungs- und Handlungspraxis im kooperativen Engagement

Im Unterschied zum zuvor dargestellten Typus, für den eine *normative Relationierung* als Modus der Wahrnehmungs- und Handlungspraxis im kooperativen Engagement charakteristisch ist, kennzeichnet ein Modus des *dependenten Anschließens* den folgenden Typus. Er wurde anhand des Interviews mit dem Innovage-Berater Urs Schmitt im Projekt Malve rekonstruiert.

Innovage-Berater im Projekt Malve

Wie beim Projekt Tulpe handelt es sich auch beim Projekt Malve um die Unterstützung einer *kleinen Initiative* durch Innovage. Das Interview wurde mit dem Innovage-Berater Urs Schmitt geführt. Ausgangspunkt seiner Beteiligung an dem Projekt, in das bereits zwei andere Innovage-Berater involviert sind, ist das persönliche Interesse. Im Interview erwähnt er keine eigenen (beruflichen) Kenntnisse und Erfahrungen, die er *in Relation* zu den Anforderungen im Projekt hätte setzen können:

und dann habe ich aber da auch gesagt, oh das interessiert mich, da mache ich mit und danach haben wir mal erste Besprechungen gehabt, so ich sag jetzt mal im Frühherbst, schätzungsweise im (1) September oder so, da bin ich glaub ich noch in den Ferien gewesen, aber irgendwo da so im- Größenordnung September sind wir das erste Mal mit der Frau Rohrer zusammengekommen und dann hat sie es mal genau erklärt, oder ja (.) ziemlich ausführlich erklärt um was geht es eigentlich bei dem Projekt

(Malve, IB, I, 11-16)

Herr Schmitt stellt die Erläuterungen der Kooperationspartnerin in den Vordergrund. Auch in der weiteren Darstellung, in der er auf Ziele und Vorgehen der Organisation eingeht, weisen Formulierungen wie „und dann hat sie angefangen", „und dann hat sie gemerkt", „das heißt sie hat festgestellt" darauf hin, dass er konsequent bei der *Perspektive der Kooperationspartnerin* bleibt, ohne das Vorhaben – wie die Innovage-Berater in den bereits dargestellten Projekten es taten – bspw. zu eigenen Normalitätsvorstellungen *in Beziehung zu setzen* (Malve, IB, I, 16-46). Es fällt zudem auf, dass sich die Darstellung des „Projekts", wie auch bei Herrn Moser im Projekt Tulpe, auf die *gesamte Initiative* bezieht und nicht auf ein bereits im Hinblick auf das Engagement der Innovage-Berater eingegrenztes Vorhaben.

und wir sind dann dazugekommen, als die Website bereits bestanden hat (.) und wo auch die ersten von diesen Modulen bereits in Entwicklung gewesen sind oder sogar schon das erste entwickelt (2) und dann haben wir gefragt ja was ist, soll jetzt unsere Aufgabe sein, sie hat uns angefragt gehabt ob wir sie unterstützen können in der Organisation (3)

(Malve, IB, I, 45-49)

Die Sequenz macht deutlich, dass es *keinen konkreten Auftrag* gab, der für die Innovage-Berater unmittelbar ersichtlich gewesen wäre. In der Frage an die Kooperationspartnerin, die Herr Schmitt hier wiedergibt, zeigt sich die Erwartung, diese möge eine Aufgabe für die Innovage-Berater formulieren. Hier zeigt sich in ersten Ansätzen die Wahrnehmung einer *Abhängigkeit* der eigenen Praxis im Projekt von der Kooperationspartnerin, denn es erscheint bspw. nicht im Horizont von Herrn Schmitt, *gemeinsam* mit der Kooperationspartnerin eine Aufgaben- oder Problemstellung herauszuarbeiten.

und (2) dann haben wir halt angefangen das einmal ein bisschen wie soll ich sagen, dadrüber reden (1) muss es so sagen, weil wir haben Besprechung gehabt und dann sind wir mal zu einem gewissen Ergebnis gekommen und haben festgestellt ja wir machen jetzt das, machen ‚säll'[120] und dann haben wir wieder einen Termin abgemacht und danach äh sagen wir mal drei Wochen später, vier Wochen später und dann hat sich wieder so viel Neues entwickelt bei ihr, weil sie ist dauernd dran gewesen, dass wir eigentlich fast ein bisschen hinterhergehangen sind oder mit unseren Erkenntnis, das ist auf der einen Seite eigentlich immer eins von den Kennzeichen gewesen von diesem Projekt, dass sie natürlich, weil sie wirklich voll dran gewesen ist, den ganzen Tag mehr oder weniger und zwar freiwillig, praktisch unbezahlt (1) äh hat sie natürlich- hat sie das Zeug viel schneller entwickelt als wir nach gekommen wären mit dem mit dem Entwickeln von unseren Gedanken, weil wir haben das natürlich sehr viel mehr sporadisch gemacht

(Malve, IB, I, 49-61)

Auch in den weiteren Ausführungen von Herrn Schmitt bleibt unklar, worin die Aufgabe konkret bestand, selbst wenn man, wie er sagt, zu einem Ergebnis ge-

---

120   Schweizerdeutsch, bedeutet so viel wie „wir machen dies, machen das".

kommen sei und die Innovage-Berater einen Beschluss gefasst hätten, was sie tun würden. Nun wird insofern eine *Abhängigkeit* von der Kooperationspartnerin und deren Aktivitäten wahrgenommen, als sich einige Wochen später „so viel Neues" bei ihr entwickelt hat, dass die Innovage-Berater mit ihren „Gedanken" und Aktivitäten nicht hinterherzukommen meinen. Implizit zeigt sich, dass die Berater bemüht sind, sich dem *Tempo* und den *sich ändernden Verhältnissen anzupassen*. Im Unterschied zu Herrn Seiler und Herrn Lüthi in den Projekten Lavendel und Rose setzen sie das Tempo der Kooperationspartnerin also *nicht in Beziehung* zu einer eigenen Vorstellung über eine angemessene Geschwindigkeit, beziehen keine eigene Position und setzen keinen Kontrapunkt in der Praxis der Kooperation. Die *Tätigkeiten* der Innovage-Berater und der Kooperationspartnerin realisieren sich *getrennt voneinander*, es kommt nicht zu einer unmittelbar geteilten Praxis wie beim noch folgenden Typus der konfluenten Partizipation.

jedenfalls haben wie dann Ende zweitausendundzehn haben wir dann mal so ein Konzept, ein Organisationskonzept gemacht, das sie äh (.) wo es drum gegangen ist, dass sie eigentlich ein Büro haben müsste, das ist eines von ihren Hauptproblemen gewesen, sie hat kein Büro gehabt

(Malve, IB, I, 61-64)

Im Vergleich mit den Interviews, die mit Innovage-Beratern in den Projekten Lavendel und Tulpe geführt wurden, fällt auf, dass auch hier mit dem Organisationskonzept ein *Dokument* erstellt wird, die Tätigkeit der Innovage-Berater in ein *produktförmiges (Teil-)Ergebnis* mündet. Möglicherweise ist dies auch hier als ein Hinweis auf das *Handlungsrepertoire* der freiwillig Engagierten zu interpretieren. Allerdings ist anhand der Schilderungen weniger als in den anderen Fällen erkennbar, inwiefern die Erstellung des Dokuments auf einer Analyse aufbaut und als einer von mehreren aufeinanderfolgenden Schritten verstanden wird. Zudem ist nicht ersichtlich, ob es sich um ein gemeinsam mit der Kooperationspartnerin identifiziertes Problem handelte, auf das das Organisationskonzept eine Antwort geben sollte.

Erneut geht Herr Schmitt dann auf die Praxis der Kooperationspartnerin ein, über die die Innovage-Berater von ihr informiert wurden:

und dann haben wir- hat sie dann gesagt, ja sie habe jetzt etwas aufgegleist mit dem Verein Kastanie.

(Malve, IB, I, 70-71)

Die sich anbahnende Kooperation der beiden Vereine und die damit verbundene Perspektive werden von den Innovage-Beratern zwar positiv bewertet, jedoch zeigt sich in der folgenden Darstellung erneut eine *Abhängigkeit* von der weiteren Entwicklung dieser neuen Option:

und dann hat sich aber relativ bald gezeigt, dass das doch nicht so konkret ist die ganze Geschichte und danach ist- ist das ein bisschen im Sand verlaufen und wir haben da eigentlich unseren Teil auf das ausgerichtet gehabt, wir haben auch mal eine erste Phase gemacht, wo wir dann eben das Organigramm gemacht haben, das ist eigentlich ein bisschen auf das Ganze ausgerichtet gewesen (.) und dann haben wir gemerkt ja das funktioniert nicht

(Malve, IB, I, 87-92)

Auch hier dokumentiert sich eine Orientierung der eigenen Praxis an den übrigen Entwicklungen in der Initiative, sodass die Sinnhaftigkeit der eigenen Aktivitäten – in diesem Fall wird mit dem Organigramm erneut ein Dokument erstellt – daran hängt, dass die Vorhaben der anderen Akteurinnen und Akteure realisiert werden. Die *Handlungsrepertoires* können nicht problemlos in entsprechende Praktiken umgesetzt bzw. enaktiert werden, sondern *stoßen an Grenzen.*

wir haben gesagt ja gut jetzt müssen wir uns einen neuen Auftrag suchen, haben sie noch irgendeine Idee was man machen könnte (1) und dann ist es nicht so ganz eindeutig gewesen, hingegen haben wir selber eigentlich schon vorher ein paar Mal darauf aufmerksam gemacht, dass die Website nicht optimal ist. (…) und (.) ja dann haben wir (.) gesagt also gut könnten wir doch das übernehmen, dann machen wir doch das so, dass wir jetzt gemeinsam ä:h schauen wie wir die Website vorwärtsbringen können

(Malve, IB, I, 98-101, 105-107)

Erneut wird die *Erwartung an die Kooperationspartnerin* gerichtet, eine „Idee" zu formulieren, was die Innovage-Berater tun könnten. Diese Erwartung wird enttäuscht. Die Innovage-Berater suchen sich daraufhin selbst eine Aufgabe: Sie nehmen sich vor, die Website ‚vorwärtszubringen'. Im Rahmen einer „Brainstormingsitzung" mit verschiedenen Fachleuten und professioneller Moderation sollen Ideen entwickelt werden, um ein Konzept für die Website zu erstellen und dieses dann auch für die Finanzakquise zu nutzen (Malve, IB II, 58-69). Obwohl die Kooperationspartnerin dem Vorhaben zustimmt („und dann hat die Frau Hoffmann gesagt ja, das ist gut", Malve, IB, II, 68), erleben sich die Innovage-Berater in der Umsetzung erneut als *abhängig* von ihr:

ja und dann haben wir diesen Termin- haben wir einen Termin mit der Frau Hoffmann abmachen wollen (.) äh wo es drum gegangen ist dieses Briefing zu machen, vor allem von der Moto-Moderatorin, so dass wir nachher dann können- für die Sitzung, die wir den Bereich abgemacht haben wie gesagt, ä::h dann die Leute zusammentrommeln können und denen etwas in die Hand drücken und sagen das ist die Idee vom Ganzen, von dieser Sitzung und das möchti wir erreichen in diesem einen Tag, diesem Nachmittag. (.) und dann hat sie gesagt, ja ich mach ein Doodle (1) und dann ist es zehn Tage gegangen bis dieser Doodle endlich gekommen ist, dabei hätte man den am nächsten Tag machen müssen, damit wir überhaupt zeitlich noch durchkommen (…) und dann ist so spät gekommen mit dem äh mit dem Doodle, dass wir gesagt haben, das reicht nicht mehr, wir können nicht mehr die Leute jetzt auf den September hinholen, weil wir haben danach in die Ferien gewollt (1) äh mehrere von uns sind eigentlich dann noch in den Ferien gewesen und haben gesagt nein das, das läuft einfach nicht mehr und dann haben wir gesagt ok, dann verschieben wir das Ganze und gehen in der zweiten Oktoberhälfte nochmal dran (…) und dann haben wir gesagt ja wer macht jetzt ein Doodle, soll ich den machen oder wollen sie den machen, hat sie gesagt ja ich mach den und dann ist es halt wieder vierzehn Tage gegangen bis der Doodle gekommen ist und dann haben wir also gefunden, nein so geht es nicht.

(Malve, IB, III, 10-19, 25-30; IV 41-44)

Sehr ausführlich schildert Herr Schmitt die Probleme, die bei der Terminfindung entstehen. Das gesamte Vorhaben der Innovage-Berater *hängt davon ab*, dass die Kooperationspartnerin sich rechtzeitig um die Terminabstimmung bemüht, was wiederholt scheitert. Es kann interpretiert werden, dass es den Innovage-Beratern im Projekt Malve, folgt man der Darstellung von Herrn Schmitt, nicht gelingt, mit ihren (*habituellen) Praktiken* der Projektrealisierung an die der Kooperationspartnerin *anzuschließen*. Sie können sich aber auch nicht soweit von diesen *unabhängig* machen, dass die eigenen Vorhaben ungestört umgesetzt werden können. Der Handlungsablauf gerät ins Stocken. Die *Habits* ‚funktionieren‘ nicht, sie erweisen sich als ungeeignet, um die Situationen in der Interaktion der verschiedenen Akteurinnen und Akteure handelnd zu bewältigen.

Am Ende findet zwar noch ein per Doodle ausgemachter Termin statt, dieser wird aber von den Innovage-Beratern nur genutzt, um einen Projektabbruch vorzuschlagen. Sie hätten dabei, wie Herr Schmitt schließlich formuliert, den Eindruck gehabt, die Kooperationspartnerin sei „ganz froh gewesen, dass sie das=das=das irgendwie nicht mehr ä:h- dass das jetzt fertig ist" (Malve, IB, III, 48-49).

6.1.3 Konfluente Partizipation als Modus der Wahrnehmungs- und Handlungspraxis im kooperativen Engagement

Der folgende Typus unterscheidet sich von den beiden zuvor dargestellten Typen. Weder wird die wahrgenommene Praxis im Projekt bspw. mit eigenen Normalitätsvorstellungen erfolgreicher Projektrealisierung oder dem eigenen Rollenverständnis in Beziehung gesetzt, wie es für den Typus der *normativen Relationierung* der Fall ist, noch sind Wahrnehmungs- und Handlungspraxis im Engagement von *Dependenz* geprägt. Zwar wird auch hier die *Perspektive der Kooperationspartnerin* übernommen, dies geht allerdings damit einher, dass der Innovage-Berater *gemeinsam* mit der Kooperationspartnerin tätig wird; er „taucht" gleichsam in die *unmittelbar ausführende Praxis* im Projekt ein; der Modus der Wahrnehmungs- und Handlungspraxis lässt sich darum als *konfluente Partizipation* charakterisieren.

Innovage-Berater im Projekt Löwenzahn

Bei dem Projekt Löwenzahn, in dem der Innovage-Berater Jakob Brunner tätig ist, handelt es sich um ein abgegrenztes Projekt der Organisation Birke mit dem Ziel, ihre Adressat/inn/en zu unterstützen.

Herr Brunner schildert zu Beginn des Interviews, wie die spätere Kooperationspartnerin das Projekt im Rahmen einer „Projektwerkstatt" vorstellte. Zuvor war er kurz auf die Projektwerkstatt als *institutionalisierte Praxis* seines Netzwerks eingegangen. Mit dieser gehe einher, dass die Organisationen, die Innovage anfragen, ihr Anliegen bereits in Form eines *zeitlich begrenzten Projekts* darstellen müssen. Dies trägt offenbar zugleich den Regeln bzw. der Programmatik von Innovage Rechnung, da es nicht darum gehen soll, „Leute [zu] ersetzen" (Löwenzahn, IB, I, 6-14). Herr Brunner stellt die Organisation und deren Projektanfrage genauer vor:

> und es ging damals um ein Projekt, das wir als ‚Zugang' bezeichnen können. ‚Zugang', diese Organisation Wiese arbeitet viel mit, (3) potenziellen Arbeitgebern der [Personengruppe], welche sich an diese Organisation wenden. und zur Erweiterung dieses Kreises von potenziellen Arbeitgebern wurde dieses Projekt Löwenzahn gestartet. es ist etwas, was die Leitung von hier schon machte, aber man wollte es projektartig eine Zeit lang mit Unterstützung von jemandem, der eine gewisse Seniorität hat, machen. und das habe ich mit der Leiterin zusammen gemacht. wir haben viele Firmen besucht und wir haben die Organisation Wiese vorgestellt. bei einigen haben wir einen Rahmenvertrag gemacht, damit die Arbeitsuchenden, die sich bei diesen Firmen direkt anmelden für eine Stelle, eine Unterstützung bekommen.
>
> (Löwenzahn, IB, I, 15-25)

Herr Brunner bezieht sich auf die *Intentionen der Kooperationspartnerin* und deren Begründung der Ansprache von Innovage, ohne diese *in Beziehung zu* eigenen Vorstellungen *zu setzen* oder sich selbst dazu zu positionieren. Auffällig ist auch, dass Herr Brunner die *Fremdzuschreibung* der „Seniorität" übernimmt, mit der das Alter und die damit verbundenen Erfahrungen in den Vordergrund gestellt werden und nicht etwa spezifische beruflich konnotierte Fähigkeiten. Andere Gründe, warum gerade er das Projekt übernahm, führt Herr Brunner nicht an. Im Rahmen einer rudimentären Erzählung geht Herr Brunner auf die Kooperation ein. Diese unterscheidet sich von den Kooperationen der anderen Innovage-Berater dadurch, dass hier *keine aufgabenspezifische Arbeitsteilung* erkennbar ist, der Innovage-Berater vielmehr „zusammen" mit der Kooperationspartnerin tätig wird.

In einer längeren Sequenz geht Herr Brunner dann auf die Adressat/inn/en der Organisation ein. Hier wie auch im weiteren Verlauf des Interviews wird deutlich, dass er die im Rahmen seiner Tätigkeit zu bearbeiteten Probleme vorrangig *auf der Ebene der Adressat/inn/en* sieht. Anders als bspw. in den Projekten Tulpe und Malve geht es also nicht um die Entwicklung der gesamten *Organisation* bzw. *Initiative.* Die Zielsetzung und bereits etablierte Vorgehensweise der Organisation Birke scheinen für den Innovage-Berater adäquate Antworten auf die Probleme der Adressat/inn/en darzustellen und werden weder *kritisch hinterfragt* noch mit eigenen Normalitätsvorstellungen *in Beziehung gesetzt,* sondern direkt *übernommen.* Der Innovage-Berater schildert dann weitere Aufgaben, die er im Rahmen des Projekts *„mitgemacht"* hat; dazu gehörten etwa die Vorstellung der Organisation bei möglichen Finanzgebern und die Suche nach Freiwilligen (Löwenzahl, IB, I, 25-47). Anschließend beschreibt Herr Brunner die neuen Aufgaben, die er zwischenzeitlich, ein Jahr nach Beginn der Tätigkeit in dem ursprünglichen Projekt, übernommen hat. Auch das neue Projekt leistet dabei seiner Schilderung zufolge einen Beitrag zur Lösung wahrgenommener Probleme bei den Adressat/inn/en der Organisation und wurde *gemeinsam* mit den Kooperationspartner/inne/n – Herr Brunner spricht hier von „wir" – initiiert (vgl. Löwenzahn, IB, I, 44-49):

> und punkto Referenzen haben wir jetzt ein zweites Projekt gestartet, ähm (.) nach einem Jahr. und das ist jetzt meine neue Aufgabe. nicht mehr die Begleitung, sondern ähm (.) Miniassessments würde ich sagen. es sind Miniassessments, es ist ein Teil eines Assessments (.) ich bin als Unternehmensberater-, hab ich sehr viele Managementassessments gemacht und ein Teil dieser Assessments betrifft (3) die (.) Persönlichkeitsstärkung der zu assessenden Person. und (.) jetzt haben wir (.) dieses Projekt in diesem Jahr, in dem ich mit circa sechzig [Personen][121] ein Assessment mache. wir machen circa sechs pro Monat. (.) und äh (.) die Leute bekommen dann eine kurze Beschreibung der Persönlichkeitsstärken die rauskommen und eine noch kürzere Beschreibung geht dann in ihr Curriculum und in ihren Newsletter, wo sie beschrieben werden.

(Löwenzahn, IB, I, 47-57)

Bei der Beschreibung der neuen Aufgabe bringt Herr Brunner, anders als zuvor, stichwortartig auch seine *beruflichen Erfahrungen* mit ins Spiel. Auffällig ist, dass er die *Übertragung* einer Methode aus seiner freiberuflichen Tätigkeit in den Kontext des Projekts Löwenzahn nicht weiter kommentiert, sie erscheint gerade darum als unproblematisch. Implizit wird damit eine *Homologie* zwischen den unterschiedlichen Handlungskontexten wahrgenommen bzw. konstruiert. Die *gewohnheitsmäßigen Handlungsrepertoires* des Innovage-Beraters und die damit verbundenen *Methoden* fügen sich, so kann man interpretieren, *nahtlos* in den Kontext des Projekts ein und können in entsprechende Praktiken umgesetzt werden.

Herr Brunner erläutert genauer, worum es bei den erwähnten „Assessments" geht, und stellt anschließend die Ziele des Teilprojekts dar, die darin bestehen,

---

121   Nennt Personengruppe, die Adressatin der Initiative ist.

diesen Leuten zu helfen, sie zu ermuntern und nochmals schauen, wie sie sich vorstellen. ein paar, paar Tipps geben. und ein anderes Ziel ist dann eben diese Referenz. also ich kann eine limitierte Referenz angeben, wenn man mich fragt. aber wenigstens steht da der Name einer Person, die dieses Miniassessment gemacht hat. (.) ja das wärs ungefähr.

(Löwenzahn, IB, I, 61-64)

Neben der eigenen beruflichen Erfahrung, die Herr Brunner in die Assessments einbringt, kommt mit der Referenz ein weiterer Aspekt hinzu. Herr Brunner nutzt quasi sein *kulturelles bzw. symbolisches Kapital*[122], um die Adressat/inn/en der Organisation zu unterstützen.

ah. und dann die wichtige Sache ist, dass dieses Assessment immer von mindestens zwei Personen gemacht wird. und ich mache sie immer alternierend mit einer der drei Personen die hier nebenan sind. Frau Grünfeld, Frau Müller und Frau (.) ähm (.) Schiller. das Ziel ist (.) diese Leute zu (.) ausbilden, damit sie per Ende Jahr das weitermachen können (.) alleine. also das ist auch nochmals zeitlich limitiert, mit (.) einem (.) bestimmten (.) Ziel. (6) das Assessment besteht aus drei (.) drei Elementen. eines ist ein Interview. die Interviews sagen wir auch. strukturiert teilweise. zweitens sind (.) ist ein Fragebogen und drittens ist nochmals ein Fragebogen. das ist alles. Resultat.

(Löwenzahn, IB, I, 65-72)

Herr Brunner macht deutlich, dass es sich um ein *zeitlich befristetes Projekt* mit einem bestimmten Ziel handelt, denn die Kooperationspartnerinnen streben die eigenständige Durchführung der Assessments an. Damit wird auch der eingangs bereits erwähnten Programmatik von Innovage entsprochen. Herr Brunner erläutert zudem den Aufbau eines Assessments; dabei scheint dieser für ihn *selbstverständlich* und auch dem Kontext der Anwendung *angemessen*. Die entsprechenden Situationen im Projekt werden von dem Innovage-Berater als homolog im Verhältnis zu Situationen früheren Handelns wahrgenommen bzw. konstruiert. Das eigene Vorgehen wird nicht hinterfragt, ebenso wenig kommen in dem Interview *Differenzen* zu den Kooperationspartnerinnen zur Sprache. Die *Handlungsrepertoires* des Innovage-Beraters scheinen hier *unmittelbar* an die (habitualisierte) Praxis in der Organisation anzuschließen und können problemlos enaktiert werden. Die *Habits* erweisen sich als den Situationen gemeinsamen Handelns adäquat und werden in keiner Weise irritiert.

---

122 Mit Bourdieu kann zwischen ökonomischem, kulturellem, sozialem und symbolischem Kapital unterschieden werden. Kulturelles Kapital kann in objektiviertem Zustand vorliegen (z. B. Bücher), es kann inkorporiert (Bildung) und schließlich auch institutionalisiert sein (Bildungstitel). Ökonomisches, kulturelles und soziales Kapital stellen symbolisches Kapital dar, sofern sie wahrgenommen und als legitim anerkannt werden und das Renommee des betreffenden Akteurs bzw. der betreffenden Akteurin steigern (vgl. Bourdieu 1983, Bourdieu 1979: 349).

6.1.4 Zentrale Ergebnisse zu den Handlungsorientierungen der freiwillig Engagierten

Die Teilstudie 2 interessierte sich für das *Erfahrungswissen der Innovage-Berater/innen*, das im kooperativen Engagement zum Tragen kommt. Sie ging dazu der Frage nach, wie die Innovage-Berater/innen Situation und Entwicklung in den jeweiligen Projekten vor dem Hintergrund bzw. im Horizont ihrer Erfahrungen wahrnehmen und wie sie das (kooperative) Engagement auf der Basis ihres Erfahrungswissens gestalten.

Um das Erfahrungswissen der Innovage-Berater/innen auf der Basis empirischer Analysen genauer bestimmen zu können, wurden *Handlungsorientierungen*, die der Wahrnehmungs- und Handlungspraxis der freiwillig Engagierten in diesem spezifischen Kontext zugrunde liegen, rekonstruiert. Bei der komparativen Analyse der Interviews wurden Gemeinsamkeiten und Unterschiede in den Handlungsorientierungen sichtbar. Diese wurden in einer *sinngenetischen Typologie* abgebildet, die verschiedene *Modi der Wahrnehmungs- und Handlungspraxis im kooperativen Engagement* umfasst und Erkenntnisse zu den (vorreflexiven) handlungspraktischen Gewohnheiten bzw. Handlungsrepertoires (*Habits*) integriert. Rekonstruiert wurden *Modi der normativen Relationierung, des dependenten Anschließens und der konfluenten Partizipation*. Diese werden im Folgenden zusammenfassend dargestellt.

Normative Relationierung als Modus der Wahrnehmungs- und Handlungspraxis im kooperativen Engagement

Die Innovage-Berater, anhand deren Interviews der erste Typus rekonstruiert wurde, engagieren sich in unterschiedlich ausgerichteten Projekten: Im Projekt Lavendel will eine Dachorganisation ein Haus erwerben und etablieren, in dem verschiedene Mitgliedsorganisationen ihren Sitz haben sollen. Der von den Innovage-Beratern wahrgenommene Unterstützungsbedarf umfasst hier u. a. die Erstellung eines Raumkonzepts, eines Business- und eines Finanzplans. Das Projekt Rose zielt darauf, ein an einem anderen Ort etabliertes Kursangebot in der Region aufzubauen, in der auch der Innovage-Berater tätig ist. Dieser bringt nach eigener Ansicht Fach- und Feldkenntnisse ein und koordiniert die Aktivitäten der anderen Akteurinnen und Akteure. Bei dem Projekt Tulpe handelt es sich um eine kleine Initiative, die von der späteren Kooperationspartnerin der freiwillig Engagierten gegründet worden ist. Der vom Innovage-Berater wahrgenommene Unterstützungsbedarf betrifft die Weiterentwicklung der gesamten Initiative. Seine Aufgabe sieht er in der Beratung.

Die Handlungsorientierungen der drei Innovage-Berater stimmen in verschiedener Hinsicht überein und bilden einen Typus: Alle drei *relationieren* die vorgefundene Praxis im Projekt mit eigenen *Normalitäts- bzw. Idealvorstellungen* über die (erfolgreiche) Realisierung von Projekten und erzeugen auf diese Weise eine spezifische Art von Differenz. Sie verfügen dabei jeweils über eine zum Teil *implizit bleibende Vergleichsfolie.* Diese hat den Charakter eines *alternativen Horizonts*, an dem sich das eigene Handeln *orientiert* und anhand dessen die Praxis der Kooperationspartner/innen *bewertet* wird. Die Normalitätsvorstellungen der Innovage-Berater beziehen sich bspw. auf die richtige Reihenfolge der zu realisierenden Aufgaben im Projekt oder die verschiedenen Elemente, die ein „Projektbeschrieb" umfassen muss. Zudem meinen die freiwillig Engagierten, ein Gespür für das aus ihrer Sicht angemessene *Tempo* der Projektrealisierung zu besitzen, und drücken dies auch aus. Sie nehmen hier eine *Gegenposition* zur Position der Kooperationspartner/innen ein, d. h., sie bremsen oder beschleunigen deren Vorgehen. Ihre eigenen Einschätzungen setzen sie dabei *absolut*, bewerten die Einschätzungen der Kooperationspartner/innen *negativ* und sprechen diesen zumindest teilweise die Erfahrung ab. Die Innovage-Berater setzen die vorgefundene Praxis im Projekt zum Teil auch in ein Verhältnis mit der *Programmatik* von Innovage, d. h. den Regeln und Normen, die dem Programm inhärent sind. Sie verfügen ferner über ein Verständnis ihrer eigenen *Rolle* im Projekt und bezeichnen sich als Koordinatoren oder Berater. Die zur Realisierung des Projekts erforderlichen Aufgaben werden in erster Linie *arbeitsteilig* ausgeführt. Die Bearbeitung von Teilaufgaben durch die Innovage-Berater/innen mündet häufig in Konzepte oder andere Formen von Dokumenten. Ihre *eigenen Erfahrungen*, insbesondere die im Kontext des Berufslebens erworbenen Wissensbestände und Kompetenzen, sehen die Innovage-Berater in *Kongruenz* mit den Anforderungen im Projekt. Die für sie gewohnte Art der Projektrealisierung, die sie sich zum Teil im Kontext von Großunternehmen angeeignet haben, *übertragen* sie unhinterfragt auf die Projekte im zivilgesellschaftlichen Bereich. Sie nehmen die Situation(en) im Projekt (vorreflexiv) als solche wahr, in denen sich ihre *Handlungsrepertoires* ohne Probleme enaktieren lassen. Dabei zeigen die Schilderungen der Innovage-Berater über ihre Praxis in den Projekten Lavendel und Rose eine Selbstverständlichkeit hinsichtlich des Vorgehens, die von den freiwillig Engagierten und den Kooperationspartner/inne/n geteilt zu werden scheint. Doch auch im Projekt Tulpe, in dem es deutliche Hinweise auf *Differenzen* zwischen den Sicht- und Handlungsweisen der Innovage-Berater/innen und denen der Kooperationspartnerin gibt, scheint dies die Umsetzung der Handlungsrepertoires nicht grundlegend zu stören. Die *Habits* kommen in der Interaktion der beteiligten Akteurinnen und Akteure ohne Probleme zur Geltung.

Dependentes Anschließen als Modus der Wahrnehmungs- und Handlungspraxis im kooperativen Engagement

Bei dem Projekt Malve handelt es sich, wie beim Projekt Tulpe, um die Unterstützung einer Initiative, die von der späteren Kooperationspartnerin von Innovage gegründet worden ist. Die Handlungsorientierungen, die anhand des Interviews mit dem Innovage-Berater rekonstruiert wurden, unterscheiden sich deutlich von den soeben dargestellten. Die vorgefundene Praxis wird hier weder mit eigenen *Normalitäts- oder Idealvorstellungen* über die (erfolgreiche) Realisierung von Projekten noch mit der *Programmatik* von Innovage in Beziehung gesetzt. Ebenso wenig wird deutlich, dass der Innovage-Berater über ein Verständnis der eigenen *Rolle* im Projekt verfügt. Auch der eigene berufliche Hintergrund wird nicht in Beziehung zu den Anforderungen im Projekt gesetzt. Stattdessen bildet das *persönliche Interesse* an dem Projekt den Ausgangspunkt des Engagements.

Ein konkreter *Auftrag* ist in diesem Projekt für die involvierten Innovage-Berater *nicht erkennbar*. Die Erwartungen an die Kooperationspartnerin, einen solchen zu formulieren, werden wiederholt enttäuscht. Selbst als sich die freiwillig Engagierten eigene Aufgaben suchen, erleben sie sich in der Realisierung dieser Aufgaben als *abhängig* von der Kooperationspartnerin und den Entwicklungen der Initiative. Wie in den bisher dargestellten Projekten münden auch hier verschiedene der realisierten Teilaufgaben in *Dokumente* (Organisationskonzept, Organigramm), die jedoch nicht an die Praxis im Projekt anzuschließen scheinen. Auch wenn die freiwillig Engagierten also vermutlich die Situation(en) im Projekt (vorreflexiv) zunächst als solche wahrnehmen, in denen die eigenen *Handlungsrepertoires* zur Geltung gebracht werden können, machen sie zunehmend die *Erfahrung,* dass ihre Praktiken *auf Widerstand stoßen* oder *ins Leere laufen.* Die Innovage-Berater haben dabei den Eindruck, nicht mit den Aktivitäten der Kooperationspartnerin und den daraus resultierenden Veränderungen im Projekt mithalten zu können. In den Ausführungen des Interviewten dokumentiert sich zugleich der Versuch, sich dem *Tempo* und den sich immer wieder ändernden *Rahmenbedingungen anzupassen.* Anders als beim zuvor dargestellten Typus wird die Kooperationspartnerin nicht mit eigenen Einschätzungen konfrontiert, ein Kontrapunkt wird auch im Hinblick auf die Geschwindigkeit nicht gesetzt. Es werden keine *Differenzen* erzeugt, die es ermöglichen, eine *eigene Position* einzunehmen. Den Innovage-Beratern gelingt es nicht, mit ihren *(habituellen) Praktiken* der Projektrealisierung an die der Kooperationspartnerin *anzuschließen* oder sich soweit von diesen *unabhängig* zu machen, dass die eigenen Vorhaben ungestört umgesetzt werden können. Der Handlungsablauf gerät ins Stocken. Die *Habits* ‚funktionieren' nicht, sie erweisen sich als ungeeignet, um die Situationen in der Interaktion der verschiedenen Akteurinnen und Akteure handelnd zu bewältigen. Die Innovage-Berater machen die *Erfahrung einer Abhängigkeit* der eigenen Praxis von der der Kooperationspartnerin; das Engagement realisiert sich im Modus des *dependenten Anschließens*.

Konfluente Partizipation als Modus der Wahrnehmungs- und Handlungspraxis im kooperativen Engagement

Das Projekt Löwenzahn wurde von der kooperierenden Organisation eigens für die Zusammenarbeit mit Innovage entwickelt. Die Unterstützungsbedarfe, die der Innovage-Berater beschreibt, sind primär auf der *Ebene der Adressat/inn/en* der Organisation verortet, betreffen also, anders als bspw. im Projekt Tulpe, nicht die *Weiterentwicklung der Organisation* selbst. Die Handlungsorientierungen, die anhand des Interviews mit dem Innovage-Berater rekonstruiert wurden, stimmen insofern mit den gerade vorgestellten überein, als auch hier die vorgefundene Praxis nicht mit eigenen *Normalitäts- oder Idealvorstellungen* relationiert wird. Auffällig ist in diesem Fall, dass der freiwillig Engagierte *die Perspektive der Kooperationspartnerin übernimmt*, denn in der Darstellung beschränkt er sich überwiegend darauf, deren Sichtweise wiederzugeben. Ebenso macht er sich die *Fremdzuschreibung* im Hinblick auf seine Person und seine Rolle im Projekt zu eigen. Die Zielsetzungen des Projekts wie auch die Sichtweisen der Kooperationspartnerin werden von dem Innovage-Berater weder hinterfragt noch nimmt er eine *distanzierte Position* dazu ein. Anders als in den übrigen Projekten ist hier *keine spezifische Arbeitsteilung* zwischen dem freiwillig Engagierten und den Kooperationspartner/inne/n erkennbar, stattdessen findet die Handlungspraxis in erster Linie *gemeinsam* statt. Dies zielt zum Teil darauf, dass sich die Akteurinnen und Akteure in der Organisation Kenntnisse und Kompetenzen aneignen können, über die der Innovage-Berater im Unterschied zu ihnen verfügt. Der freiwillig Engagierte scheint mit seinen *Handlungsrepertoires* in diesem Projekt *unmittelbar* an die dort etablierte Praxis anschließen zu können. Das reicht so weit, dass er Methoden, die er in seiner selbstständigen Tätigkeit nutzt, in den Kontext des Projekts transferiert und an die im Projekt Tätigen vermittelt. Der Modus der Wahrnehmungs- und Handlungspraxis im kooperativen Engagement lässt sich hier als *konfluente Partizipation* charakterisieren: Die *Habits* erweisen sich als den Situationen gemeinsamen Handelns adäquat; der Innovage-Berater nimmt unmittelbar an der Praxis im Projekt teil, seine Handlungsrepertoires *fließen* gleichsam mit denen der Kooperationspartner/innen *zusammen*.

6.2 Erfahrungen der Kooperationspartner/innen im Kontakt mit den freiwillig Engagierten

In Kapitel 6.1 wurden verschiedene Modi der Wahrnehmungs- und Handlungspraxis dargestellt, die für das Engagement der Innovage-Berater/innen im Kontext kooperativer Projekte mit anderen Akteur/inn/en aus der Zivilgesellschaft charakteristisch sind. Unterschieden wurden Modi der normativen Relationierung, des dependenten Anschließens und der konfluenten Partizipation. Eine Gemeinsamkeit zwischen den verschiedenen Typen besteht darin, dass das eigene Vorgehen im Rahmen der Kooperationsprojekte für die befragten Innovage-Berater überwiegend selbstverständlich zu sein scheint. Handlungsalternativen werden in den Interviews ebenso wenig thematisiert wie Zweifel an der eigenen Praxis. Auch die Übertragung von Ansätzen und Methoden aus dem früheren beruflichen Zusammenhang auf die zivilgesellschaftlichen Organisationen und Initiativen wird in keinem der Fälle kritisch hinterfragt. Die freiwillig Engagierten scheinen die Situationen in den zivilgesellschaftlichen Projekten vor dem Hintergrund ihrer Erfahrungen (zunächst) vorreflexiv überwiegend als solche wahrzunehmen, für die sie mit ihren *gewohnten Handlungsrepertoires* gut gerüstet sind. Allerdings machen sie, wie das Kapitel 6.1 zeigt, in der kooperativen Praxis unterschiedliche Erfahrungen mit den Möglichkeiten der Enaktierung dieser Handlungsrepertoires.

Wenden wir uns vor dem Hintergrund dieser Erkenntnisse nun den *Kooperationspartner/inne/n* der freiwillig Engagierten in zivilgesellschaftlichen Organisationen und Initiativen zu. Welche Erfahrungen machen sie im Kontakt mit den Innovage-Berater/inne/n? Wie nehmen sie die freiwillig Engagierten, deren Erfahrungswissen und handlungspraktische Gewohnheiten wahr und wie bewerten sie schließlich die Kooperation mit Innovage?

Im Zuge der Rekonstruktionen des Datenmaterials wurde deutlich, dass in allen Interviews, die mit Kooperationspartner/inne/n geführt wurden, *Differenzen zwischen ihnen und den Innovage-Berater/inne/n* explizit oder implizit eine Rolle spielen – dies jedoch in unterschiedlicher Art und Weise. Unterschieden wurden *Erfahrungen von Differenz auf habitueller und milieubezogener Ebene* und *Wahrnehmungen von Differenz auf der Ebene von Kenntnissen, Kompetenzen und Rollen*. Beide Arten von Differenzerfahrung sollen im Folgenden kurz umrissen werden:

- *Erfahrung von Differenz auf habitueller und milieubezogener Ebene*
  Die Kooperationspartner/innen, anhand deren Darstellungen dieser Typus gebildet wurde, machen in der Zusammenarbeit mit den Innovage-Berater/inne/n Differenzerfahrungen, die auf der *habituellen Ebene* zu ver-

orten sind und Anzeichen von *Milieudifferenzen* zeigen. Diese Differenzerfahrungen gehen mit deutlichen *Irritationen* einher, haben jedoch in verschiedenen Fällen unterschiedliche Wirkungen: In einem Fall finden im
Laufe des Prozesses bei der Kooperationspartnerin Veränderungen des
Selbst- und Weltverhältnisses statt; die Kooperation wird von ihr trotz der
erlebten irritierenden Differenz im Rückblick positiv bewertet. In einem anderen Fall scheitert die Kooperation und wird im Rückblick negativ beur-
teilt (Kap. 6.2.1).

▪   *Wahrnehmung von Differenz auf der Ebene von Kenntnissen, Kompetenzen
    und Rollen*
    Im Unterschied zum ersten Typus werden die Innovage-Berater/innen hier
    von den Kooperationspartner/inne/n vor allem im Hinblick auf Kenntnisse,
    Kompetenzen und Rollen als von der eigenen Person bzw. anderen Ak-
    teur/inn/en in der Organisation verschieden erlebt. Die auf dieser Ebene
    wahrgenommenen Differenzen scheinen für die Kooperation unproblema-
    tisch zu sein, denn die Kooperationspartner/innen stellen die Zusammenar-
    beit mit den freiwillig Engagierten in diesen Fällen überwiegend als rei-
    bungs- und konfliktlos dar und bewerten sie positiv (Kap. 6.2.2).

Im Folgenden sollen beide Typen dargestellt werden. Da Differenzerfahrungen
auf habitueller und milieubezogener Ebene für Fragen des Gelingens und Schei-
terns von Kooperationen bedeutsamer zu sein scheinen, werden die Fälle, die den
ersten Typus bilden, ausführlicher vorgestellt als die Fälle des zweiten Typus.

6.2.1 Erfahrung von Differenz auf habitueller und milieubezogener Ebene

Der folgende Typus wurde anhand von Interviews mit Akteurinnen rekonstruiert,
die in den Projekten Löwenzahn und Malve mit Innovage-Berater/inne/n kooperieren. Charakteristisch für diesen Typus ist, dass die Kooperationspartnerinnen
im Kontakt mit den freiwillig Engagierten Differenzerfahrungen machen, die
primär auf habitueller und milieubezogener Ebene zu verorten sind. Diffe-
renzwahrnehmungen auf der Ebene von Kenntnissen, Kompetenzen und Rollen
kommen dagegen weniger zur Sprache.

Kooperationspartnerin im Projekt Tulpe

Bei dem Projekt Tulpe handelt es sich um die Unterstützung einer Initiative. Diese wurde von Magritte Wyss, der Kooperationspartnerin des Innovage-Beraters Toni Moser gegründet. Frau Wyss stellt zu Beginn des Interviews ihre „Motivation" dar, mit der sie Innovage angefragt hat. Sie erwähnt die von ihr gegründete Initiative und bezeichnet Zielsetzung und Arbeitsweise dieser Initiative als „unkonventionelle Sache" (Tulpe, KP[123], I 6-16).

> und (.) was dann mit den Jahren schwierig geworden ist, ist äh (.) **Mit**- (.) Arbeiter zu finden, (.) das heißt wir haben eigentlich **nie** Probleme gehabt wenn wirs- (.) wenn wir ein äh (.) Projekt oder eine Aktion (.) schon (.) bewusst gewusst haben, und dann eine Art wie (.) gefragt haben wer **hilft**. (.) dann und dann, von dann bis dann. dann ist das kein Problem gewesen, (.) aber es ist immer schwieriger geworden (.) nach den ersten drei vier Jahren, (.) wer **dauerhaft** (.) dabei ist, und wer **wirklich** sich einsetzt, weil das alles auf freiwilliger Basis gewesen ist.

(Tulpe, KP, I, 16-22)

Frau Wyss schildert zu Beginn eines der *aktuellen Probleme des Vereins*: Es werden keine ‚Mitarbeiter' gefunden. Kurz darauf wird deutlich, dass es hierbei um freiwillig Tätige geht. Dabei stellt sich insbesondere deren Gewinnung für die kontinuierliche Mitarbeit als problematisch dar. Anschließend kommt Frau Wyss auf *Schwierigkeiten hinsichtlich der eigenen beruflichen Perspektive* zu sprechen. Sie führt aus, dass sie nach Auslandsaufenthalten vor der Aufgabe gestanden habe, in eine Erwerbstätigkeit zurückzukehren:

> und in meinem Alter habe ich dann da ziemliche Mühe gehabt einfach wieder einzusteigen, (.) und dann habe ich wie (.) den Eindruck gehabt, die ‚Tulpe' ist **genügend** gut (.) gefestigt, dass man sie professionalisieren könnte. (.) und das würde bedeuten dass man eine Geschäftsleitungsstelle gegründet hätte, und dass und diesen Verein mh ja, allenfalls kann es ein Verein **bleiben**, oder in eine AG oder was auch immer. jedenfalls das ist der Moment gewesen als ich dann an die Innovage gegangen bin. (2) mit dieser **Idee**, und auch Unterstützung von den restlichen Vereinsmitgliedern (2) dass äh dass man diesen Verein, der auf freiwilliger Basis gelaufen ist, professionalisiert. (…) und dann sind wir dann mit diesem Anliege:::n, habe ich plötzlich gemerkt ich muss **irgendjemanden** haben, der (.) draus kommt (.) was äh (.) ja Organisations**entwicklung** anbelangt, oder. (.) weil das ist eigentlich **das** Thema gewesen. (.)

(Tulpe, KP, I, 38-49 u. 54-57)

Die Anfrage von Frau Wyss an Innovage ist im Zusammenhang mit der Frage der eigenen Perspektive an das Anliegen geknüpft, den Verein zu „*professionalisieren*". Dazu wird ihrer Ansicht nach Expertise im Bereich der Organisationsentwicklung benötigt. Die Professionalisierung des Vereins wird damit assoziiert, dass eine „Geschäftsleitungsstelle" gegründet und eventuell auch die

---

123 KP steht hier und im Folgenden für Kooperationspartner/in.

Rechtsform des Vereins geändert wird. Aufgrund des Einstiegs in das Thema ist darüber hinaus impliziert, dass z. T. ein Wandel vom freiwilligen Engagement zum Hauptamt erfolgen soll. In der Sequenz zeigt sich, dass sich der Unterstützungsbedarf auf die *gesamte Initiative* richtet und nicht auf ein spezifisches Teilprojekt. Da Frau Wyss aus privaten Zusammenhängen bereits über Innovage informiert ist, richtet sie eine Anfrage an das Netzwerk:

und habe dann äh im Netz geschaut und habe mich dann angemeldet. (2) und dann haben=sich (.) haben sich zwei Personen gemeldet, ein Mann und eine Frau, (.) und dann sind sie das erste Mal (.) mich treffen gekommen. (2) und **das** ist für mich ein ganz schwieriges Treffen gewesen, (2) weil ich gemerkt habe, irgendwas ist wie nicht **rüber**, habe ich das Gefühl gehabt. und ich habe (.) jetzt erst im **Nachhinein** merke ich dass das zwei so verschiedene **Welten** gewesen sind, (3) und ich irgendwie so **fest** in diesem Projekt **verankert** bin. dass ich wie hätte müssen entweder **stundenlang** erzählen, und das wirklich darlegen, oder, **ja**, ich habe das auch nicht gar nicht realisiert, dass diese ja dass diese Welten so verschieden sind oder. und jetzt gerade Herr Moser [Innovage-Berater, d. Verf.] kommt ja von, von einer ganz anderen Seite. (.) weil, Frau Schröder haben wir nachher nicht mehr gesehen, die ist nur ein zweimal gekommen. und das ist am Anfang für mich sehr **verwirrend** gewesen

(Tulpe, KP, I, 62-76)

Die Innovage-Berater/innen, die mit Frau Wyss in Kontakt treten, werden von ihr als „Personen" eingeführt. Dabei wird erwähnt, dass es sich um „ein[en] Mann und eine Frau" handelt, jedoch finden sich keine Hinweise auf die *beruflichen Hintergründe* oder *spezifischen Kenntnisse* der freiwillig Engagierten. Das erste Treffen mit den beiden bezeichnet Frau Wyss, ohne genauer auf den Verlauf des Treffens einzugehen, im Rückblick als ‚schwierig', da sie das Gefühl hatte, etwas würde nicht ‚rüberkommen'. Erst im Nachhinein erklärt sie sich dies damit, dass es „zwei so verschiedene Welten gewesen sind", die hier aufeinandertrafen. Sich selbst erlebt sie dabei als „fest (...) verankert" in ‚ihrer' Welt, sie nimmt im Kontakt mit den freiwillig Engagierten also ihre *eigene Standortgebundenheit* wahr. Insbesondere den Innovage-Berater Herrn Moser ordnet sie „einer ganz anderen Seite" zu, die sie im weiteren Verlauf des Interviews auch als „Unternehmerseite" bezeichnet (Tulpe, KP, II, 33). Frau Wyss erlebt im ersten Kontakt mit den freiwillig Engagierten eine grundsätzliche *Differenz,* die, zumal sie von ‚zwei Welten' spricht, auch im Sinne einer *Milieudifferenz* interpretiert werden kann. Die Kooperationspartnerin geht davon aus, dass die Verständigung zur Überbrückung der Differenz mit einem *hohen zeitlichen Aufwand* in der Kommunikation hätte einhergehen müssen. Später führt sie auf Nachfrage des Interviewers zu dieser ersten Sitzung noch aus:

ich bin wirklich (.) ich bin v- (.) weiß nicht was ich da hatte, also ich bin wirklich sehr (.) irritiert gewesen und (.) und **wütend** (.) und (.) desillusioniert

(Tulpe, KP, II, 25-27)

Die Zusammenarbeit bleibt, wie Frau Wyss schildert, auch im weiteren Verlauf schwierig. Sie stellt fest, es sei noch lange „ziemlich harzig gewesen" und sie habe gemerkt, dass „irgendetwas nicht durchgeht" in der Kommunikation (Tulpe, KP, I, 91-94). Dann vollzieht sich jedoch eine Veränderung, die sich im Rückblick als Wendepunkt darstellt:

und **irgendwann** ist das dann aber (.) plötzlich we- (.) kann ich ihnen nicht sagen warum, ich habe wie das=Gefühl gehabt wir haben einfach Zeit gebraucht. (.) sowohl **er** wie ich oder **wir**. wir sind, manchmal bin nur ich es gewesen, manchmal noch mit den anderen. (7) ja und von von dann an (.) habe ich wie **gemerkt**, (.) wir haben dann mal (.) **irgendwann** hat er auch gesagt, jetzt machen wir Nägel mit Köpfen. und hat seinen PC mitgenommen, (.) und dann haben wir einfach **am Tisch** (.) versucht äh (.) dieses dieses Vorhaben mal auf Papier zu bringen. (.) und irgendwie von diesem Moment an habe ich wie das Gefühl gehabt, dass jetzt bei **ihm**, (.) dass **er** langsam versteht um was es geht, und dass **ich** langsam begriffen habe, dass das a: nicht **schnell** geht und be: auch nicht so wie ich **will**, sondern (.) es hat seine eigene (.) seine eigene (3) ja. (.) aber prinzipiell habe ich wie den Eindru- den Haupteindruck dass es noch schwierig ist (2) äh wenn ich jetzt **persönlich** ein (…) möchte oder würde ich mir jemanden **aussuchen**. (3) jemanden wo ich das Gefühl habe (.) wir geigen ähnlich. oder? ja.

(Tulpe, KP, I, 99-113)

Der Wahrnehmung von Frau Wyss zufolge setzt irgendwann in der Kooperation mit dem Innovage-Berater Herrn Moser etwas ein, das sie selbst als ein ‚Verstehen' auf beiden Seiten bezeichnet. Im Sinne der dokumentarischen Methode kann interpretiert werden, dass nun eine *kommunikative Verständigung* über die Milieugrenzen („zwei Welten") einsetzte, nachdem ein *unmittelbares (konjunktives) Verstehen* zwischen den Akteur/inn/en nicht möglich war[124]. Der Innovage-Berater und die Kooperationspartnerin entfalten von diesem Zeitpunkt an, wie Frau Wyss plastisch darstellt, eine *gemeinsame Produktivität*, die zunächst ihren Niederschlag darin findet, dass das Vorhaben – gemeinsam an einem Tisch sitzend – zu Papier gebracht wird. Auch rückblickend geht Frau Wyss davon aus, dass der Prozess des Verstehens (bzw. der kommunikativen Verständigung) *Zeit* brauchte. Trotz der positiven Erfahrung bleibt ihr grundsätzlicher Eindruck, dass „es noch schwierig ist". Während die Interviewte in der realen Kooperation mit dem Innovage-Berater, wie sie darstellt, eine deutliche Differenzerfahrung machte, entfaltet sie im Interview einen *positiven Gegenhorizont:* Hätte sie sich jemanden aussuchen (können), dann wäre es jemand gewesen, bei dem größere *habituelle Übereinstimmungen* („wir geigen ähnlich") vorgelegen hätten. Dies weist im Umkehrschluss darauf hin, dass sie die *Differenzerfahrung*, wenn sie die Möglichkeit gehabt hätte, hätte *meiden* wollen.

---

124 Vgl. zum Unterschied zwischen konjunktivem Verstehen und kommunikativer Verständigung Kap. 3.2.

Die wiederkehrenden Fragen des freiwillig Engagierten, die sie immer wieder auf denselben Punkt zurückbrachten, *irritierten* Frau Wyss (Tulpe, KP, I, 128-130).

er hat für mich wie die **Außen**wel- also wie (2) die Außen- (.) eine Art **Außenwelt**, kann ich nicht anders sagen, symbolisiert. (.) oder wir haben sehr viel immer so Ideen und und wo und so und (.) und **er** hat wie so den Pragmatiker (2) gestellt, oder. (2) der eigentlich von Anfang an die Idee mal runtergeholt hat. das tut natürlich **weh** am Anfang, also ja, es ist unangenehm, oder. das ist klar aber (.) heute sehe ich das schon so, dass das einfach (.) **unangenehm** gewesen ist weil es ja nicht mein Wunsch gewesen ist. (.) und dass es aber eben darum sage ich, schlussendlich finde ich es keine (.) nicht das Projekt das schlecht gelaufen ist. (.) es ist einfach **anders** gelaufen. (2)

(Tulpe, KP, I, 145-155)

Hatte die Kooperationspartnerin den Innovage-Berater Toni Moser zu Beginn des Interviews als jemanden aus einer „anderen Welt" beschrieben, so bezeichnet sie ihn nun als Repräsentanten der „Außenwelt". Zugleich stellt sie seine pragmatische Herangehensweise den vielen, eher frei flotierenden und nicht geerdeten Ideen der Akteurinnen und Akteure im Verein gegenüber. Auch wenn sie die Erfahrungen im Prozess – insbesondere am Anfang – als schmerzhaft und unangenehm empfand, gelangt sie *nicht* zu einer *negativen Bewertung* des Projekts. Dies scheint auch mit der Wahrnehmung der Person des Innovage-Beraters und seines Engagements zu tun haben:

und ich habe dann auch gefunden sein **Einsatz** ist wirklich **sehr groß** gewesen, sehr sehr äh (.) wie sagt man, (2) **vertrauensvoll** irgendwo, (.) also auch in den (.) Handlungen oder in den (.) äh in der **Präsenz** auch (.) so. (.) auch per E-Mail und so, ist er wirklich immer (.) sehr **präsent** gewesen so. (9) und ich **glaube** einfach dass äh (.) wichtig gewesen ist, die ganze (.) Umstrukturierung schlussendlich im **Kopf**, (.) aha so geht es nicht, (.) was was ist dann sonst, und was ist dann **überhaupt** möglich.

(Tulpe, KP, I, 155-161)

Später führt sie dazu weiter aus:

eben, dass das alles mit ganz viel Geduld und mit präzisem Nachfragen und Präsenz ent-wickelt und auf den Punkt gebracht wurde. und immer wieder nachgehakt wurde, wie war jetzt das genau? und aufschreiben und nochmals durcharbeiten, nicht wahr? weil eine Krankheit von dem Projekt war auch die Organisation, da wir eine enorm breite Wirkung wollten. wir gehen immer mit sehr viel auf die Straße. und er hat das immer etwas eingeschränkt: was ist denn das in dem, und müsste man das nicht vereinfachen? einfach die Sicht von außen, die die uns ein Feedback gibt, wie es ankommt. (3) ja, das habe ich **sehr** positiv empfunden und seine, seine ja, eine Art Hartnäckigkeit, die immer wieder einhakt und nachfragt.

(Tulpe, KP, III, 10-18)

Frau Wyss *bewertet* den Einsatz des Innovage-Beraters schließlich ausgesprochen *positiv*. Ihre Ausführungen deuten darauf hin, dass die Kommunikation des

Innovage-Beraters und die Beziehung zwischen beiden von besonderen Qualitä-
ten (Präsenz, Präzision, Beharrlichkeit, Vertrauen) geprägt waren, die es den
Akteur/inn/en ermöglichten, vor dem Hintergrund der erlebten Differenz einen
guten Umgang miteinander zu finden. Das Ergebnis des Prozesses besteht Frau
Wyss zufolge darin, dass sie *etwas „im Kopf"* habe *umstrukturieren können*
(Tulpe, KP, I, 159-160); das bewertet sie positiv. Das beharrliche Feedback des
Innovage-Beraters führte ihr offenbar ihre eigene *Standortgebundenheit* vor
Augen und stellte ihre *Orientierungen* in Frage. Es kann in diesem Zusammen-
hang interpretiert werden, dass die irritierende Differenzerfahrung auf habitueller
und milieubezogener Ebene, die die Kooperationspartnerin in der Zusammenar-
beit mit Innovage macht, bei ihr einen Prozess in Gang setzte, in dem sich Ausschnitte von Selbst und Welt veränderten und der insofern Anzeichen eines
Lernprozesses zeigt (vgl. Nohl et al. 2015: 256).[125]

Kooperationspartnerin im Projekt Malve

Auch beim Projekt Malve handelt es sich um die Unterstützung einer Initiative
durch Innovage. Kurz nach Beginn des Interviews geht Gabi Hoffmann, die
Kooperationspartnerin des Innovage-Beraters Urs Schmitt, auf den Hintergrund
der Anfrage an Innovage ein:

u:nd ä::h wir haben wie sehr viele äh Organisationen in dem äh Bereich halt auch immer wieder
Kapazitäts- oder persönlich- Arbeitskapazität und auch finanzielle Probleme, und dann bin ich mal
auf die Idee gekommen, eben für gewisse Arbeiten, wo die Kompetenz bei uns im Verein auch fehlt
mir Hilfe zu holen und da wir eben finanziell nicht sehr gut gepolstert sind, habe ich nicht jemanden
dafür anstellen können dafür oder auch das als Mandat, als Auftrag rausgeben und so bin ich auf äh
die Idee gekommen eigentlich äh mir die Hilfe zu holen von- von- eben von einer Organisation, die
das gratis (.) anbietet, oder äh für überschaubare Kosten und dann haben wir- äh habe ich ein
bisschen rumgeschaut und bin sehr schnell äh eigentlich so draufgekommen, dass ähm ich das
probieren möchte aufgleisen mit Leuten, die sehr viel Erfahrung haben, es gibt ja neben- neben
Innovage äh andere Gruppen, zum Teil sind es Unternehmen, zum Teil sind es auch Vereine, wo
pensionierte Führungs- oder Fachkräfte auch ja ihre Hilfe anbieten und habe zu verschiedenen
Kontakt aufgenommen

(Malve, KP, I, 8-19)

Frau Hoffman erwähnt zu Beginn des Interviews *Kompetenzdefizite* im Verein,
die sie dazu veranlassten, sich „Hilfe zu holen". Die Möglichkeiten waren aufgrund der *finanziellen Situation* des Vereins begrenzt, eine Anstellung oder die

---

125 Nohl et al. formulieren, dass sich im Lernen nur Ausschnitte von Selbst und Welt verändern,
     während Bildung sich auf die zentralen Lebensorientierungen eines Menschen bezieht und eine
     Transformation des Habitus bedeutet (vgl. 2015: Kap. 5).

Vergabe eines Mandats waren nicht möglich. Im Zuge der Recherche, die sich vermutlich auf Angebote im Bereich des bürgerschaftlichen Engagements fokussierte, grenzt Frau Hoffmann näher ein, dass sie etwas „mit Leuten, die sehr viel Erfahrung haben" auf den Weg bringen möchte. Begründungen hierfür gibt sie nicht, und sie konkretisiert auch nicht, worauf sich die *Erfahrungen* beziehen sollten. Frau Hoffmann stellt fest, dass es in dem von ihr favorisierten Bereich „neben Innovage" noch verschiedene andere Unternehmen bzw. Vereine gibt.

> und äh (2) eigentlich bin ich dann ä:h bei Innovage hängengeblieben, schlicht und ergreifend einfach aus den finanziellen Gründen also hat andere, die ihre Ar- also (.) die man so am Anfang eingeschätzt hat, da weiß ich auch nicht wie es rausgekommen wäre, gedacht hat die wären ähm sicher gerade so gut, zum Teil äh vielleicht halt professioneller, weil es wie ein Unternehmen aufgezogen ist, aber ähm Innovage hat äh gekostet wenig bis nichts (.) und äh nach den ersten Kontakten hat man auch das Gefühl gehabt doch da könnte sich etwas entwickeln, so.
>
> (Malve, KP, I, 19-26)

Bei ihrer Entscheidung für Innovage stellt Frau Hoffmann *finanzielle Aspekte* in den Vordergrund. Zugleich wird Innovage von ihr im Vergleich zu anderen Angeboten erfahrener Menschen als *weniger professionell* eingeschätzt. Die höhere Professionalität der anderen Angebote wird von ihr daran festgemacht, dass diese „wie ein Unternehmen" aufgezogen sind. Bereits in der Eingangssequenz verweist Frau Hoffmann zudem implizit auf die späteren *Schwierigkeiten* in der Kooperation, indem sie ihre positiven Eindrücke auf die ersten Kontakte beschränkt. Im weiteren Verlauf des Interviews konkretisiert die Kooperationspartnerin ihren *Unterstützungsbedarf*:

> ich führe die Geschäftsstelle von ‚Ulme' und bei mir ist es so, dass ich fachlich, also unser- bei den Kernkompetenzen von ‚Ulme' sicher gut dotiert bin, aber ich bin einfach keine Geschäftsfrau und so. ähm und ich habe auch das Gefühl gehabt, dass bei der Geldbeschaffung, das könnte ein bisschen professionalisiert werden äh (.) der Auftritt (.), dann wenn man eben ein Gesuch stellt um finanzielle Unterstützung angeschaut wird, also es ist so die Stoßrichtung gewesen an meine- am Anfang (.) und dann hat man äh (.) also vielleicht Ziele ein bisschen hochtrabend gesagt, irgendwie Businessplan aufzustellen, so ein bisschen.
>
> (Malve, KP, I, 33-41)

Frau Hoffmann markiert hier eine Differenz zwischen „Kernkompetenzen", die sie nicht genauer spezifiziert, über die sie jedoch nach eigener Einschätzung verfügt, und weiteren Kompetenzen im Bereich der Geschäftsführung, konkreter der Mittelakquise, für die sie einen *Professionalisierungsbedarf* konstatiert. Im Hinblick auf das Anliegen einer ‚Professionalisierung' können Übereinstimmungen zu dem Interview gesehen werden, das mit Frau Wyss im Projekt Tulpe geführt wurde. Indem Frau Hoffmann den Begriff „Businessplan" verwendet, bezieht sie sich vermutlich bereits auf die mit den Innovage-Beratern vereinbarte

Aufgabenstellung. Auffällig ist, dass sie sich noch vor der Verwendung des Begriffs von diesem *distanziert*, indem sie die Formulierung als „ein bisschen hochtrabend" bezeichnet. Er scheint ihr also für ihre Initiative bzw. für das, worum es ihr geht, als nicht angemessen.

ich denke von meiner Seite aus äh Problematik eigentlich schon ein Stück weit von Anfang an ist gewesen, dass- also wir sind ja im Bereich so genannte neue Medien, so neu sind die meisten ja auch wieder nicht mehr, aber ähm tätig sind und und dass da ä:hm in der Begleitgruppe mit einer Ausnahme einfach nicht wahnsinnig viel äh (.) Wissen dabei gewesen ist und hat sich ‚gly'[126] gezeigt, dass wenn man mit der Problematik will- dass dass man das nicht ganz trennen kann, also ich meine ich kann einfach ein Geschäftsführungsmodell oder Geschäftsmodell drüberstülpen unabhängig von der Thematik (.)

(Malve, KP, I, 41-48)

Die Kooperationspartnerin Frau Hoffmann fokussiert auf der einen Seite die *mangelnden Kenntnisse* der Innovage-Berater im Bereich der neuen Medien, während sie auf der anderen Seite keine spezifischen Kenntnisse und Kompetenzen der freiwillig Engagierten erwähnt. Zugleich macht sie deutlich, dass man die *thematische Ausrichtung einer Organisation* und das *Geschäftsmodell* nicht voneinander trennen könne, deutet also bereits an, dass sie *Handlungspraxis und -modelle* der Innovage-Berater für ihre Initiative als *nicht adäquat* erachtet. Frau Hoffmann geht dann darauf ein, wie in der Arbeitsgruppe die Idee entwickelt wurde, mit Hilfe von Innovage Gelder für die Website zu beschaffen, für die ein „Optimierungspotenzial" gesehen wird (Malve, KP, I, 68-72). Sie stellt fest, dass sie immer wieder *viel Zeit* darauf habe verwenden müssen, den Innovage-Beratern zu vermitteln, worum es in der Initiative geht und welche Aktivitäten jeweils anstehen:

gewisse Diskussionen, die wir im Verein oder, oder auch in anderen Arbeitsgruppen, ich bin eingebunden in vielen Arbeitsgruppen auch auf Bundesebene und so weiter, schon geführt worden sind hat man wieder von Anfang an geführt und das ist, das ist zum Teil ähm für mich ähm eben zeitintensiv gewesen, was, was nicht unbedingt auch produktiv gewesen ist und bis man bis man die Diskussion halt nochmal geführt hat, ich habe eigentlich immer vermeiden wollen zu sagen hey (.) einfach Punkt oder. weil ä:h- weil ja auch die Einwände äh immer wieder einen zwingen sich zu überprüfen und die eigene Haltung doch nochmal zu hinterfragen (.) ä::hm (3) und dann ist es einfach so gewesen, dass es äh durchaus ‚amme'[127] hat (zum Beispiel) keiner Protokoll gemacht von diesen Sitzungen ähm und da hat es mich ‚dungt'[128], dass es durchaus vorgekommen ist, dass man äh zwar am Tisch gesessen ist und gemeint hat man redet vom Gleichen, aber nicht vom Gleichen geredet hat, oder dass man=dass man dann vielleicht ä:::hm beim nächsten Mal, wo man zusammengekommen ist

---

126 Schweizerdeutsch für „ein bisschen".
127 Schweizerdeutsch für „manchmal".
128 Schweizerdeutsch für „es kam mir so vor" oder „mir schien es".

habe ich ‚amme' die Papiere angeschaut und habe gedacht aha i-=interessant und zum Teil super gut,
aber eigentlich haben wir ja etwas Anderes gesagt (.) also in meiner Wahrnehmung

(Malve, KP, I, 73-86)

Die Kooperationspartnerin spricht dem *kommunikativen Austausch* mit den Innovage-Beratern hier weitgehend den Nutzen ab; ihrer Meinung nach handelt es
sich um eine Wiederholung von Diskussionen, die bereits an anderer Stelle geführt wurden. Sie habe es jedoch vermeiden wollen, die Kommunikation einfach
zu beenden. Das begründet sie abstrakt damit, dass Einwände zur Überprüfung
der eigenen Haltung beitrügen.
Frau Hoffmann macht darüber hinaus auf *Schwierigkeiten in der Verständigung* bzw. auf *unterschiedliche Wahrnehmungen* aufmerksam, die sich zeigten,
als nach Besprechungen nicht schriftlich fixiert wurde, worüber geredet worden
war. Anders als im Projekt Tulpe gelangten die Akteurinnen und Akteure im
Projekt Malve nicht zu einem Punkt, ab dem eine *kommunikative Verständigung*
erfolgte und eine *gemeinsame Produktivität* entfaltet worden wäre. Dies wird
anhand der weiteren Ausführungen von Frau Hoffmann deutlich:

aber irgendwie ist dann doch nie- also sehr wenig Konkretes- also ganz ähm klar ist wirklich das
Einzige, wo äh man jetzt von mir aus gesehen sagen kann das ist das Ergebnis gewesen von dieser
Optimierung, das ist die Geschichte mit den Serifen (.) also wobei ich dann schon auch gedacht habe
ähm ok wenn jetzt äh wirklich alle finden wegen der Lesbarkeit ich will ja keinen Designerpreis
gewinnen mit dieser Seite oder, ähm wobei dann natürlich auch klar ist, wenn man wenn man so
etwas bewertet oder Webseiten anschaut, dann geht man ja immer von der eigenen aus und eben ich
bin zum Beispiel jetzt jemand, der halt sehr viel lesen kann, mir ist doch das dann egal ähm äh wenn
und ich habe nicht Probleme gehabt mit der Lesbarkeit, es hat jemanden in der Arbeitsgruppe gehabt,
der äh der Probleme hat mit mit der mit der Sicht (.) und ach Gott eben unsere Zielgruppe sind
[Personengruppe XY] eigentlich, wobei natürlich äh jetzt als wie mehr auch die Senioren die Sachen
nutzen und und vielleicht mal eben mit ihren Enkelkindern mit Sachen konfrontiert werden oder
Sachen anschauen wollen bevor sie dann vielleicht in die Erziehung reinreden oder unterstützend
einwirken und so, dann ja gut- dann sollen sie- dann ist ja gut wenn die es auch gut lesen können und
gut zurechtkommen.

(Malve, KP, II, 12-27)

Die *Bewertung* der Kooperationspartnerin bezieht sich hier auf das *Ergebnis* der
Zusammenarbeit, d. h. anders als im Fall Tulpe nicht auf die Erfahrungen, die sie
im *Prozess* der Kooperation gemacht hat. Dabei wird das Ergebnis der Tätigkeit
der Innovage-Berater – die Verbesserung der Lesbarkeit der Website durch eine
Veränderung des Schrifttypus – als marginal betrachtet. Frau Hoffmann grenzt
sich weitgehend von den aus der *spezifischen Perspektive der Innovage-Berater*
resultierenden Anregungen ab: Sie nennt die primäre Zielgruppe ihrer Organisation und fügt nur ergänzend hinzu, dass zunehmend auch „Senioren die Sachen
nutzen" und es gut sei, wenn diese die Seiten auch gut lesen könnten. Auch andere Aspekte, die die Innovage-Berater einbringen und die dazu geeignet wären,

die eigene *Standortgebundenheit* („dann geht man ja immer von der eigenen aus") und Ausrichtung der Initiative kritisch zu hinterfragen, werden von Frau Hoffmann als irrelevant zurückgewiesen:

wobei eben die Diskussionen ob man jetzt dann wirklich die bildungsfernste ‚Person'[129] mit Migrationshintergrund und Unfähigkeit von der deutschen- also, irgendmal habe ich gesagt nein das ist nicht unser Job, unser Job ist ein anderer oder- eben, aber die Diskussionen sind natürlich dann auch immer wieder geführt worden u:nd

(Malve, KP, II, 47-51)

Die Ansprache so genannter bildungsferner Personen mit Migrationshintergrund gehört nach Ansicht von Frau Hoffmann nicht zu den Aufgaben der Initiative. In der entsprechenden Äußerung dokumentiert sich, dass Frau Hoffmann die *Definitionsmacht* darüber, was zu den Aufgaben der Organisation gehört und was nicht, für sich allein in Anspruch nimmt und wiederkehrende Diskussionen vor diesem Hintergrund tendenziell negativ bewertet. Erneut attestiert die Kooperationspartnerin den Innovage-Beratern einen *Mangel an Kompetenz* hinsichtlich neuer Medien und eine *Distanz zur primären Zielgruppe* der Initiative:

ich denke auch auch ähm bis auf jemanden, jemand ist in dieser Arbeitsgruppe gewesen, der trotz schon pensioniert noch Teenagerkinder daheim hat, aber ich denke sonst sind die Teilnehmer zum Teil auch sehr weit weg gewesen von Kids und Teenagers, also darum eben die Zusammenarbeit lässt sich für mich wirklich vom Inhalt nicht immer ganz lösen und ich denke, wenn wir jetzt äh Büchsensuppe verkauft hätten wär es viel einfacher oder, sich auf also so, aber äh so sind halt auch Problematiken drin gewesen, die, die, die halt immer wieder zu Diskussionen und dass man nicht vorwärtsgekommen ist geführt hat so. ähm dann haben wir natürlich auch noch die Situation gehabt, eben durch das, dass es freiwillig ist und eben sehr=sehr kostengünstig, kann ich natürlich auch nicht auf den Tisch klopfen wenn=wenn es nicht so schnell vorwärts geht.

(Malve, KP, II, 51-61)

Frau Hoffmann stellt hier der tatsächlichen inhaltlichen Ausrichtung der Initiative – die non-profit-orientierte mediale Verbreitung von Informationen – eine Ausrichtung auf den Verkauf von „Büchsensuppe" im Sinne *eines negativen Gegenhorizonts* gegenüber. Während aus Sicht von Frau Hoffmann die *Handlungspraxis* der Innovage-Berater mit Letzterem durchaus kompatibel wäre, betrachtet sie deren Vorgehen für die inhaltliche Ausrichtung der eigenen Initiative als unpassend. Spätestens hier wird deutlich, dass die *Handlungsrepertoires und Handlungsorientierungen* der freiwillig Engagierten von Frau Hoffmann als *nicht vereinbar mit den eigenen (habitualisierten) Praktiken und Sichtweisen* im Kontext der Initiative betrachtet werden.

---

129   Nennt Angehörige der Personengruppe, die Adressatin der Initiative ist.

Darüber hinaus kritisiert die Kooperationspartnerin implizit das zu *geringe Tempo* der Innovage-Berater. In diesem Zusammenhang deutet sich auch an, dass ihre *eigene habitualisierte Handlungspraxis* in der Zusammenarbeit mit den freiwillig engagierten Innovage-Beratern *irritiert* wird: Aufgrund der Freiwilligkeit und Kostenfreiheit des Angebots kann sie nicht, wie gewöhnlich, das Tempo vorgeben und eine Beschleunigung der Arbeit herbeiführen. Es gibt jedoch keine Hinweise darauf, dass die hier rekonstruierten Irritationen bei Frau Hoffmann, ähnlich wie bei Frau Wyss im Projekt Tulpe, einen Lernprozess auslösen. Die Kooperationspartnerin Frau Hoffmann *evaluiert* schließlich die Zusammenarbeit:

es ist außerordentlich- menschlich sehr angenehm gewesen, also muss ich- oder aber man hat dann eigentlich einen netten Nachmittag verbracht, ähm ich habe- ich habe wahnsinnig viel Sachen wirklich x-mal erzählen müssen, es ist zum Teil wirklich schwierig, ich verstehe- das ist mir schon klar, aber äh das äh man hat dann irgendwann auch gemerkt, es fehlt die Übersicht über unsere verschiedenen Projekte, obwohl alle Konzepte und so- auf dem Tisch gewesen sind, die haben sie alle gehabt, es ist einfach ein bisschen schwierig gewesen (.) ähm da immer wieder- also wir haben dann wie äh immer einen Schritt wieder zurück gemacht und dann wieder einmal probiert ‚z büschele'[130], und dann ist für die eigentliche Arbeit (.) dann wenig Zeit geblieben und ähm (2) auf unserer Seite ist halt unheimlich viel gegangen, also ähm ich habe sehr viel ä:h Zeit investieren müssen und unsere Seite, das bin das bin halt einfach nur ich, oder also das muss man auch so sehen also, und ähm ich habe sehr viel Zeit investieren müssen

(Malve, KP, II, 70-82)

Frau Hoffmann *bewertet* die Zusammenarbeit zwar als „menschlich" sehr angenehm, schreibt den Innovage-Beratern jedoch erneut *mangelnde Kenntnisse* zu, nun hinsichtlich der verschiedenen Projekte der Organisation. Dabei unterstellt sie zugleich, dass es ihnen anhand der Konzepte hätte möglich sein müssen, diese Kenntnisse zu erlangen. Indem sie die Akteurinnen und Akteure in der Organisation („auf unserer Seite") den Innovage-Beratern gegenüberstellt, macht sie deutlich, dass Aktivitäten und Aufwand ungleich verteilt waren und auf der Seite der Innovage-Berater wenig geschah, während sie viel Zeit habe investieren müssen. Den Ertrag der Kooperation schätzt sie gering ein; dies geht mit einer insgesamt *negativen Sicht* auf die Kooperation einher.

6.2 2 Wahrnehmung von Differenz auf der Ebene von Rollen, Kenntnissen und Kompetenzen

Aus der Perspektive der Kooperationspartner/innen in den Projekten Rose, Löwenzahn und Lavendel verläuft die Zusammenarbeit mit den Innovage-Beratern ohne Komplikationen. Zwar nehmen die Kooperationspartner/innen in der Zu-

---

130   Schweizerdeutsch für „etwas bündeln", „etwas fokussieren".

sammenarbeit mit den freiwillig Engagierten durchaus Differenzen wahr, jedoch beziehen sich diese überwiegend auf die Ebene von Rollen, Kenntnissen und Kompetenzen. Anders als beim zuvor dargestellten Typus werden in der Kooperation keine habituellen und milieubezogenen Differenzen erfahren.

Kooperationspartnerin im Projekt Rose

Inhalt des Projekts Rose ist es, ein bereits in einer anderen Region etabliertes Kursangebot für eine spezifische Zielgruppe an einem neuen Standort zu etablieren. Die am Projekt Rose beteiligten Akteurinnen und Akteure sind in verschiedenen Organisationen oder freiberuflich tätig. Rita Keller, die Kooperationspartnerin des Innovage-Beraters Fritz Lüthi im Projekt Rose, kann sich nicht mehr genau erinnern, wann Herr Lüthi zum Projekt gestoßen ist. Dennoch markiert dieser Zeitpunkt für sie eine Veränderung in der Projektpraxis. Von da an seien nicht mehr nur sie selbst und der zweite Hauptakteur im Projekt tätig gewesen (vgl. Rose, KP, I, 23-28), sondern es gab dann jemanden,

der quasi (4) erste administrative Tätigkeiten übernommen hat. und **ich** konnte **langsam** gewisse Sachen abdelegieren. (2) weil, ähm ja, am **Anfang** ich natürlich mich **selbst** administriert.

(Rose, KP, I, 28-33)

Frau Keller sieht in Herrn Lüthi in erster Linie jemanden, an den sie administrative Aufgaben *delegieren* kann. Damit schreibt sie ihm primär eine *ausführende Rolle* zu. Folgt man Frau Kellers Ausführungen im Interview weiter, so war die Einbeziehung des freiwillig Engagierten auch deshalb erforderlich, weil man jemanden benötigte, der *vor Ort* sein konnte (vgl. Rose, KP, I, 35-69). Weder führt Frau Keller einen spezifischen inhaltlichen Unterstützungsbedarf an, noch erwähnt sie konkrete *Kenntnisse oder Kompetenzen* des Innovage-Beraters. Nach ihrer Ansicht hat sich die Aufgabenverteilung im Projektteam so entwickelt, dass sie sich zunehmend auf „das Persönliche" konzentrieren konnte, während sie Herrn Lüthis Zuständigkeit im Administrativen sieht (Rose, KP, II, 1-13):

ich mache, auch den menschlichen Kontakt. das mache ich. auf der anderen Seite macht wieder Fritz macht ähm die Administration, (2) den Papierkram, (2) das Geld einziehen. und so weiter und so fort. (3) ich mache das Pädagogische.

(Rose, KP, II, 13-19)

Die *Arbeitsteilung* bzw. die *Differenz zwischen den Rollen*, die die verschiedenen Akteurinnen und Akteure wahrnehmen, scheint den Vorstellungen von Frau Keller zu entsprechen, denn sie thematisiert diesbezüglich weder hier noch im weiteren Verlauf des Interviews Wünsche einer Veränderung:

und **dieser** Job, Krankenkasse, an Versicherungen schreiben ist dann wieder oh, das ist dann wieder ganz klar @**Fritz**@ oder? weil das ist auch wieder etwas wo ich **nicht**. ja, wirklich befähigt bin dazu. (5) ja. (3) ich bin auch nicht. **ja** ich bin, **ja** ich bin nicht, das ist nicht meine Art zu arbeiten.

(Rose, KP, II, 34-44)

Die Aufgaben, für die der Innovage-Berater nach Ansicht von Frau Keller zuständig ist, sind diejenigen, das zeigt sich hier, die ihr *nicht entsprechen* oder für deren Erledigung sie nicht über die entsprechende *Kompetenz* verfügt. Auffällig ist, dass sie auch hier *keine spezifischen Kompetenzen* erwähnt, über die Herr Lüthi verfügt – er selbst hatte im Interview seine Feld- und Insiderkenntnisse sowie Fachkenntnisse in dem für das Projekt relevanten Bereich angeführt. Auch sieht die Kooperationspartnerin Herrn Lüthi nicht in einer *Rolle*, in der er die gesamte Umsetzung des Projekts im Blick hat, eigenständige Ideen zur Projektrealisierung entwickelt und verschiedene Aufgaben koordiniert. Ihre Sicht auf den Innovage-Berater und dessen Rolle im Projekt weicht also von seiner Selbstzuschreibung ab. Dennoch scheinen die konkreten *Handlungspraktiken und -orientierungen* des freiwillig Engagierten nicht in Konflikt mit der (habituellen) Praxis der Kooperationspartnerin zu geraten, denn sie stellt im Interview keine grundlegenden Probleme dar, sondern äußert sich positiv über die Zusammenarbeit.

Kooperationspartnerin im Projekt Löwenzahn

Bei dem Projekt Löwenzahn handelt es sich um ein abgegrenztes Projekt der Organisation Birke mit dem Ziel, ihre Adressat/inn/en zu unterstützen. Auch in diesem Projekt verläuft die Zusammenarbeit mit Innovage aus der Perspektive der Kooperationspartnerin ohne Schwierigkeiten. Monika Grünfeld, Kooperationspartnerin des Innovage-Beraters Jakob Brunner, schildert die Entstehung des Projekts wie folgt:

die Idee (.) hat begonnen, als ich ein Pilotprojekt entworfen habe für die Organisation Birke. ich hab dann (.) das Projekt dort implementiert. wir haben eine (.) explorative Analyse durchgeführt. und es ging eben um die Frage (.) ist die Nachfrage vorhanden für Leute mit diesem Profil. (…) und das Projekt wurde dort implementiert. also das heißt ein Jahr explorative Arbeit, plus ein Jahr Pilotprojekt. wir haben das extern auch äh evaluieren lassen. die ähm Resultate waren sehr erfolgreich. also äh das Output und wir waren damit zufrieden.

(Löwenzahn, KP, I, 17-20 u. 24-27)

Auffällig ist, dass Frau Grünfeld den Vorlauf des Kooperationsprojekts in einer systematischen Art und Weise schildert und verschiedene Begriffe (explorative Analyse, Pilotprojekt, Evaluation) nutzt, die u. a. im *Projektmanagement* geläufig sind. Die Kooperationspartnerin führt aus, dass das Projekt, das auf das Empowerment von Personen ausgerichtet gewesen sei, schließlich außerhalb der Organisation, in der es ursprünglich entwickelt wurde, implementiert wurde, da sich die Organisationsstrukturen als für das Projekt nicht adäquat erwiesen (vgl. Löwenzahn, KP, I, 27-34). Die Zusammenarbeit mit Innovage schildert und bewertet Frau Grünfeld wie folgt:

> die Zusammenarbeit die wir entworfen haben mit Innovage mit dieser Person von Innovage. es geht darum Zugang zu ermöglichen. also er eröffnet Zugang bei der Wirtschaft. also vor allem Firmen. Firmen aber auch im Bereich Assessment. das sind zwei Pfeiler, wo wir **sehr** dankbar sind, weil das Know-how ist vorhanden. er ist ein langjähriger Berater in dem Bereich. hat über zwanzig Jahre Erfahrung in der Privatwirtschaft. und für uns war wichtig dieses Knowhow bei uns zu implementieren. (3) also eine **hervorragende** Zusammenarbeit.
>
> (Löwenzahn, KP, II, 11-17)

Im Unterschied zu der Kooperationspartnerin im Projekt Malve nimmt Frau Grünfeld die *spezifische Expertise* des Innovage-Beraters wahr und artikuliert ein Interesse, diese für die eigene Organisation *nutzen* zu können. So werden neben den langjährigen *Erfahrungen* des Innovage-Beraters im Bereich *privatwirtschaftlicher Unternehmen* auch dessen *methodische Kenntnisse* hinsichtlich des „Assessment[s]" thematisiert. Die unterschiedlichen Expertisen des Innovage-Beraters und der Akteurinnen und Akteure in der Organisation Birke werden als einander *ergänzend* betrachtet. Das für die Zusammenarbeit mit Innovage konzipierte Projekt zielt darauf, Wissen und Können des freiwillig Engagierten in die Organisation „zu implementieren". Von dem konkreten Innovage-Berater Jakob Brunner abstrahierend hebt Frau Grünfeld die *Professionalität*, die *langjährigen Erfahrungen* und die „*Seniorität*" der bei Innovage Tätigen hervor und *bewertet* die Kooperation mit Innovage schließlich sehr *positiv* (Löwenzahn, KP, II, 17-22).

Im Unterschied zu den Interviews, anhand derer der erste Typus gebildet wurde, kommen im gesamten Interview *keine Differenzen im Hinblick auf handlungspraktische Gewohnheiten* zur Sprache, es werden auch in keiner Weise Irritationen erkennbar, die auf Milieudifferenzen hindeuten würden. Die *Handlungsrepertoires* des freiwillig Engagierten scheinen von der Kooperationspartnerin als an die eigene (habitualisierte) Praxis anschlussfähig erlebt zu werden.

Kooperationspartner im Projekt Lavendel

Othmar Huber, der Kooperationspartner von Peter Seiler im Projekt Lavendel, geht im Interview zunächst auf das Projekt der Dachorganisation Ahorn, ein Haus für die Mitgliedsorganisationen zu etablieren, und die mit diesem Projekt verbundenen Intentionen ein (vgl. Lavendel, KP, I, 12-32). Zur Realisierung des Projekts wurde, wie er darstellt, ein Verein gegründet. Er erwähnt, dass er selbst erst mit der Gründung des Vereins „eingestiegen" ist, und bezeichnet das Projekt als „komplexe Geschichte" (Lavendel, KP, I, 33). Zunächst sei es um das „Grobkonzept" gegangen, dann habe man die Mitglieder befragt, ob sie Interesse hätten (Lavendel, KP, I, 34). Nachdem man viele Zusagen erhalten habe, fand man, dass es nun konkreter werden könne (vgl. Lavendel, KP, I, 37-40).

und beim **Konkreterwerden** sind wir dann (.) auf einmal auf ganz viel spezielles **Fachwissen** angewiesen gewesen, (2) äh gerade jetzt zum Beispiel wenn es um Räumlichkeiten geht also (.) wie konzipieren wir, was brauchen wir für **Räume**, wie sollen wir auf welche Raumsuche sollen wir gehen, (.) wie machen wir einen, einen (.) wie **finanzieren** wir das Ganze, also wo können wir äh (.) wo finden wir **Quellen** oder wie oder wie (3) wie **bauen** wir überhaupt einen solchen Finanzplan **auf** oder. Und kennen das ja eigentlich da schon, aber (.) es ist einfach in einer (2) auf einmal in einer ganz anderen Dimension dann dagestanden oder. weil da müssen wir mit verschiedenen **Partnern** zusammenarbeiten (2)

(Lavendel, KP, I, 40-50)

Ohne die Innovage-Berater zu erwähnen, stellt Herr Huber zunächst dar, dass in der Konkretisierungsphase ein *Bedarf an „Fachwissen"* in verschiedenen Bereichen entstand. Dieser bezog sich bspw. auf die Räume, die Erschließung finanzieller Ressourcen sowie die Finanzplanung. Indem er auf die „ganz andere(...) Dimension" des Projekts verweist, räumt Herr Huber ein, dass auf Seiten der in der Organisation Tätigen angesichts der vermutlich vergleichsweise großen Dimension des Projekts und der Kooperation mit verschiedenen Partner/inne/n *Kenntnisse und Kompetenzen fehlen*. Er führt weiter aus:

damals ist man auf (.) auf dieses Innovage (.) auf diese Leute gekommen, (.) und hat sie dann zuerst mal im Bereich des **Businessplans** (2) mal **gebeten** um (2) eine Hilfestellung zu machen wie so ein Businessplan aussehen könnte, aufgrund dieses Grobkonzepts nachher haben wir dann mit einem **Architekten** auch die ganzen Raumberechnungen gemacht, was würde das denn heißen, (2) ähm welche Räume braucht man, wie soll das aussehen und das letzte Ding ist noch gewesen das wir jetzt noch mit ihnen zusammen gemacht haben ist die ganze, das ganze **Budget**. so ein **fiktives** Budget mussten wir erstellen was wenn wir jetzt auf **Geldsuche** auf das Fundraising gehen, was das dann heißen würde. (2) **so** ist das äh **das** sind die drei Bereiche, wo wir eigentlich mit ihnen auch zu tun gehabt haben.

(Lavendel, KP, I, 61-73)

Die Tätigkeit der Innovage-Berater vollzog sich, laut Herrn Huber, in *klar abgegrenzten Teilbereichen* innerhalb des spezifischen Projekts. Im Vergleich zur Kooperationspartnerin im Projekt Malve fällt auf, dass Herr Huber anders als Frau Hoffmann Begriffe wie „Businessplan(...)", „Grobkonzept(...)" oder „Fundraising" wie selbstverständlich verwendet, ohne sich von ihnen zu distanzieren. Hier stimmt seine Darstellung in gewisser Weise mit der der Kooperati-

onspartnerin Frau Grünfeld im Projekt Löwenzahn überein. Deutlich wird in den
Ausführungen von Herrn Huber auch, dass die im Rahmen der *beruflichen Tätigkeit* erworbene *Expertise* der Innovage-Berater wahrgenommen wird; so wird
die „Raumberechnung" bspw. „mit einem Architekten" gemacht. Implizit wird
damit im Rückblick auf eine *Differenz* zwischen den Kenntnissen und Kompetenzen der freiwillig Engagierten und denen der Kooperationspartner/innen fokussiert. Wie in dem Interview mit Frau Grünfeld kommen im gesamten Interview, das mit Herrn Huber geführt wurde, jedoch keine Differenzen im Hinblick
auf *handlungspraktische Gewohnheiten* zur Sprache, ebenso wenig werden Irritationen erkennbar. Die Handlungsrepertoires der freiwillig Engagierten scheinen
also auch hier als an die eigene (habitualisierte) Praxis anschlussfähig erlebt zu
werden.

Herr Huber stellt es so dar, dass die Akteurinnen und Akteure aus der Organisation Ahorn den jeweiligen Unterstützungsbedarf selbst konkret artikulierten.
Später weist Herr Huber allerdings darauf hin, dass sich in der Kooperation mit
Innovage eine Entwicklung vollzog: Zunächst sei es für die Innovage-Berater
unklar gewesen, wohin sich das Projekt entwickelte und mit welcher Zielsetzung
sie die Aufgaben ausführten. Im Laufe der Zeit hätten die Kooperations-
partner/innen dies klarer kommunizieren können:

und als wir das dann etwas vorantrieben und an die Hand genommen haben, konnte man dann auch
äh kon-, konkret etwas in Auftrag geben und sagen, wir brauchen das und das, können sie das liefern
oder nicht? und dann hat sich die Zusammenarbeit verbessert. (2) äh (.) man konnte das **klarer**
kommunizieren und auch **klarer** die Aufträge abgrenzen.

(Lavendel, KP, III, 13-17)

Die Zusammenarbeit mit den Innovage-Beratern *bewertet* Herr Huber schließlich
sehr *positiv*. Auslöser für seine Stellungnahme ist die Frage des Interviewers, in
welcher Hinsicht Herr Huber Unterschiede zwischen hauptamtlichen Beratern
und den Innovage-Beratern sehe:

in den Kosten ((lacht)) das sagt eben schon recht viel (.) finde ich. das was ich von ihnen bekommen
habe, war eine sehr kompetente Hilfe, welche ich nicht anders erlebt habe bei jemandem, bei dem ich
dann dafür bezahlt habe. das (2) ((lacht)) hätte es eigentlich eher heißen sollen. (.) die Kosten. (.) also
ja (.) diese Leute (3) sind sehr mitdenkend, interessiert (.) ich würde jetzt fast behaupten, noch **mehr**
im Verstehen, um was es geht. es ist nicht einfach so, dass sie denken, ich geh jetzt mal rein, arbeite
etwas und stelle dann eine Rechnung. das Verständnis oder auch das **Bedürfnis** verstehen zu wollen,
um was es geht. das Interesse am **Ziel** (.), an der **Idee** die man verfolgt. das ist viel wohlwollender,
viel (.) emotionaler. also es ist einfach (.) auf, auf, auf einer anderen zwischenmenschlichen Ebene,
als wenn man es mit einem Auftrag macht.

(Lavendel, KP, IV, 7-12)

Einen Unterschied zwischen hauptamtlichen Beratern und den Innovage-Beratern sieht Herr Huber bei den Kosten, nicht jedoch in der Kompetenz. Vor dem *negativen Gegenhorizont* eines hauptamtlichen Beraters hebt er die besondere Qualität der Innovage-Berater hervor. Bei ihrer Unterstützung handele es sich nicht um eine reine Dienstleistung, deren Erbringung in Rechnung gestellt werde, vielmehr sei die Praxis der Innovage-Berater durch das Bedürfnis der freiwillig Engagierten *verstehen zu wollen* und ihr *Interesse am Ziel* geprägt. Insofern entsteht in der Kooperation seiner Ansicht nach eine *Beziehung*, die sich positiv von der im Rahmen eines reinen Dienstleistungsverhältnisses abhebt. Herr Huber macht deutlich, dass das Wissen darum, dass die Innovage-Berater in „ihrer Freizeit" für die Organisation tätig werden, ihn selbst vor die Herausforderung stellt, sich gut vorzubereiten, damit die freiwillig Engagierten „nicht noch Zusatzschleifen machen müssen" (Lavendel, KP, IV, 12-20). Darin dokumentiert sich, dass die *Freiwilligkeit* des Engagements der Innovage-Berater/innen von dem Kooperationspartner wahrgenommen wird und in der Art seines Handelns implizit Anerkennung erfährt.

6.2.3 Zentrale Ergebnisse zu den Differenzerfahrungen der Kooperationspartner/innen

Zunächst ging die Teilstudie 2 der Frage nach, wie die Innovage-Berater/innen die Situation und die Entwicklung in den jeweiligen Projekten vor dem Hintergrund bzw. im Horizont ihrer Erfahrungen wahrnehmen und wie sie das (kooperative) Engagement auf der Basis ihres Erfahrungswissens gestalten. Die zur Beantwortung dieser Fragestellung gewonnenen Erkenntnisse wurden bereits in Kapitel 6.1.4 zusammenfassend dargestellt. In Ergänzung dieses Erkenntnisinteresses fragte die Teilstudie 2 danach, wie die *Kooperationspartner/innen* die Innovage-Berater/innen und deren handlungspraktische Gewohnheiten der Projektrealisierung wahrnehmen, welche Erfahrungen sie in der Zusammenarbeit machen und wie sie die Kooperation mit Innovage schließlich bewerten. In der Rekonstruktion des empirischen Materials wurde deutlich, dass in allen Interviews *Differenzen* zwischen den Kooperationspartner/inne/n und den Innovage-Berater/inne/n explizit oder implizit eine Rolle spielen. Unterschieden werden können *Erfahrungen von Differenz auf habitueller und milieubezogener Ebene* und *Wahrnehmungen von Differenz auf der Ebene von Kenntnissen, Kompetenzen und Rollen*. Im Folgenden werden diese beiden Arten der Differenzerfahrung bzw. –wahrnehmung zusammenfassend dargestellt.

Erfahrungen von Differenz auf habitueller und milieubezogener Ebene

In den Projekten Tulpe und Malve, bei denen es sich jeweils um die Unterstützung kleinerer Initiativen durch Innovage handelt, machen die Kooperationspartnerinnen in der Zusammenarbeit mit den freiwillig Engagierten *Differenzerfahrungen*, die zum Teil mit starken *Irritationen* einhergehen.

Im Projekt Tulpe verknüpft die Kooperationspartnerin die aktuellen Probleme der Initiative (Mangel an kontinuierlich mitarbeitenden Freiwilligen) eng
mit ihren persönlichen Problemen (Wiedereintritt in den Arbeitsmarkt). Die von
ihr angestrebte „Professionalisierung" der Initiative, die durch Innovage unterstützt werden soll, stellt für sie eine Antwort auf beide Probleme dar. Im Kontakt
mit den Innovage-Berater/inne/n erfährt sie ihre eigene *Standortgebundenheit*
und ordnet die beteiligten Akteurinnen und Akteure zwei verschiedenen *„Welten"* zu; dies kann als das Erleben einer *Milieudifferenz* interpretiert werden. Ein
konjunktives Verstehen ist angesichts dieser Milieudifferenz nicht möglich, jedoch gelingt im Laufe der Kooperation und im Zuge eines intensiven Austauschs
eine *kommunikative Verständigung* zwischen der Kooperationspartnerin und den
freiwillig Engagierten; sie entfalten eine gemeinsame *Produktivität*. Die Kooperationspartnerin beschreibt rückblickend schmerzhafte und irritierende Erfahrungen im Zuge der Zusammenarbeit, die jedoch damit einhergingen, dass sie etwas
„im Kopf" umstrukturieren konnte. Die Differenzerfahrungen auf habitueller und
milieubezogener Ebene setzen bei ihr einen Prozess in Gang, in dem sich Ausschnitte von Selbst und Welt veränderten und der Anzeichen eines *Lernprozesses*
zeigt (vgl. Nohl et al. 2015: 256). Die Kooperation mit Innovage wird abschließend ausgesprochen *positiv* bewertet.

Die Kooperationspartnerin im Projekt Malve bewertet die Kooperation mit
Innovage im Rückblick dagegen *negativ*. Auch in ihrem Fall besteht der Unterstützungsbedarf in einer „Professionalisierung" der von ihr gegründeten Initiative. Die Unterstützung soll durch ein Angebot im Bereich älterer Freiwilliger
realisiert werden. Die Entscheidung fällt schließlich primär aus *finanziellen
Gründen* auf Innovage. Im Interview thematisiert die Kooperationspartnerin
durchgehend die *mangelnden Kenntnisse* der Innovage-Berater/innen und hebt
die fehlende Nähe der freiwillig Engagierten zu den Hauptzielgruppen der Initiative hervor; sie fokussiert also auf die Differenz der Erfahrungshintergründe. Die
Kooperationspartnerin lehnt es ab, dass Geschäftsmodelle, die aus ihrer Sicht für
die Produktion von „Büchsensuppe" adäquat sind, auf ihre Initiative übertragen
werden, und hält entsprechende *Handlungspraxen und –modelle* ebenso wie
Begriffe wie „Businessplan" für zu „hochtrabend" im Hinblick auf ihr Wir-
kungsfeld. Auch hier gibt es, so kann man interpretieren, Anzeichen des Erlebens einer *Milieudifferenz*, ein *konjunktives Verstehen* ist daher nicht möglich.

Jedoch gelingt in diesem Fall auch keine *kommunikative Verständigung*, vermutlich auch, weil die Kooperationspartnerin den hohen Aufwand, den die Kommunikation zur Verständigung angesichts der Differenzerfahrung erfordern würde, als hinderlich für die eigene Praxis betrachtet. Die spezifische Perspektive und die Anregungen der freiwillig Engagierten, die auch Anlass für die *Reflexion der eigenen Standortgebundenheit* und die Ausrichtung der Initiative hätten geben können, werden als irrelevant erachtet und abgewertet. Die Kooperationsbeziehung scheitert, ihr Ertrag wird als marginal eingeschätzt.

Wahrnehmung von Differenz auf der Ebene von Kenntnissen, Kompetenzen und Rollen

In den Projekten Rose, Löwenzahn und Lavendel nehmen die Kooperationspartner/innen zwar ebenfalls Differenzen in der Zusammenarbeit mit den Innovage-Berater/inne/n wahr, sie machen jedoch keine Differenzerfahrungen auf habitueller und milieubezogener Ebene.

Die Kooperationspartnerin im Projekt Rose schreibt dem Innovage-Berater eine nachgeordnete *Rolle* zu, indem sie schildert, wie sie Aufgaben an ihn „*delegiert*". Spezifische *Kenntnisse und Kompetenzen* des Innovage-Beraters thematisiert sie nicht. Darin unterscheidet sich dieses Interview von den Interviews, die mit den Kooperationspartner/inne/n in den Projekten Löwenzahn und Lavendel geführt wurden. Beide Kooperationspartner/innen nehmen die im Kontext beruflicher Tätigkeiten erworbenen *Erfahrungen, Kenntnisse und Kompetenzen* der Innovage-Berater/innen wahr und sind daran interessiert, diese in Ergänzung zu bereits in der eigenen Organisation vorhandenen Kompetenzen zu nutzen. Das Projekt Löwenzahn wird eigens für die Kooperation mit Innovage konzipiert und ist darauf ausgerichtet, dass sich die Akteurinnen und Akteure in der Organisation Know-how aneignen, über das der Innovage-Berater verfügt. Auffällig ist zudem, dass die Kooperationspartner/innen in den Projekten Löwenzahn und Lavendel die Entwicklungsprozesse analytisch und strukturiert darstellen und dabei wie selbstverständlich auf Begriffe zurückgreifen, die bspw. im Projektmanagement geläufig sind. Anders als die Kooperationspartnerin im Projekt Malve distanzieren sie sich also nicht von entsprechenden Begrifflichkeiten. Beide bewerten zudem die Zusammenarbeit mit Innovage *positiv*. Dabei hebt die Kooperationspartnerin im Projekt Löwenzahn die spezifischen *Feldkenntnisse* und die *Expertise* des Innovage-Beraters hervor, während der Kooperationspartner im Projekt Lavendel neben der *berufsbezogenen Expertise* auch die *spezi fische Qualität* der freiwillig erbrachten Beratung im Unterschied zur Beratung durch eine beruflich tätige Person betont. Diese Qualität liegt aus seiner Sicht im Interesse der freiwillig Engagierten an dem *Ziel* des Projekts, in ihrem Bedürfnis *verstehen zu wollen* und in der besonderen Art der *Beziehung*, die die Kooperation charakterisiert.

7 Schlussbetrachtungen

Die vorliegende Studie hat sich am Beispiel des Schweizer Projekts *Innovage* der Selbstorganisation in zivilgesellschaftlichen Netzwerken sowie dem Erfahrungswissen älterer Menschen im nachberuflichen Engagement zugewandt. Innovage steht dabei für einen Ansatz der Engagementförderung, der darauf zielt, dass sich ältere Menschen ausgehend von ihren Interessen, ihren Erfahrungen, Kenntnissen und Kompetenzen selbstbestimmt und befristet in zivilgesellschaftlichen Organisationen und Initiativen engagieren. Sie beraten diese oder realisieren Projekte in Kooperation mit ihnen (vgl. Bühlmann 2010). Vergleichbar dem Bundesmodellprogramm „Erfahrungswissen für Initiativen" in Deutschland (vgl. z. B. Braun et al. 2005, Engels et al. 2007), von dem die Initiierung des Projekts in der Schweiz inspiriert war, hat Innovage den Anspruch, älteren Menschen Möglichkeiten nachberuflicher Aktivität und sozialer Teilhabe zu eröffnen und ihre Potenziale für die Gesellschaft fruchtbar zu machen (vgl. Altorfer/Peter 2010: 10). Und ebenso wie das deutsche Programm richtet es sich vorrangig an die *„jungen Alten"* (vgl. z. B. van Dyk/Lessenich 2009). Diese geraten bei der Förderung des bürgerschaftlichen Engagements seit geraumer Zeit verstärkt in den Blick. Im Zuge des demografischen Wandels wird die Hoffnung in sie gesetzt, den wachsenden Belastungen des Sozialstaats, die mit dem steigenden Anteil älterer und hochbetagter Menschen an der Gesamtbevölkerung assoziiert werden, etwas Positives entgegenzusetzen (vgl. BMFSFJ 2005, 2010; vgl. Kap. 2.2).

In der Forschung schlägt sich die hohe gesellschaftspolitische Relevanz, welche der Thematik des bürgerschaftlichen Engagements älterer Menschen beigemessen wird, bislang kaum nieder (vgl. Kap. 2.4). Wie festgestellt wurde, liegen zwar verschiedene quantitative Studien in der Engagement- und Alter(n)sforschung vor, aus denen sich Informationen zum Umfang des Engagements älterer Menschen und zu deren Engagementmotiven ziehen lassen (vgl. z. B. Stadelmann-Steffen et al. 2010, Gensicke et al. 2010, Motel-Klingebiel et al. 2010), bisher haben sich jedoch nur wenige qualitative Studien diesem Forschungsfeld zugewandt (vgl. z. B. Aner 2005, Steinfort 2010, Denninger et al. 2014). Kollektive Zusammenhänge und Orientierungen blieben darin weitgehend unberücksichtigt, obwohl sie für das bürgerschaftliche Engagement charakteristisch und bedeutsam sind. Zudem beschränkten sich sowohl die quantitativen als auch die qualitativen Studien überwiegend darauf, reflexive Wissensbestände der Beforschten zu erfassen. Das präreflexive handlungspraktische und -leitende Wissen und damit auch das viel thematisierte „Erfahrungswissen" älterer Menschen blieben in der Forschung dagegen außen vor. Die vorliegende Studie hat sich der hier skizzierten Forschungsdesiderate angenommen. Sie leistet einen Beitrag zur qualitativen Forschung im Schnittfeld von Engagement- und Alter(n)sforschung. Ihre Ergebnisse sind auch für die Forschung und Praxis der Sozialen Arbeit relevant, denn zunehmend sind soziale Einrichtungen und Organisationen der freien Wohlfahrtspflege gefordert, auf kommunaler Ebene mit den neuen Zusammenschlüssen älterer Engagierter zu kooperieren. Gleichzeitig ist festzustellen, dass die Engagementförderung in den Organisationen der Sozialen Arbeit noch weitgehend unerforscht ist (vgl. Backhaus-Maul et al. 2015) und das Alter(n) in den Fachdiskursen der Sozialen Arbeit bisher „keine prominente Rolle" spielt (Hammerschmidt et al. 2014: 9).

Mit der Absicht, in den genannten Forschungsfeldern neue Erkenntnisse zu generieren, ging die vorliegende Studie von offenen forschungsleitenden Fragen aus, prüfte also keine Hypothesen. Nachdem die gewählten Erhebungsverfahren, Gruppendiskussionen und narrative Interviews, den Beforschten die Möglichkeit eröffneten, ihre Relevanzsysteme kommunikativ zu entfalten, galt es, ihre Konstruktionen sozialer Wirklichkeit zu *rekonstruieren* (vgl. Bohnsack 2010a; vgl. Kap. 4). Die *dokumentarische Methode* resp. deren Grundlagentheorie, die *praxeologische Wissenssoziologie*, fokussieren dabei auf das „konjunktive Wissen", das in der Handlungspraxis fundiert ist und diese zugleich orientiert; es ist vom „kommunikativen Wissen" zu unterscheiden (vgl. z. B. Bohnsack 2010b, Loos et al. 2013; vgl. Kap. 3.1 u. 3.2). Während Letzteres den Akteurinnen und Akteuren reflexiv zugänglich ist, von ihnen selbst expliziert und damit im Rahmen von Forschung einfach abgefragt werden kann, gilt dies nicht für das konjunktive Wissen, das als ein ‚atheoretisches Wissen' (vgl. z. B. Mannheim 1980: 71ff.) bzw. „implizites Wissen" (Polanyi 1985) zu verstehen ist. Dessen Explikation erfolgt auf dem Wege der Abduktion stellvertretend durch die Forscher/innen (vgl. Bohnsack et al. 2013: 12).

Die vorliegende Studie interessierte sich für zwei wesentliche Aspekte des nachberuflichen Engagements und war entsprechend in *zwei Teilprojekten* organisiert (vgl. Kap. 4.2 u. 4.3): Im ersten Teilprojekt richtete sich das Erkenntnisinteresse auf die Praxis der Selbstorganisation in den Innovage-Netzwerken. Die Studie wandte sich damit der ‚nach innen' gerichteten Praxis der freiwillig Engagierten zu und untersuchte diese unter dem Aspekt kollektiver Handlungsorientierungen (vgl. Kap. 3.3 u. 3.4). Im zweiten Teilprojekt nahm die Studie das Erfahrungswissen der älteren Engagierten in den Blick. Hier ging es um die ‚nach außen' gerichtete Praxis der Innovage-Berater/innen. Rekonstruiert wurden

unterschiedliche Modi ihres Wahrnehmens und Handelns im kooperativen Engagement. Ergänzend wandte sich die Studie den Kooperationspartner/inne/n der
freiwillig Engagierten zu. Hier interessierte deren Wahrnehmung der Erfahrungen und Praxis der Innovage-Berater/innen und die Bewertung der Kooperation.
Im Folgenden sollen zentrale Erkenntnisse der Studie zusammenfassend dargestellt und diskutiert werden.

Praxis der Selbstorganisation in zivilgesellschaftlichen Netzwerken

Als eine netzwerkförmige Vereinigung im öffentlichen Raum, die sich für gesellschaftliche und gemeinwohlorientierte Belange einsetzt, auf Selbstorganisation basiert und wesentlich vom bürgerschaftlichen Engagement ihrer Mitglieder
getragen ist, kann Innovage dem Bereich der Zivilgesellschaft und damit der
Sphäre zwischen Staat, Markt und Privatsphäre zugeordnet werden (vgl. z. B.
Enquete-Kommission 2002, Gosewinkel et al. 2004, Klein 2011; vgl. Kap. 1.1 u.
1.2). Das Engagement im Kontext von Innovage ist auch insofern *selbstorganisiert*, als die freiwillig Engagierten, anders als bei traditionelleren Formen des
Engagements, ihre Aufgaben selbst definieren; Ausgangspunkt hierfür sind ihre
eigenen Erfahrungen und Interessen (vgl. Breithecker 2008: 193f.). Die Enquete-
Kommission „Zukunft des Bürgerschaftlichen Engagements" des Deutschen
Bundestages hatte Selbstorganisation und Selbstständigkeit als wesentliche Aspekte des Handelns in der Bürger- bzw. Zivilgesellschaft herausgestellt (vgl.
2002: 25). Dieses Handeln wird nach Ansicht verschiedener Autor/inn/en
dadurch charakterisiert, dass es auf die Anerkennung von Heterogenität und
Vielfalt ausgerichtet ist. Die Interaktion ziele auf Verständigung ab und Konflikte würden mit friedlichen Mitteln gelöst. Zudem müssten sich individuelle Motivlagen Einzelner für ein zivilgesellschaftliches Engagement im Sinne einer
Orientierung am Gemeinwohl kollektivieren lassen (vgl. Gosewinkel et al.
2004: 11, Klein 2011: 29). Die in dieser Definition erkennbare Normativität ist
charakteristisch für den Zivilgesellschaftsdiskurs, der sich hier als wenig anschlussfähig für eine rekonstruktive Studie wie die vorliegende erweist. Diese
war darauf ausgerichtet in Erfahrung zu bringen, *wie* sich die Selbstorganisation
im Kontext der Zivilgesellschaft tatsächlich realisiert. Hierbei kann nicht vorausgesetzt werden, *dass* das Handeln auf Anerkennung von Vielfalt und die
Interaktion auf Verständigung ausgerichtet sind; vielmehr gilt es danach zu fragen, *wie* die Akteurinnen und Akteure miteinander interagieren und welcher
Umgang mit Vielfalt gefunden wird. Ebenso ist zu erkunden, ob überhaupt und
wenn ja in welcher Weise eine Kollektivierung individueller Motivlagen im je
spezifischen Kontext erfolgt.

Die bei Innovage freiwillig Engagierten organisieren sich in regionalen *Netzwerken*. Die Netzwerkstrukturen dienen der Kooperation der Innovage-Berater/innen untereinander und stellen zugleich sicher, dass ihre ‚Angebote' öffentlich wahrzunehmen sind. Netzwerke erfahren seit einigen Jahren zunehmend mehr Aufmerksamkeit im Engagementdiskurs, denn sie korrespondieren nach Ansicht von Expert/inn/en besonders gut mit den Strukturmerkmalen und Anforderungen bürgerschaftlichen Engagements. Sie gelten als eine vergleichsweise offene und hierarchiearme Organisationsform, die eine Beteiligung ohne formale Bindung ermöglichen (vgl. Olk et al. 2011, Olk 2005, Röbke 2009; vgl. Kap. 1.3). Nun ist davon auszugehen, dass es gerade diese Charakteristika von Netzwerken sind, die mit besonderen Herausforderungen für die beteiligten Akteurinnen und Akteure einhergehen: Denn was das jeweils Verbindende in einem Netzwerk ist, wer mitmachen darf und wie die Koordination verschiedener Anliegen und Aktivitäten in diesem als hierarchiearm angelegten Kontext erfolgreich zu realisieren ist, ist keineswegs von vornherein klar. Vielmehr werden sich in unterschiedlichen Netzwerken verschiedene Umgangsweisen mit diesen Herausforderungen entwickeln.

Das Teilprojekt 1 der vorliegenden Studie richtete vor diesem Hintergrund seinen Fokus auf die *Praxis der Selbstorganisation in den Innovage-Netzwerken* (vgl. Kap. 5). Diese wird als eine kollektive Praxis begriffen, der bestimmte handlungsleitende Orientierungen zugrunde liegen. Um diese rekonstruieren zu können, wurden Gruppendiskussionen an den damals existierenden sechs Standorten von Innovage durchgeführt (vgl. Kap. 4.2). Die Analyse der Daten zeigte, dass für die Innovage-Berater/innen eine zentrale Aufgabe darin besteht, für eine *Kohäsion* des jeweiligen Netzwerks zu sorgen. Die Realisierung dieser Aufgabe vollzieht sich in einem mehrdimensionalen Spannungsfeld, das für das bürgerschaftliche Engagement charakteristisch ist: Es zeigen sich Spannungsverhältnisse zwischen dem Engagement für andere, dem Interesse an Geselligkeit und dem Nutzen für sich selbst, zwischen unbezahlter und bezahlter Tätigkeit sowie zwischen Freiwilligkeit und Verbindlichkeit im Engagement. Die Akteurinnen und Akteure sind gefordert, sich mit der Programmatik von Innovage und den dieser Programmatik inhärenten gesellschaftlichen Erwartungen, Normen und Regeln auseinanderzusetzen, ebenso wie ein Umgang mit den unterschiedlichen Motivationen und Orientierungen der einzelnen Mitglieder gefunden werden muss. Hinzu kommt, dass sich im nachberuflichen Engagement ein mehr oder weniger prozesshafter Übergang von einer bezahlten Beschäftigung, der zum Teil in eher hierarchisch geprägten Organisationen nachgegangen wurde, in eine unbezahlte freiwillige Tätigkeit in einem zivilgesellschaftlichen Netzwerk vollzieht.

Im Sinne der dokumentarischen Methode resp. praxeologischen Wissenssoziologie (vgl. Kap. 3 u. 4.4) konnten bei der Rekonstruktion der Praxis der

Selbstorganisation in den Netzwerken zwei Ebenen unterschieden werden: Zum einen wurde herausgearbeitet, wie die Akteurinnen und Akteure im Kontext ihrer Selbstorganisation eine *kollektive Identität* entwickeln; das entspricht der Ebene des reflexiven Handelns bzw. kommunikativen Wissens. Zum anderen wurden verschiedene *Modi der Vergemeinschaftung* rekonstruiert; diese sind auf der Ebene des vorreflexiven, habitualisierten Handelns bzw. konjunktiven Wissens zu verorten. Ihnen liegen im Wesentlichen zwei Typen handlungsleitender Orientierungen zugrunde: eine *Orientierung an Assimilation* und eine *Orientierung an Inklusion*. Die sinngenetische Typologie, die im Zuge der komparativen Analyse entwickelt wurde, antwortet damit auf die Frage, in welchen unterschiedlichen (Orientierungs-)Rahmen die beforschten Akteurinnen und Akteure die Herausforderung der Selbstorganisation in den Netzwerken bearbeiten bzw. wie Vergemeinschaftung in den einzelnen Netzwerken habituell hergestellt wird. Im Folgenden wird die Typologie zusammenfassend dargestellt.

▪   Orientierung an Assimilation

Der erste Typus ist dadurch charakterisiert, dass sich die Praxis der Vergemeinschaftung an Assimilation orientiert. Es existieren eindeutige Vorstellungen über die kollektive Identität des Netzwerks, der sich alle Mitglieder anpassen sollen. Eine Auseinandersetzung mit der Perspektive von Mitgliedern, die als nicht zum Netzwerk und dessen Identität passend wahrgenommen werden, und ihren Motiven der Beteiligung an Innovage findet kaum statt. Mehr oder weniger explizit steht stattdessen die Möglichkeit einer Exklusion solcher Mitglieder im Raum. Zwar sind die Gruppen, anhand derer der Typus rekonstruiert wurde, gleichermaßen an Assimilation orientiert, zugleich unterscheiden sie sich aber auch voneinander. So wurden innerhalb des Typus verschiedene Modi der Vergemeinschaftung rekonstruiert:

Vergemeinschaftung im Modus (berufsförmiger) Aktivität
Das freiwillige Engagement im Rahmen von Innovage stellt für die Gruppe, anhand derer dieser Modus rekonstruiert wurde, quasi eine Fortsetzung der früheren beruflichen Tätigkeit an einem anderen Ort und mit einem größeren Maß an Freiheit dar. Von den Mitgliedern wird erwartet, dass sie Projekte realisieren und Funktionen im Netzwerk übernehmen. Aktivität stellt eine Norm im Netzwerk dar. Neuen Mitgliedern wird eine gewisse Zeit zugestanden, um ihr Verhalten den normativen Erwartungen anzupassen, andernfalls ist vorgesehen, sie mit der Möglichkeit des Ausschlusses zu kon-

frontieren. Habituell und metaphorisch wird in diesem Zusammenhang auf Praxen zurückgegriffen, die den Mitgliedern aus dem beruflichen Kontext vertraut sind („Probezeit"). Im Hinblick auf die Orientierung an Aktivität sieht sich die Gruppe in Übereinstimmung mit der Programmatik von Innovage, sie erlebt entsprechende (gesellschaftliche) Normen und Regeln nicht als exterior.

Vergemeinschaftung im Modus informeller Geselligkeit und (kultureller) Distinktion
Soziale Beziehungen und Freude stehen für die Gruppe, anhand derer dieser Modus rekonstruiert wurde, bei der Beteiligung an Innovage im Vordergrund. Vergemeinschaftung im Netzwerk wird durch gemeinsames Essen, Trinken und Kommunizieren realisiert. Eine Leistungserwartung an die Mitglieder, sich aktiv in Projekten zu engagieren oder eine Funktion zu übernehmen, gibt es nicht. Das freiwillige Engagement zeichnet sich aus Sicht der Gruppe durch die Abwesenheit negativer Aspekte aus, die für das Berufsleben charakteristisch waren (z. B. Rivalitäten). Beim Eintritt in die nachberufliche Lebensphase, der metaphorisch mit einer Türschwelle assoziiert wird, soll der berufliche Habitus abgelegt werden – auch hier wird also eine Assimilation der Mitglieder erwartet. Die Gruppe sieht ihre (kulturelle) Praxis der Vergemeinschaftung nicht von vornherein im Kontext von Innovage repräsentiert, sie grenzt sich zugleich von allen anderen Netzwerken ab. Die Gruppendiskussion trägt Züge einer Inszenierung (kultureller) Differenz.

Vergemeinschaftung im Modus diskursiver Verständigung
Die je individuellen Erfahrungshintergründe der als different erlebten Mitglieder werden hier durchaus wahrgenommen und es findet eine kommunikative Verständigung über unterschiedliche Meinungen statt. Diese zielt jedoch nicht darauf ab, gemeinsam neue Meinungen und Praxen zu entwickeln, sondern die als different erlebten Mitglieder argumentativ von der Orientierung, die die Mehrheit der Gruppe teilt, zu überzeugen. Für diese ist im Hinblick auf die Identität des Netzwerks zentral, dass es sich beim freiwilligen Engagement um eine unentgeltliche Tätigkeit handelt. Hieran müssen eigene Werthaltungen beim Übergang in die nachberufliche Lebensphase angepasst werden. Dies kann nicht ‚von heute auf morgen' bewältigt werden, darum wird den Mitgliedern eine Übergangszeit zugestanden, um sich zu assimilieren.

▪ Orientierung an Inklusion

Beim zweiten Typus orientiert sich die Praxis der Vergemeinschaftung an Inklusion. Die kollektive Identität des jeweiligen Netzwerks wird bei den Gruppen, anhand derer dieser Typus rekonstruiert wurde, weniger eindeutig und homogen konstruiert als in den Gruppen, die den ersten Typus bilden; sie erscheint vielmehr hybrid und wandelbar. Es wird nach Möglichkeiten der Beteiligung aller Mitglieder gesucht; dabei erfolgt im Sinne einer Perspektivübernahme eine Auseinandersetzung mit deren unterschiedlichen Beteiligungsmotivationen. Dies geht jedoch nicht mit einer Abwendung von der Programmatik von Innovage einher. Vielmehr entstehen in der Auseinandersetzung mit der Programmatik auf der einen und den verschiedenen Impulsen der Mitglieder sowie anderer Netzwerke auf der anderen Seite in tentativer Annäherung neue Praxen. Diese bringen jeweils eine Veränderung für alle beteiligten Mitglieder mit sich und haben zum Teil innovativen Charakter. Weder implizieren sie eine ungebrochene Fortsetzung der aus dem Berufsleben resultierenden Praxen noch einen klaren Bruch mit diesen. Zusammenfassend kann darum von einer Vergemeinschaftung im Modus der Transformation gesprochen werden.

▪ Mangel an Vergemeinschaftung

Eine der untersuchten Gruppen erlebt sich selbst nicht als „Gruppe"; sie stellt ein zu geringes Maß an Verbindlichkeit fest und hält die Kommunikation unter den Mitgliedern für unzureichend. Positive Vorstellungen einer kollektiven Identität des Netzwerks sind nicht erkennbar. Die Teilnehmer/innen thematisieren enttäuschte Erwartungen im Hinblick auf Ertrag und Nutzen des freiwilligen Engagements bei Innovage. Einige Mitglieder erwägen, das Netzwerk zu verlassen. Soziale Beziehungen haben für die Teilnehmer/innen keinen eigenen Wert, sondern erfüllen lediglich einen Zweck bei der Durchführung von Projekten. Die gegenwärtige Situation fällt mit dem negativen Gegenhorizont zusammen; zugleich fehlt ein positiver Gegenhorizont, auf den sich die Mitglieder zubewegen könnten. Es ist also von einem Orientierungsdilemma auszugehen. Die Gruppendiskussion ist durch eine geringe interaktive Dichte gekennzeichnet, die mit dem fehlenden Erleben der Teilnehmer/innen als Gruppe korrespondiert. Im Ergebnis ist ein Mangel an Vergemeinschaftung zu konstatieren.

Diskussion

Wie sind die Ergebnisse des Teilprojekts 1 nun in den bisherigen Forschungsstand und den Diskurs zur Selbstorganisation in der Zivilgesellschaft einzuord-
nen?
      Studien wie der Freiwilligensurvey (vgl. Gensicke et al. 2010) und der Frei-
willigen-Monitor (vgl. Stadelmann-Steffen et al. 2010) sind darauf ausgerichtet,
im Rahmen standardisierter Erhebungen Wissen zum bürgerschaftlichen Engagement zu generieren. Mittels vorgegebener Antwortmöglichkeiten fragen sie
auch individuelle Engagementmotive ab. Zu den Motivationen, die die freiwillig
Engagierten häufig nennen und die regelmäßig zitiert werden, gehören ihre Anliegen, durch das eigene Engagement „die Gesellschaft zumindest im Kleinen
mit[zu]gestalten", „mit anderen Menschen zusammen[zu]kommen" (Gensicke et
al. 2010: 117) und Spass an der Tätigkeit zu haben (vgl. ebd.: 119, vgl. auch
Stadelmann-Steffen et al. 2010). Diese Engagementmotive treffen auch auf ältere
Engagierte zu. Im Vergleich zu jüngeren Menschen artikulieren diese etwas häufiger den Wunsch, eigene Kenntnisse und Erfahrungen in das Engagement einbringen und mit Menschen anderer Generationen zusammenkommen zu können
(vgl. Gensicke et al. 2010: 119). Weitere quantitative und qualitative Studien
(vgl. z. B. Erlinghagen 2008, Aner 2005) ergänzen diese Befunde um Erkenntnisse darüber, unter welchen Umständen ein freiwilliges Engagement aufgenommen und aufrechterhalten wird. So stellte etwa Aner im Rahmen ihrer Studie
fest, dass positive Partizipationserfahrungen im gesamten Lebensverlauf die
Voraussetzung dafür bilden, dass sich gemeinschaftsbezogene Motivationen und
Handlungsmuster herausbilden, festigen und im Alter realisieren (vgl. 2008:
209f.).
      Wendet man sich, wie die vorliegende Studie, dem bürgerschaftlichen En-
gagement Älterer unter dem Aspekt der Kollektivität zu, wird deutlich, dass es
für die Mitglieder der Netzwerke keine einfache Aufgabe ist, die individuellen
Motivlagen Einzelner für das bürgerschaftliche Engagement zu kollektivieren
und dies auch noch im Sinne einer Orientierung am Gemeinwohl. Gerade die
zuletzt dargestellte Gruppe sensibilisiert für das Risiko, dass die Vergemeinschaftung in einem zivilgesellschaftlichen Netzwerk auch scheitern kann. In
einem anderen der untersuchten Netzwerke findet zwar eine Vergemeinschaftung
und damit eine Kollektivierung individueller Motivlagen statt, jedoch geraten
hier die Gemeinwohlorientierung bzw. das Engagement für andere zugunsten
einer informellen Geselligkeit tendenziell in den Hintergrund. Während in diesem ebenso wie in zwei weiteren untersuchten Netzwerken eine Assimilation der
Mitglieder erwartet wird, findet eine systematische Auseinandersetzung mit den
individuellen Engagementmotiven der Mitglieder vor allem in jenen Netzwerken

statt, die sich im Hinblick auf ihre Praxen der Vergemeinschaftung an Inklusion orientieren.

Im Rahmen der Studie wurden unterschiedliche Arten des Umgangs mit Konflikten erkennbar. Es zeigte sich dabei, in welcher Weise Erfahrungen, die die Mitglieder im beruflichen, stärker hierarchisch geprägten Kontext gemacht haben, mitunter in die Praxis im zivilgesellschaftlichen Netzwerk Eingang finden. Nicht überall geht es, so war festzustellen, um eine Anerkennung von Heterogenität und Vielfalt, nicht immer zielt die Interaktion auf Verständigung ab, und auch Netzwerke in der Zivilgesellschaft sind nicht frei von Phänomenen der Exklusion und Macht (vgl. dazu auch Röbke 2009, Nolte 2004). Geht man von den Analysen aus und bezieht sich auf die Sozialkapital-Diskussion (vgl. z. B. Putnam 2000: 22ff.; vgl. Kap. 1.1), könnte man folgern, dass vermutlich manche der untersuchten Netzwerke stärker abgrenzend (*bonding*) und andere stärker brückenbildend (*bridging*) wirken; Letztere könnten wohl eher dazu beitragen, den gesellschaftlichen Zusammenhalt zu fördern. Stellt man Überlegungen zur weiteren Entwicklung der Netzwerke an, so ist zu vermuten, dass sich jene Netzwerke, deren Praxis der Vergemeinschaftung primär an Assimilation orientiert ist, im Hinblick auf ihre Mitglieder im Laufe der Zeit eher noch homogenisieren werden. Netzwerke, deren Praxis der Vergemeinschaftung primär an Inklusion orientiert ist, werden vermutlich auch in Zukunft in der Lage sein, sich ein gewisses Maß an Diversität unter den Mitgliedern zu erhalten.

Je nachdem, welche Handlungsorientierungen die einzelnen Netzwerke teilen, erhalten die in den letzten Jahren verstärkt thematisierten und auch der Programmatik von Innovage inhärenten diskursiven ‚Anrufungen' im Hinblick auf ein „aktives Alter" (vgl. z. B. Denninger et al. 2014, Karl 2006; vgl. Kap. 2.2) je unterschiedliche Bedeutungen: In einem Fall („Vergemeinschaftung im Modus (berufsförmiger) Aktivität") stehen sie bspw. in deutlicher Übereinstimmung mit den eigenen Orientierungen der Gruppe, in einem anderen („Vergemeinschaftung im Modus informeller Geselligkeit") werden sie dagegen eher als exterior erlebt.

Die Ergebnisse des Teilprojekts 1 der Studie decken sich nur zum Teil mit den normativen Erwartungen an selbstorganisiertes Handeln in der Zivilgesellschaft. Ist also die Praxis in den Netzwerken als unzureichend zu bewerten? Handelt es sich vielleicht gar nicht um eine zivilgesellschaftliche Form der Selbstorganisation? Das Anliegen der Studie war es nicht, die Praxis des bürgerschaftlichen Engagements vor dem Hintergrund normativer theoretischer Konzepte zu überprüfen oder gar zu kritisieren. Vielmehr zielte sie darauf, einen empirisch fundierten Zugang zur kollektiven Praxis der Selbstorganisation in Netzwerken der Zivilgesellschaft zu eröffnen und die geteilten Orientierungen und Werthaltungen der untersuchten Akteurinnen und Akteure sichtbar zu machen. Diese Praxis in ihrer „praktischen Logik" (Bourdieu 1979: 228) ebenso wahrzunehmen wie die Herausforderungen, die mit der Selbstorganisation im Kontext zivilgesellschaftlicher Netzwerke verbundenen sind, ist das, worum es aus unserer Sicht nun zunächst geht. Wenn die Ergebnisse unserer Studie in diesem Sinne dazu beitrügen, das zum Teil idealistisch überhöhte Bild der „Zivilgesellschaft" zu korrigieren, wäre das nicht der schlechteste Effekt.

Erfahrungswissen älterer Menschen im nachberuflichen Engagement

Die Konzeption von Innovage in der Schweiz geht ebenso wie die Konzeptionen der früheren Modellprogramme „Erfahrungswissen älterer Menschen nutzen" und „Erfahrungswissen für Initiativen" in Deutschland davon aus, dass die Erfahrungen älterer Menschen einen Wert für die Gesellschaft haben, jedoch nur unter bestimmten Bedingungen im Rahmen bürgerschaftlichen Engagements in zivilgesellschaftliche Initiativen und Organisationen eingebracht werden können. Der Begriff des *Erfahrungswissens*, der in diesem Zusammenhang regelmäßig verwendet wird, wurde bisher im Kontext verschiedener Diskurse überwiegend theoretisch bestimmt, empirisch ist er noch kaum gefüllt.

Im gerontologischen Diskurs erlangt der Begriff des Erfahrungswissens vor allem in jenen Beiträgen Bedeutung, die in Abgrenzung zum Defizitmodell die Produktivität oder die Potenziale des Alters hervorheben (vgl. z. B. Knopf et al. 1989, Kruse 2010, Lehr 2010; vgl. Kap. 2.3). In diesem Diskurs ebenso wie in arbeits- und professionssoziologischen Diskursen wird das Erfahrungswissen überwiegend als ein *„implizites Wissen"* (Polanyi 1985) verstanden, das im praktischen Handeln erworben wird, an seine/n Träger/in gebunden und auf konkrete Kontexte und Situationen bezogen ist (vgl. z. B. Zeman 2002, Kade 2009, Böhle 2009a, Porschen 2008, Schützeichel 2014). Mit Blick auf Innovage stellt sich in diesem Zusammenhang die bereits in vergleichbaren Modellprogrammen diskutierte Frage, ob das Erfahrungswissen reflektierend aufgearbeitet, in ein explizites Wissen transformiert und auf diese Weise an andere weitergegeben werden kann oder ob eher davon auszugehen ist, dass Erfahrung allenfalls *„indirekt* und *hintergründig* vermittelt" wird (Rosenmayr 2010: 44, Herv. i. O.; vgl. auch Knopf 1998, Karl et al. 2008). Vor diesem Hintergrund richtete sich das Erkenntnisinteresse im Teilprojekt 2 unserer Studie auf das *Erfahrungswissen älterer Menschen im bürgerschaftlichen Engagement* (vgl. Kap. 6).

Im wissenssoziologischen Diskursen wird das Erfahrungswissen als *implizites Wissen* von einem deklarativen Wissen unterschieden, das „meist propositional formulierbar(...), kommunizierbar(...) und daher transferierbar(...)" ist (vgl. Schützeichel 2014: 50; vgl. Kap. 3.4). Collins geht davon aus, dass ein großer

Teil des impliziten Wissens nicht in ein explizites Wissen konvertiert werden kann (vgl. 2012: 93). Dies betrifft insbesondere das kollektive implizite Wissen, „das wir überhaupt nicht explizit machen können" (ebd.: 107). Hier zeigen sich zum Teil Übereinstimmungen zu Mannheims Begriff des konjunktiven Erfahrungsraums und dessen Konzeption des konjunktiven Wissens, das er als ein ‚atheoretisches Wissen' fasst (vgl. z. B. 1980: 71ff.; vgl. auch Kap. 3.2 u. 3.4).

Versteht man Erfahrung als „praktische Vertrautheit" mit einem Feld (Wieland 1982: 231; vgl. Kap. 3.4), so kann man im Anschluss an Bourdieu auch formulieren, dass die erfahrene Akteurin bzw. der erfahrene Akteur mit der Logik eines Feldes vertraut ist und über einen diesem Feld entsprechenden „*sens pratique*" (Bourdieu 1993) verfügt. Grundlage dieses praktischen Sinns sind miteinander verbundene Wahrnehmungs-, Denk- und Handlungsschemata (vgl. Bourdieu 1993: 101). Sie ermöglichen es der Akteurin bzw. dem Akteur, immer wieder neue sozial angemessene Praktiken hervorzubringen, die sich jedoch nur begrenzt voneinander unterscheiden (vgl. Bourdieu 1993: 104, vgl. auch Krais/Gebauer 2002). Sie oder er weiß, „wie etwas zu tun ist" (Loenhoff 2012: 12), verfügt über ein „Wissens *um* und *innerhalb* von etwas" (Bohnsack 2010c: 27, Herv. i. O.; vgl. Kap. 3.2 u. 3.4). Dabei determiniert das Erfahrungswissen das Handeln der jeweiligen Akteurin bzw. des jeweiligen Akteurs nicht, sondern ist vielmehr als ein „dispositionales Wissen" (Rese 2014: 57) zu verstehen. Es aktualisiert sich in konkreten Situationen, in denen der/die Akteur/in gefordert ist, zu handeln.

Auf diese Diskurse Bezug nehmend gingen wir davon aus, dass sich das Erfahrungswissen der älteren Engagierten vor allem im „*modus operandi*" (z. B. Bourdieu 1998: 281), d. h. in den unterschiedlichen *Arten und Weisen* zeigt, wie die Situation und Entwicklung im jeweiligen Projekt wahrgenommen und wie das kooperative Engagement gestaltet wird. Um das Erfahrungswissen erschließen zu können, griffen wir auf die Methodologie der dokumentarischen Methode zurück, die einen Zugang zum konjunktiven Wissen und damit zum „handlungsleitenden Erfahrungswissen" (Bohnsack 2013a: 12) eröffnet. Da sich dieses nicht einfach abfragen lässt, wurden die freiwillig Engagierten im Rahmen narrativer Interviews gebeten, aus ihrer Praxis in den Kooperationsprojekten zu erzählen. Anhand ihrer Darstellungen ließen sich verschiedene *Handlungsorientierungen* bzw. *Modi der Wahrnehmung und des Handelns im kooperativen Engagement* rekonstruieren, die in eine sinngenetische Typologie mündeten. Unterschieden wurden *Modi der normativen Relationierung, des dependenten Anschließens und der konfluenten Partizipation.* Um dem Situationsbezug des Erfahrungswissens gerecht zu werden, wurde, die in der praxeologischen Wissenssoziologie geläufigen Begriffe ergänzend, der Begriff der *Habits* in die vorliegende Studie eingeführt (vgl. Kap. 3.4). Habits stellen „vorreflexive, auf Situationen bezogene

Handlungsrepertoires" dar (Nohl 2006: 84). Sie strukturieren die einzelnen Praktiken der Akteurin bzw. des Akteurs (vgl. Nohl et al. 2015: 215). Im Rahmen der Studie ermöglichte es der Begriff der Habits zu rekonstruieren, inwiefern im Engagement auf habituelle Handlungsweisen zurückgegriffen wird und ob dies in der Kooperation gelingende Handlungsanschlüsse zur Folge hat oder ob die Praktiken ins Leere laufen. Letzteres wurde als Hinweis darauf gesehen, dass die jeweiligen Handlungsrepertoires der freiwillig Engagierten nicht mit den Bedingungen des Feldes korrespondieren. Im Folgenden werden die Ergebnisse des Teilprojekts 2 zusammenfassend dargestellt und diskutiert.

- Normative Relationierung als Modus der Wahrnehmungs- und Handlungspraxis im kooperativen Engagement

Die freiwillig Engagierten, anhand deren Darstellungen dieser Typus rekonstruiert wurde, relationieren die vorgefundene Praxis im Projekt mit eigenen Normalitäts- bzw. Idealvorstellungen einer (erfolgreichen) Realisierung von Projekten. Sie verfügen dabei jeweils über eine zum Teil implizit bleibende Vergleichsfolie. Diese hat den Charakter eines alternativen Horizonts (vgl. Lamprecht 2012: 41f.), an dem sich das eigene Handeln orientiert und anhand dessen die Praxis der Kooperationspartner/innen bewertet wird. Auf diese Weise erzeugen die freiwillig Engagierten eine spezifische Art von Differenz. Sie bringen zudem zum Ausdruck, dass sie über ein Gespür für das angemessene Tempo der Projektrealisierung verfügen. Sie bremsen oder beschleunigen das Vorgehen der Kooperationspartner/innen – teils in Gegenposition zu diesen. Ihre eigenen Sichtweisen setzen sie dabei absolut, bewerten die Einschätzungen der Kooperationspartner/innen negativ und sprechen diesen zumindest teilweise die Erfahrung ab. Die eigenen Erfahrungen, insbesondere die im Kontext des Berufslebens erworbenen Wissensbestände und Kompetenzen, sehen die freiwillig Engagierten überwiegend in Kongruenz mit den Anforderungen des Projekts. Sie verfügen zudem über ein Verständnis hinsichtlich ihrer eigenen Rolle in der Kooperation. Die zur Realisierung des Projekts erforderlichen Aufgaben werden in erster Linie arbeitsteilig ausgeführt. Teilaufgaben münden dabei regelmäßig in Konzepte oder andere Formen von Dokumenten. Die für die freiwillig Engagierten gewohnte Art der Projektrealisierung, die sie sich zum Teil im Kontext von Großunternehmen angeeignet haben, übertragen sie weitgehend unhinterfragt auf die Projekte im zivilgesellschaftlichen Bereich. Sie nehmen die Situation(en) im Projekt (vorreflexiv) als solche wahr, in denen sich ihre Handlungsrepertoires ohne Probleme enaktieren lassen – und tatsächlich kommen die Habits in der Interaktion der beteiligten Akteurinnen und Akteure hier ohne Probleme zur Geltung.

- Dependentes Anschließen als Modus der Wahrnehmungs- und Handlungspraxis im kooperativen Engagement

Ein konkreter Auftrag ist für die freiwillig Engagierten in dem Projekt, von dem im Interview berichtet wird, nicht erkennbar; die Erwartungen an die Kooperationspartnerin, einen solchen zu formulieren, werden wiederholt enttäuscht. Auch in der Realisierung der daraufhin selbst gewählten Aufgaben erleben sich die freiwillig Engagierten als abhängig von der Kooperationspartnerin, denn mit deren (im Vergleich schnelleren) Praxis verändern sich permanent die Rahmenbedingungen für die eigene Praxis. Statt eigene Vorstellungen über das angemessene Tempo einzubringen, versuchen die Innovage-Berater, an das vorgegebene Tempo und die sich immer wieder ändernden Rahmenbedingungen anzuschließen. Es werden in diesem Sinne also keine Differenzen erzeugt, die es ermöglichen würden, eine eigene Position einzunehmen. Ein Verständnis der eigenen Rolle wird nicht erkennbar, ebenso wenig wird der eigene berufliche Hintergrund mit den Anforderungen im Projekt relationiert. Wie beim ersten Typus münden auch hier verschiedene Teilaufgaben in Dokumente (Organisationskonzept, Organigramm), die jedoch nicht mit der Praxis im Projekt kompatibel zu sein scheinen. Während die freiwillig Engagierten die Situation(en) im Projekt (vorreflexiv) zunächst als solche wahrnehmen, in denen die eigenen Handlungsrepertoires zur Geltung gebracht werden können, machen sie im Projektverlauf zunehmend die Erfahrung, dass ihre Praktiken auf Widerstand stoßen oder ins Leere laufen. Es gelingt ihnen nicht, an die Praktiken der Kooperationspartnerin anzuschließen oder sich soweit von diesen unabhängig zu machen, dass die eigenen Vorhaben ungestört umgesetzt werden können. Die Habits erweisen sich als nicht geeignet, um die Situationen in der Interaktion der verschiedenen Akteurinnen und Akteure handelnd zu bewältigen.

- Konfluente Partizipation als Modus der Wahrnehmungs- und Handlungspraxis im kooperativen Engagement

In dem Projekt, um das es hier geht, übernimmt der freiwillig Engagierte die Perspektive der Kooperationspartnerin und macht sich die Fremdzuschrei-

bungen im Hinblick auf seine Person und seine Rolle im Projekt zu eigen.
Weder die Zielsetzungen des Projekts noch die Sichtweisen der Kooperationspartnerin werden hinterfragt. Anders als in den übrigen Projekten ist hier
keine spezifische Arbeitsteilung zwischen dem freiwillig Engagierten und
den übrigen Akteur/inn/en erkennbar, stattdessen findet die Handlungspraxis in erster Linie gemeinsam statt. Dies zielt zum Teil darauf, dass sich die
in der Organisation tätigen Akteurinnen und Akteure Kenntnisse und Kompetenzen aneignen können, über die der Innovage-Berater im Unterschied
zu ihnen verfügt. Das reicht so weit, dass er Methoden, die er in seiner beruflichen Tätigkeit nutzte bzw. nutzt, in den Kontext des Projekts transferiert. Die Handlungsrepertoires des Innovage-Beraters ermöglichen ihm,
unmittelbar an der in der Organisation etablierten Praxis zu partizipieren,
sie fließen gleichsam mit denen der Kooperationspartner/innen zusammen.
Die Habits erweisen sich als den Situationen gemeinsamen Handelns adäquat.

*Differenzerfahrungen der Kooperationspartner/innen im Kontakt mit den freiwil-
lig Engagierten*

Wie dargestellt wurde, war das primäre Erkenntnisinteresse im Teilprojekt 2 auf
das Erfahrungswissen der älteren Engagierten gerichtet. In Ergänzung dazu wurde die *Perspektive der Kooperationspartner/innen* erfasst. Es wurde danach
gefragt, wie diese die Innovage-Berater/innen und deren handlungspraktische
Gewohnheiten der Projektrealisierung wahrnehmen, welche Erfahrungen sie in
der Zusammenarbeit machen und wie sie die Kooperation mit Innovage schließlich bewerten. Ebenso wie die Innovage-Berater/innen wurden die Kooperati-
onspartner/innen dazu im Rahmen der Erhebung gebeten, von dem jeweiligen
Projekt und seiner Entwicklung zu erzählen. In der Rekonstruktion des empirischen Materials wurde deutlich, dass in allen Interviews Differenzen zwischen
den Kooperationspartner/inne/n und den Innovage-Berater/inne/n explizit oder
implizit eine Rolle spielten. Im Ergebnis wurden *Erfahrungen von Differenz auf
habitueller und milieubezogener Ebene* und *Wahrnehmungen von Differenz auf
der Ebene von Kenntnissen, Kompetenzen und Rollen* unterschieden.

▪   Erfahrungen von Differenz auf habitueller und milieubezogener Ebene

In der Zusammenarbeit mit den freiwillig Engagierten werden in einem Teil
der Fälle Differenzerfahrungen gemacht, die mit starken Irritationen einher-

gehen. Eine der interviewten Kooperationspartnerinnen erlebt sich und die Innovage-Berater/innen in unterschiedlichen „Welten" situiert und erfährt sich dabei zugleich in ihrer eigenen Standortgebundenheit. Ihre Erfahrungen lassen sich als solche einer Milieudifferenz interpretieren. Ein konjunktives Verstehen ist hier nicht möglich, jedoch gelingt im Laufe der Zusammenarbeit eine kommunikative Verständigung zwischen der Kooperationspartnerin und den freiwillig Engagierten und sie entfalten eine gemeinsame Produktivität.[131] Die Differenzerfahrungen auf habitueller und milieubezogener Ebene setzten bei der Kooperationspartnerin zudem einen Prozess in Gang, in dem sich Ausschnitte von Selbst und Welt veränderten –sie beschreibt, dass sie etwas „im Kopf" umstrukturieren konnte – und der damit Anzeichen eines Lernprozesses zeigt (vgl. Nohl et al. 2015: 256). Die Kooperation mit Innovage wird abschließend positiv bewertet.

In einem anderen Fall nimmt die Kooperationspartnerin statt spezifischer Erfahrungen und Kompetenzen vor allem einen Mangel an Kenntnissen bei den Innovage-Berater/inne/n wahr. Sie fokussiert zudem auf die Differenz der Erfahrungshintergründe zwischen den älteren Engagierten und den im Vergleich jüngeren Adressat/inn/en ihrer Initiative. Handlungspraxen und Modelle, an denen sich die Innovage-Berater in ihrer Tätigkeit orientieren, werden von der Kooperationspartnerin als passend für kommerzielle, produktorientierte Organisationen, jedoch als unpassend für die eigene Initiative erachtet. Auch in diesem Fall gibt es Anzeichen des Erlebens einer Milieudifferenz, ein konjunktives Verstehen ist also auch hier nicht möglich. Jedoch gelingt in diesem Fall keine kommunikative Verständigung. Der zeitaufwendige Austausch mit den freiwillig Engagierten wird von der Kooperationspartnerin als hinderlich für die eigene Praxis betrachtet. Die spezifische Perspektive und die Anregungen der Engagierten, die Anlass für eine Reflexion der eigenen Standortgebundenheit und die Ausrichtung der Initiative hätten geben können, werden von ihr als irrelevant abgelehnt. Die Zusammenarbeit scheitert und wird im Rückblick negativ bewertet.

- Wahrnehmung von Differenz auf der Ebene von Kenntnissen, Kompetenzen und Rollen

Auch andere Kooperationspartner/innen nehmen Differenzen in der Zusammenarbeit mit den freiwillig Engagierten wahr. Diese liegen jedoch nicht auf habitueller und milieubezogener Ebene und lösen keine Irritatio-

---

131 Vgl. zu den Begriffen des konjunktiven Verstehens und der kommunikativen Verständigung Kap. 3.2.

nen aus. Vielmehr zeigen sich in einem Fall Differenzen bzw. Differenz-
konstruktionen vorrangig auf der Ebene von Rollen. In zwei anderen Fällen
werden Differenzen vor allem im Hinblick auf Kenntnisse und Kompetenzen wahrgenommen. Zugleich besteht ein Interesse daran, diese in Ergänzung zu bereits in der eigenen Organisation vorhandenen Kompetenzen zu
nutzen. Eines der Projekte ist dazu sogar eigens für die Kooperation mit Innovage konzipiert. Die wahrgenommenen Differenzen werden hier ebenso
wie die Kooperation selbst in erster Linie positiv bewertet.

Diskussion

Bisher lagen keine Studien vor, die sich dem Erfahrungswissen älterer Menschen
im bürgerschaftlichen Engagement systematisch widmen. Allenfalls wurde im
Rahmen standardisierter Erhebungen erfasst, über welches Erfahrungswissen
ältere Engagierte aus eigener Sicht verfügen. So kamen Befragungen im Rahmen
des Bundesmodellprogramms „Erfahrungswissen für Initiativen" zu dem Ergebnis, dass die älteren Engagierten auf Erfahrungswissen aus Beruf, früherem Engagement, Familie und Haushalt sowie auf weiteres Erfahrungswissen zurückgreifen konnten (vgl. Engels et al. 2007: 48f.). Genannt wurden bspw. organisa-
torisches Können, Führungskompetenzen, Erfahrungen in Vereinen und im gene-
rationsübergreifenden Handeln (vgl. ebd.).
      Ebenfalls im Kontext des genannten Modellprogramms widmete sich die
qualitative Studie von Karl et al. (2008) Fragen der Kooperation freiwillig Engagierter mit Akteur/inn/en in anderen Organisationen. Herausgearbeitet wurden
drei Aspekte, die zu einem Abbruch des kooperativen Engagements führen können: Unstimmigkeiten über die Konzeption, Enttäuschung von Erwartungen und
Überlastung (vgl. Karl et al. 2008: 52ff.). Die „Haltungen" der freiwillig Engagierten und ihrer Kooperationspartner/innen werden nur am Rande thematisiert
(ebd.: 52). Zwar werden „Arbeitsroutinen und Gewohnheiten" erwähnt, die nicht
immer bewusst seien (ebd.), jedoch werden schließlich reflexiv-rationale Lösungsansätze für den Aufbau von Kooperationen fokussiert, die sich bspw. auf
die Bestimmung von gemeinsamen Zielen, die Abstimmung von Aufgaben und
die Kommunikation beziehen (vgl. ebd.: 61ff.).
      In der Reflexion des Berliner Modellprogramms „Erfahrungswissen älterer
Menschen nutzen" wies Knopf darauf hin, dass die Weitergabe des Erfahrungswissens nicht nur von denjenigen abhängt, die darüber verfügen, sondern auch
von den potenziellen ‚Abnehmer/inne/n' des Erfahrungswissens (vgl. 1998:
378f.). Schwierigkeiten bei der Weitergabe des Erfahrungswissens könnten, wie
Zeman zusammenfassend formuliert, entstehen, wenn zu unterschiedliche Kultu-

ren, Sprachgewohnheiten und Bezugsrahmen aufeinandertreffen, eine zu geringe Akzeptanz des Erfahrungswissens vorhanden ist oder die Situation strukturelle Mängel zeigt (vgl. 2002: 17). Er zieht daraus den Schluss, dass die Vermittlung von Erfahrungswissen neben einer gezielten Aufarbeitung dieses Wissens insbesondere hoher kommunikativer Kompetenz und Dialogfähigkeit sowie geeigneter Rahmenbedingungen und Infrastrukturen bedarf (vgl. ebd., vgl. dazu auch Kade 2002, Karl et al. 2008).

In unserer Studie haben wir Erfahrungswissen nicht als ein Wissen konzeptionalisiert, das gezielt aufgearbeitet, reflektiert und auf diese Weise weitergegeben werden kann. Vielmehr verstehen wir *Erfahrungswissen als ein Wissen*, das die *Art und Weise des Handelns* bestimmt. Die vorliegende Studie wandte sich in diesem Sinne den *Handlungsorientierungen* der älteren Engagierten zu. Mit der „normativen Relationierung", dem „dependenten Anschließen" und der „konfluenten Partizipation" wurden unterschiedliche Modi der Wahrnehmungs- und Handlungspraxis im kooperativen Engagement rekonstruiert. Dabei zeigte sich auch, dass die (präreflexiven) Praktiken bzw. Handlungsrepertoires der freiwillig Engagierten in einzelnen Fällen nicht geeignet sind, die Aufgaben im Projekt in der Kooperation mit anderen Akteur/inn/en erfolgreich zu bewältigen. Nicht in jedem Fall befähigte ihr *„sense pratique"* (Bourdieu 1993) die freiwillig Engagierten zur erfolgreichen Beteiligung an den Praktiken im Feld. Dies weist auf Differenzen zwischen den Feldern, in denen ihr Erfahrungswissen entstanden ist, und dem Feld, in dem sie sich gegenwärtig freiwillig engagieren, hin.

Die *Weitergabe bzw. Aneignung von Erfahrungswissen* realisiert sich, versteht man es als ein konjunktives, also atheoretisches oder implizites Wissen, vor allem durch die *Teilnahme an einer gemeinsamen Praxis* (vgl. z. B. Bohnsack 2015, Collins 2012). Wie voraussetzungsvoll das Entstehen einer solchen gemeinsamen Praxis ist, darauf deuten die Rekonstruktionen der Interviews mit den Kooperationspartner/inne/n hin. Die Ergebnisse sensibilisieren für Milieudifferenzen, die in der Zusammenarbeit erlebt werden können; ein unmittelbares, konjunktives Verstehen ist in solchen Fällen nicht möglich, die kommunikative Verständigung kostet Zeit und Geduld. Dabei können in der Erfahrung habitueller Differenz im günstigen Fall durchaus Lernprozesse in Gang gesetzt werden, eine gemeinsame Produktivität kann entstehen.

Ausblick

Die vorliegende Studie hat einige Fragen beantwortet und wirft viele neue auf. Darum möchten wir, an die Ergebnisse unserer Studie anknüpfend und auf aktuelle Diskurse Bezug nehmend, zum Schluss einige Perspektiven für weitere Studien eröffnen. Wir beschränken uns dabei auf drei Fragen:

- *Welche sozialen Differenzen werden in zivilgesellschaftlichen Netzwerken relevant?*
  In der Studie fokussierten wir mit Blick auf die Praxis der Selbstorganisation auf die Netzwerkmilieus (vgl. Kap. 3.3 u. 3.5). In den Gruppendiskussionen wurden aber auch solche Milieus sichtbar, die über die Netzwerke hinausreichen und auf unterschiedliche Erfahrungshintergründe der Mitglieder verweisen. Für die beforschten Akteurinnen und Akteure selbst waren einerseits unterschiedliche berufliche Erfahrungen – in wirtschaftlichen Unternehmen und in sozialen Organisationen – relevant, andererseits kamen Unterschiede im Hinblick auf geschlechterbezogene Erfahrungshintergründe zur Sprache. Die Interpretationen zeigten, dass darüber hinaus in einzelnen Fällen auch Differenzen im Hinblick auf die ökonomische Ausstattung eine Rolle spielen. Diese werden gegenwärtig in der Alter(n)sforschung mit Blick auf eine mögliche Rückkehr der Altersarmut verstärkt diskutiert (vgl. z. B. Vogel/Motel-Klingebiel 2013); soziale Ungleichheiten im Alter werden ferner im Rahmen der Vorbereitungen des Siebten Altenberichts thematisiert. Bezogen auf zivilgesellschaftliche Netzwerke sind Fragen der Relevanz von und des Umgangs mit sozialer Differenz aus unserer Sicht noch längst nicht hinreichend bearbeitet. Ihnen sollte im Rahmen qualitativer Studien in intersektionaler Perspektive genauer nachgegangen werden, denn schließlich geht es hier um die zum Teil ungleich verteilten Möglichkeiten der Beteiligung an Netzwerken der Zivilgesellschaft (vgl. Bereswill/Braukmann 2014, Jagusch 2011, Kubisch 2008, 2012, Munsch 2010, Naumann 2010).

- *Über welches Erfahrungswissen verfügen hochbetagte und als vulnerabel geltende Menschen?*
  Einiges deutet darauf hin, dass der in den letzten Jahren mitunter etwas einseitige Potenzial-Diskurs in Bezug auf das Alter sich zukünftig ausbalancieren wird, indem die Potenzial- mit einer Verletzlichkeitsperspektive verbunden wird (vgl. Kruse 2013: 9ff.). „Junge" und „alte Alte" geraten in dieser Perspektive gleichermaßen in den Blick. Unter anderem stellt sich in diesem Zusammenhang die Frage, „inwieweit eine Gesellschaft auch von den Erfahrungen profitieren kann, die ältere Menschen in der Auseinandersetzung mit Grenzsituationen gewinnen, die gerade im hohen und sehr hohen Alter zunehmend unvermeidbar sind" (ebd.: 37). Die Kategorie des Erfahrungswissens, wie wir sie in unserer Studie reflektiert und weiterentwi-

ckelt haben, eröffnet hier die Möglichkeit, sich im Rahmen weiterer Studien (und ggf. in komparativer Analyse zu den „jungen Alten") den hochbetagten und als vulnerabel geltenden Menschen zuzuwenden.

- *Wie kooperieren Fachkräfte mit freiwillig Engagierten und Familienangehörigen, bspw. im Kontext von Pflege?*
Im Mittelpunkt des Siebten Altenberichts der Bundesregierung, der noch im Jahr 2015 erscheinen wird, stehen lokale Sorge- und Unterstützungsstrukturen für älter werdende Menschen. Dabei wird betont, dass ältere Menschen nicht nur als Umsorgte gesehen werden sollen, sondern bspw. auch in ihrer Rolle als Engagierte. Ferner wird dem Zusammenspiel von informellen und formellen Hilfeleistungen eine große Bedeutung beigemessen (vgl. DZA 2014) – Klie (2014) spricht in diesem Zusammenhang auch von „Caring Communities". Wie voraussetzungsvoll die Kooperation zwischen (älteren) freiwillig Engagierten und Akteur/inn/en aus anderen zivilgesellschaftlichen Organisationen und Initiativen auf kommunaler Ebene ist, darauf weisen die Ergebnisse unserer Studie hin. Weitergehende praxeologisch ausgerichtete Studien zum Zusammenwirken von Fachkräften, freiwillig Engagierten und Familienangehörigen wären hier auch mit Blick auf die Sorge- und Unterstützungsstrukturen für ältere Menschen wünschenswert.

Aufgeworfen sind also Fragen sozialer Differenz und Ungleichheit, Fragen des Erfahrungswissens sowie des Zusammenwirkens von bürgerschaftlichem Engagement und Professionalität. Ihrer annehmen könnten sich die Engagementforschung, die Alter(n)sforschung und die Forschung der Sozialen Arbeit gleichermaßen, denn in ihrem Schnittfeld ist das Thema angesiedelt, um das es im Kern geht: die soziale Partizipation älterer Menschen.

Literatur

Adloff, Frank (2005): Zivilgesellschaft. Theorie und politische Praxis. Frankfurt a. M./New York.

Altorfer, Heinz/Peter, Colette (2010): Innovage.ch. In: Bühlmann, Beat (Hrsg.): Die andere Karriere. Gesellschaftliches Engagement in der zweiten Lebenshälfte – am Beispiel von Innovage. Luzern, S. 8-13.

Ammann, Herbert (2001): Von Freiwilligkeit sei die Rede. Ein Vorschlag zur Klärung der Begriffe. Zürich.

Ammann, Herbert (2008): Begrifflichkeiten und deren Auswirkungen auf die Forschung am Beispiel des Freiwilligen-Monitors. In: Ammann, Herbert/Hasse, Raimund/Jakobs, Monika/Riemer-Kafka, Gabriela (Hrsg.): Freiwilligkeit. Ursprünge, Erscheinungsformen, Perspektiven. Zürich, S. 19-35.

Aner, Kirsten (2005): „Ich will, dass etwas geschieht". Wie zivilgesellschaftliches Engagement entsteht – oder auch nicht. Berlin.

Aner, Kirsten (2008): Bürgerengagement Älterer aus sozialpolitischer und biografischer Sicht. In: Aner, Kirsten/Karl, Ute (Hrsg.): Lebensalter und soziale Arbeit: Ältere und alte Menschen. Hohengehren, S. 203-216.

Aner, Kirsten/Hammerschmidt, Peter (2008): Zivilgesellschaftlich produktiv altern. Eine kritische Analyse ausgewählter Modellprogramme. In: Erlinghagen, Marcel/Hank, Karsten (Hrsg.): Produktives Altern und informelle Arbeit in modernen Gesellschaften. Wiesbaden, S. 259-276.

Aner, Kirsten/Karl, Fred/Rosenmayr, Leopold (Hrsg.) (2007): Die neuen Alten – Retter des Sozialen?. Wiesbaden.

Anheier, Helmut K./Spengler, Norman (Hrsg.) (2009): Auf dem Weg zu einem Informationssystem Zivilgesellschaft. Anspruch, Potentiale, Verknüpfungen. Dokumentation des Workshops „Informationssystem Zivilgesellschaft. Zivilgesellschaft in Zahlen". Band 1. Essen.

Asbrand, Barbara (2008): Globales Lernen aus der Perspektive qualitativ-rekonstruktiver Forschung: Wie erwerben Jugendliche Wissen und Handlungsorientierung in der Weltgesellschaft? In: Zeitschrift für Internationale Bildungsforschung und Entwicklungspädagogik. 31. Jg. (H. 1), S. 4-8.

Assmann, Jan (2007): Das kulturelle Gedächtnis. Schrift, Erinnerung und politische Identität in frühen Hochkulturen. 6. Aufl. München.

Backhaus-Maul, Holger/Speck, Karsten/Hörlein, Miriam/Krohn, Maud (2015): Engagement in der Freien Wohlfahrtspflege. Empirische Befunde aus der Terra incognita eines Spitzenverbandes. Wiesbaden.

Baltes, Paul/Smith, Jacqui (2003): New Frontiers in the Future of Aging: From Successful Aging of the Young Old to the Dilemmas of Fourth Age. In: Gerontology. 2003/48, S. 123-135.

BBE (Bundesnetzwerk Bürgerschaftliches Engagement) (2007): Zukunftstrends der Bürgergesellschaft. Ein Diskussionspapier des BBE. Berlin.

BBE (Bundesnetzwerk Bürgerschaftliches Engagement) (2009): Nationales Forum für Engagement und Partizipation. Erster Zwischenbericht. Berlin.

Beher, Karin/Liebig, Reinhard/Rauschenbach, Thomas (2000): Strukturwandel des Ehrenamts. Gemeinwohlorientierung im Modernisierungsprozess. Weinheim/München.

Bereswill, Mechthild/Braukmann, Stephanie (2014): Fürsorge und Geschlecht. Neue und alte Geschlechterkonstellationen im freiwilligen Engagement. Weinheim/Basel.

Bettmer, Franz (2008): Faire Kooperation als Grundlage bürgerschaftlichen Engagements. In: Aner, Kirsten/Karl, Ute (Hrsg.): Lebensalter und Soziale Arbeit: Ältere und alte Menschen. Hohengehren, S. 217-230.

Bischoff, Stefan/Braun, Joachim/Olbermann, Elke (Hrsg.) (2005): Leitfaden für die Nutzung des Erfahrungswissens der Älteren als seniorTrainerin und in seniorKompetenzteams. Arbeitshilfe für Seniorenbüros, Freiwilligenagenturen und Selbsthilfekontaktstellen zur Anwendung des Konzeptes „Erfahrungswissen für Initiativen". Leipzig.

BMFSFJ (Bundesministerium für Familie, Senioren, Frauen und Jugend) (Hrsg.) (2005): Fünfter Bericht zur Lage der älteren Generation in der Bundesrepublik Deutschland. Potenziale des Alters in Wirtschaft und Gesellschaft – Der Beitrag älterer Menschen zum Zusammenhalt der Generationen. Berlin.

BMFSFJ (Bundesministerium für Familie, Senioren, Frauen und Jugend) (Hrsg.) (2010): Sechster Bericht zur Lage der älteren Generation in der Bundesrepublik Deutschland – Altersbilder in der Gesellschaft. Berlin.

BMFSFJ (Bundesministerium für Familie, Senioren, Frauen und Jugend) (Hrsg.) (2014): Motive des bürgerschaftlichen Engagements. Kernergebnisse einer bevölkerungsrepräsentativen Befragung durch das Institut für Demoskopie Allensbach im August 2013. Berlin.

BMFSFJ (Bundesministerium für Familie, Senioren, Frauen und Jugend) (2015): Die Vielfalt gestalten. Senioren- und engagementpolitische Herausforderungen vor Ort. Berlin. http://www.konferenz-altern-engagement.de/15.html, Stand: 23.02.2015.

Bode, Ingo/Evers, Adalbert/Klein, Ansgar (2009): Einleitung: Bürgergesellschaft als Projekt. In: dies. (Hrsg.): Bürgergesellschaft als Projekt. Eine Bestandsaufnahme zu Entwicklung und Förderung zivilgesellschaftlicher Potenziale in Deutschland. Wiesbaden, S. 7-20

Bogumil, Jörg/Holtkamp, Lars/Schwarz, Gudrun (2003): Das Reformmodell Bürgerkommune. Leistungen – Grenzen – Perspektiven. Berlin.

Böhle, Fritz (2009a): Weder rationale Reflexion noch präreflexive Praktik – erfahrungsgeleitetsubjektivierendes Handeln. In: Böhle, Fritz/Weihrich, Margit (Hrsg.): Handeln unter Unsicherheit. Wiesbaden, S. 203-228.

Böhle, Fritz (2009b): Erfahrungswissen – die ‚andere' Seite professionellen Handelns. In: Geissler-Piltz, Brigitte/Gerull, Susanne (Hrsg.): Soziale Arbeit im Gesundheitsbereich. Wissen, Expertise und Identität in multiprofessionellen Settings. Opladen/Farmington Hills, S. 25-34.

Bohnsack, Ralf (2007a): Dokumentarische Methode und praxeologische Wissenssoziologie. In: Schützeichel, Rainer (Hrsg.): Handbuch Wissenssoziologie und Wissensforschung. Konstanz, S. 180-190.

Bohnsack, Ralf (2007b): Performativität, Performanz und dokumentarische Methode. In: Wulff, Christoph/Zirfas, Jörg (Hrsg.): Pädagogik des Performativen. Theorien, Methoden, Perspektiven. Weinheim/Basel, S. 200-212.

Bohnsack, Ralf (2010a): Rekonstruktive Sozialforschung. Einführung in qualitative Methoden. 8., durchges. Aufl. Opladen/Farmington Hills.

Bohnsack, Ralf (2010b): Dokumentarische Methode. In: Bock, Karin/Miethe, Ingrid (Hrsg.): Handbuch qualitative Methoden in der Sozialen Arbeit. Opladen/Farmington Hills, S. 247-258.

Bohnsack, Ralf (2010c): Qualitative Evaluationsforschung und dokumentarische Methode. In: Bohnsack, Ralf/Nentwig-Gesemann, Iris (Hrsg.): Dokumentarische Evaluationsforschung. Theoretische Grundlagen und Beispiele aus der Praxis. Opladen/Farmington Hills, S. 23-62.

Bohnsack, Ralf (2010d): Die Mehrdimensionalität der Typenbildung und ihre Aspekthaftigkeit. In: Ecarius, Jutta/Schäffer, Burkhard (Hrsg.): Typenbildung und Theoriegenerierung. Methoden und Methodologien qualitativer Bildungs- und Biografieforschung. Opladen/Farmington Hills, S. 47-72.

Bohnsack, Ralf (2010e): Gruppendiskussion. In: Flick, Uwe/von Kardorff, Ernst/ Steinke, Ines (Hrsg.): Qualitative Forschung. Ein Handbuch. 8. Aufl. Reinbek bei Hamburg, S. 369-384.

Bohnsack, Ralf (2010f): Gruppendiskussionsverfahren und dokumentarische Methode. In: Frieberts-häuser, Barbara/Langer, Antje/Prengel, Annedore (Hrsg.): Handbuch qualitative Forschungsme-thoden in der Erziehungswissenschaft. 3., vollst. überarb. Aufl. (Neuausg.). Weinheim/München, S. 205-218.

Bohnsack, Ralf (2011a): Dokumentarische Methode. In: Bohnsack, Ralf/Marotzki, Winfried/Meuser, Michael (Hrsg.): Hauptbegriffe qualitative Sozialforschung. Ein Wörterbuch. 3., durchges. Aufl. Opladen/Farmington Hills, S. 40-44.

Bohnsack, Ralf (2011b): Praxeologische Wissenssoziologie. In: Bohnsack, Ralf/Marotzki, Win-fried/Meuser, Michael (Hrsg.): Hauptbegriffe qualitative Sozialforschung. Ein Wörterbuch. 3., durchges. Aufl. Opladen/Farmington Hills, S. 137-138.

Bohnsack, Ralf (2012): Orientierungsschemata, Orientierungsrahmen und Habitus. Elementare Kategorien der Dokumentarischen Methode mit Beispielen aus der Bildungsmilieuforschung. In: Schittenhelm, Karin (Hrsg.): Qualitative Bildungs- und Arbeitsmarktforschung. Wiesbaden, S. 119-153.

Bohnsack, Ralf (2013a): Dokumentarische Methode und die Logik der Praxis. In: Lenger, Alexand-er/Schneickert, Christian/Schumacher, Florian (Hrsg.): Pierre Bourdieus Konzeption des Habitus. Grundlagen, Zugänge, Forschungsperspektiven. Wiesbaden, S. 175-200.

Bohnsack, Ralf (2013b): Typenbildung, Generalisierung und komparative Analyse: Grundprinzipien der dokumentarischen Methode: In: Bohnsack, Ralf/ Nentwig-Gesemann, Iris/Nohl, Arnd-Michael (Hrsg.): Die dokumentarische Methode und ihre Forschungspraxis. Wiesbaden, S. 241-270.

Bohnsack, Ralf (2014a): Habitus, Norm und Identität. In: Helsper, Werner/Kramer, Rolf-Torsten/Thiersch, Sven (Hrsg.): Schülerhabitus. Theoretische und empirische Analysen zum Bour-dieuschen Theorem der kulturellen Passung. Wiesbaden, S. 33-55.

Bohnsack, Ralf (2014b): Die Milieuanalyse der Praxeologischen Wissenssoziologie. In: Isenböck, Peter/Nell, Linda/Renn, Joachim (Hrsg.): Die Form des Milieus. Zum Verhältnis von gesellschaft-licher Differenzierung und Formen der Vergemeinschaftung. 1. Sonderband der Zeitschrift für Theoretische Soziologie. Weinheim, S. 16-45.

Bohnsack, Ralf (2015): Milieu als Erfahrungsraum. In: Müller, Stella (Hrsg.): Soziale Milieus der heterogenen Gesellschaft. Wiesbaden (i. E.).

Bohnsack, Ralf/ Nentwig-Gesemann, Iris/Nohl, Arnd-Michael (Hrsg.) (2013a): Die dokumentarische Methode und ihre Forschungspraxis. Wiesbaden.

Bohnsack, Ralf/Loos, Peter/Schaeffer, Burkhard/Städtler, Klaus/Wild, Bodo (1995): Die Suche nach Gemeinsamkeit und die Gewalt der Gruppe. Hooligans, Musikgruppen und andere Cliquen. Opla-den.

Bohnsack, Ralf/Nentwig-Gesemann, Iris (Hrsg.) (2010): Dokumentarische Evaluationsforschung. Theoretische Grundlagen und Beispiele aus der Praxis. Opladen/Farmington Hills.

Bohnsack, Ralf/Nentwig-Gesemann, Iris/Nohl, Arnd-Michael (2013b): Einleitung: Die dokumentari-sche Methode und ihre Forschungspraxis. In: dies. (Hrsg.): Die dokumentarische Methode und ihre Forschungspraxis. Grundlagen qualitativer Sozialforschung. Wiesbaden, S. 9-32.

Bohnsack, Ralf/Przyborski, Aglaja/Schäffer, Burkhard (Hrsg.) (2010): Das Gruppendiskussionsver-fahren in der Forschungspraxis. Opladen.

Bohnsack, Ralf/Schäffer, Burkhard (2001): Gruppendiskussionsverfahren. In: Hug, Theo (Hrsg.): Wie kommt Wissenschaft zu Wissen. Einführung in die Forschungsmethodik und Forschungspra-xis. Hohengehren, S. 324-341.

Bollnow, Otto Friedrich (2013 [1968]): Der Erfahrungsbegriff in der Pädagogik. In: Bilstein, Johan-nes Peskoller, Helga (Hrsg.): Erfahrung – Erfahrungen. Wiesbaden, S. 17-50.

Börsch-Supan, Axel/Erlinghagen,Marcel/Hank, Karsten/Jürges, Hendrik/Wagner, Gert G. (Hrsg.) (2009): Produktivität in alternden Gesellschaften. Altern in Deutschland. Band 4. Stuttgart.

Bourdieu, Pierre (1979 [1972]): Entwurf einer Theorie der Praxis. Frankfurt a. M.

Bourdieu, Pierre (1983): Ökonomisches Kapital, kulturelles Kapital, soziales Kapital. In: Kreckel, Reinhard (Hrsg.): Soziale Ungleichheiten. Soziale Welt. Sonderband 2. Göttingen, S. 183-198.

Bourdieu, Pierre (1993 [1980]): Sozialer Sinn. Kritik der theoretischen Vernunft. Frankfurt a. M.

Bourdieu, Pierre (1998 [1979]): Die feinen Unterschiede. Frankfurt a. M.

Bourdieu, Pierre/Wacquant, Loïc J. D. (2006): Die Ziele der reflexiven Soziologie. In: dies.: Reflexive Anthropologie. Frankfurt a. M., S. 95-249.

Brand, Karl-Werner (2011): Soziale Bewegungen. In: Olk, Thomas/Hartnuß, Birger (Hrsg.): Handbuch Bürgerschaftliches Engagement. Weinheim/Basel, S. 487-498.

Brauer, Kai (2009): Warum sollten sich Ältere und Jüngere engagieren – oder nicht? Qualitative Befunde zum Engagement. In: Kocka, Jürgen/Kohli, Martin/Streeck, Wolfgang (Hrsg.): Altern: Familie, Zivilgesellschaft, Politik. Altern in Deutschland. Band 8. Stuttgart, S. 241-261.

Brauers, Silke (2008): Lebenslanges Lernen und bürgerschaftliches Engagement in einem älter werdenden Europa. Abschlussbericht aus deutscher Perspektive zum europäischen Transferprojekt „LACE". Köln. http://nbn-resolving.de/urn:nbn:de:0168-ssoar-128527, Stand: 01.05.2015.

Braun, Joachim/Bischoff, Stefan (1999): Bürgerschaftliches Engagement älterer Menschen: Motive und Aktivitäten. Engagementförderung in Kommunen – Paradigmenwechsel in der offenen Altenarbeit. Stuttgart.

Braun, Joachim/Burmeister, Joachim/Engels, Dietrich (Hrsg.) (2004): seniorTrainerin: Neue Verantwortungsrolle und Engagement in Kommunen. Bundesmodellprogramm „Erfahrungswissen für Initiativen". Bericht zur ersten Programmphase. Köln.

Braun, Joachim/Kubisch, Sonja/Zeman, Peter (Hrsg.) (2005): Erfahrungswissen und Verantwortung – zur Rolle von seniorTrainerinnen in ausgewählten Engagementbereichen. Köln.

Breithecker, Renate (2008): Potenziale bürgerschaftlichen Engagements für die Kommune. Das Modellprojekt „Selbstorganisation älterer Menschen". In: Erlinghagen, Marcel/Hank, Karsten (Hrsg.): Produktives Altern und informelle Arbeit in modernen Gesellschaften. Theoretische Perspektiven und empirische Befunde. Wiesbaden. S. 191-213.

Bubolz-Lutz, Elisabeth (2012): Expertenschaft Älterer – Eine Chance für die Gesellschaft. In: Bildung und Erziehung. 65. Jg. (H. 1), S. 7-25.

Bühlmann, Beat (Hrsg.) (2010): Die andere Karriere. Gesellschaftliches Engagement in der zweiten Lebenshälfte – am Bespiel von Innovage. Porträts und Reportagen. Luzern.

Bundesamt für Statistik (Hrsg.) (2010): Szenarien zur Bevölkerungsentwicklung der Schweiz 2010-2060. Neuchâtel

Burmeister, Joachim/Heller, Anne/Stehr, Ilona (2005): Weiterbildung älterer Menschen für bürgerschaftliches Engagement als seniorTrainerinnen. Ein Kurskonzept für lokale Netzwerke. Leipzig.

CEV (European Volunteer Centre) (2012): Volunteering Infrastructure in Europe. Brussels.

Cohen, Jean/Arato, Andrew (1992): Civil Society and Political Theory. Cambridge.

Coleman, James S. (1988): Social Capital in the Creation of Human Capital. In: American Journal of Sociology. 94/1988, Supplement, S. 95-119.

Collins, Harry (2012): Drei Arten impliziten Wissens. In: Loenhoff, Jens (Hrsg.): Implizites Wissen. Epistemologische und handlungstheoretische Perspektiven. Weilerswist, S. 91-107.

Dahme, Heinz-Jürgen/Wohlfahrt, Jürgen (2009): Zivilgesellschaft und „managerieller" Staat. Bürgerschaftliche Sozialpolitik als Teil instrumenteller Governance. In: Bode, Ingo/Evers, Adalbert/Klein, Ansgar (Hrsg.): Bürgergesellschaft als Projekt. Eine Bestandsaufnahme zu Entwicklung und Förderung zivilgesellschaftlicher Potenziale in Deutschland. Wiesbaden, S. 240-264.

Denninger, Tina/van Dyk, Silke/Lessenich, Stephan/ Richter, Anna (2014): Leben im Ruhestand. Zur Neuverhandlung des Alters in der Aktivgesellschaft. Bielefeld.

DZA (Deutsches Zentrum für Altersfragen) (2014): Sorge und Mitverantwortung in der Kommune. Aufbau und Sicherung zukunftsfähiger Gemeinschaften. Berlin. https://www.siebter-altenbe-richt.de/index.php?eID=tx_nawsecuredl&u=0&g=0&t=1437924722&hash=b85876272a6e5879c9e

523d33973155247cc1b20&file=fileadmin/altenbericht/pdf/Broschuere_Themen_Ziele_Siebter_Alt
enbericht.pdf, Stand: 20.07.2015

Endreß, Martin (2007): Karl Mannheim. In: Schützeichel, Rainer (Hrsg.): Handbuch Wissenssoziologie und Wissensforschung. Konstanz, S. 77-93.

Engels, Dietrich/Braun, Joachim/Burmeister, Joachim (Hrsg.) (2007): *Senior*Trainer*innen* und *senior*Kompetenzteams. Erfahrungswissen und Engagement älterer Menschen in einer neuen Verantwortungsrolle. Evaluationsbericht zum Bundesmodellprogramm „Erfahrungswissen für Initiativen". Köln.

Enquete-Kommission „Zukunft des bürgerschaftlichen Engagements" (2002): Bericht: Bürgerschaftliches Engagement: auf dem Weg in eine zukunftsfähige Bürgergesellschaft. Opladen.

Enste, Dominik/Neumann, Michael/Schare, Theresa/Schwalb, Teresa (2012a): Erster Engagementbericht 2012. Für eine Kultur der Mitverantwortung. Langfassung. Berlin.

Enste, Dominik/Neumann, Michael/Schare, Theresa/Schwalb, Teresa (2012b): Erster Engagementbericht 2012. Für eine Kultur der Mitverantwortung. Zentrale Ergebnisse. Berlin.

Erlinghagen, Marcel (2008): Ehrenamtliche Arbeit und informelle Hilfe nach dem Renteneintritt.
Analysen mit dem Sozio-oekonomischen Panel (SOEP). In: Erlinghagen, Marcel/Hank, Karsten
(Hrsg.): Produktives Altern und informelle Arbeit in modernen Gesellschaften. Theoretische Perspektiven und empirische Befunde. Wiesbaden, S. 93-117.

Erlinghagen, Marcel (2009): Soziales Engagement im Ruhestand: Erfahrung wichtiger als frei verfügbare Zeit. In: Kocka, Jürgen/Kohli, Martin/Streeck, Wolfgang (Hrsg.): Altern: Familie, Zivilgesellschaft, Politik. Altern in Deutschland. Band 8. Stuttgart, S. 211-219.

Erlinghagen, Marcel/Hank, Karsten (2009): Engagement und Netzwerke im Alter – Auswertungen
mit der ersten und zweiten Welle des SHARE-Datensatzes. Expertise zum Bericht zur Lage und zu
den Perspektiven des bürgerschaftlichen Engagements in Deutschland. Herausgegeben vom Wissenschaftszentrum Berlin für Sozialforschung. Ohne Ortsangabe.

Erlinghagen, Marcel/Hank, Karsten (Hrsg.) (2008): Produktives Altern und informelle Arbeit in
modernen Gesellschaften. Theoretische Perspektiven und empirische Befunde. Wiesbaden.

Evers, Adalbert (2009): Gefährdung von Zivilität. Zum Verhältnis von Zivilgesellschaft und Drittem
Sektor. In: Forschungsjournal Neue Soziale Bewegungen. 1/2009, S. 79-84.

Evers, Adalbert (2011): Der Bezugsrahmen Zivilgesellschaft. Definition und ihre Konsequenzen für
die Engagementforschung. In: Soziale Arbeit: Zeitschrift für soziale und sozialverwandte Gebiete.
Jg. 60, 6/2011, S. 207-219.

Fahrenwald, Claudia (2009): Organisation und Erfahrung – Die Perspektive des modernen Wissensmanagements. In: Göhlich, Michael/Weber, Susanne M./Wolff, Stephan (Hrsg.): Organisation und
Erfahrung. Beiträge der AG Organisationspädagogik. Wiesbaden, S. 55-64.

Fischer, Petra M. (2007): Berufserfahrungen älterer Führungskräfte als Ressource. Wiesbaden.

Fischer, Veronika (2004): Netzwerke bürgerschaftlichen Engagements – zur Rolle der Erwachsenenbildung im Rahmen der Netzwerkarbeit mit Älteren. In: Report. 1/2004, S. 53-59.

Fischer, Veronika/Eichener, Volker/Nell, Karin (2003): Netzwerke – ein neuer Typ bürgerschaftlichen Engagements. Zur Theorie und Praxis der sozialen Netzwerkarbeit mit Älteren. Schwalbach.

Foucault, Michel (2000): Die ‚Gouvernementalität'. (Vorlesung am Collège de France im Studienjahr
1977-78). In: Bröckling, Ulrich/Krasmann, Susanne/Lemke, Thomas (Hrsg.): Gouvernementalität
der Gegenwart. Studien zur Ökonomisierung des Sozialen. Frankfurt a. M., S. 41-67.

Garfinkel, Harold (1973): Das Alltagswissen über soziale und innerhalb sozialer Strukturen. In:
Arbeitsgruppe Bielefelder Soziologen (Hrsg.): Alltagswissen, Interaktion und gesellschaftliche
Wirklichkeit. Reinbek bei Hamburg, S. 189-260.

Generali Holding AG/Institut für sozialwissenschaftliche Analysen und Beratungen (ISAB) (Hrsg.)
(2015): Generali Engagementatlas 2015. Rolle und Perspektiven Engagement unterstützender Einrichtungen in Deutschland. Köln/Bernkastel-Kues.

Gensicke, Thomas/Picot, Sibylle/Geiss, Sabine (2006): Freiwilliges Engagement in Deutschland 1999–2004. Wiesbaden.

Gensicke, Thomas/Picot, Sibylle/Geiss, Sabine (2010): Hauptbericht des Freiwilligensurveys 2009. Ergebnisse der repräsentativen Trenderhebung zu Ehrenamt, Freiwilligenarbeit und Bürgerschaftlichem Engagement. München.

Goffman, Erving (1996): Stigma. Über Techniken der Bewältigung beschädigter Identität. 12. Aufl. Frankfurt a. M.

Gosewinkel, Dieter/Ruch, Dieter/van den Daele, Wolfgang/Kocka, Jürgen (Hrsg.) (2004): Zivilgesellschaft. National und transnational. Berlin.

Graf, Maja (2010): Innovage Schweiz – Wie ein Netzwerk entsteht. In: Bühlmann, Beat (Hrsg.): Die andere Karriere. Gesellschaftliches Engagement in der zweiten Lebenshälfte – am Beispiel von Innovage. Luzern, S. 178-191.

Hammerschmidt, Peter/Pohlmann, Stefan/Sagebiel, Juliane (2014): Wie gelingt gelingendes Alter? In: dies. (Hrsg.): Gelingendes Alter(n) und Soziale Arbeit. Neu-Ulm, S. 9-39

Haus, Michael (2003): Kommunitarismus. Einführung und Analyse. Wiesbaden.

Höpflinger, François (2009). Wandel des Alters – neues Alter für neue Generation. Horgen. http://www.hoepflinger.com/fhtop/Wandel-des-Alters.pdf, Stand: 15.11.2013

Höpflinger, François/Perrig-Chiello, Pasqualina (2008): Intergenerationelle Aktivitäten und Generationenprojekte. In: Perrig-Chiello, Pasqualina/Höpflinger, François/Suter, Christian: Generationen – Strukturen und Beziehungen. Generationenbericht Schweiz. Zürich, S. 343-356.

Hummel, Konrad (2009): Die Bürgerschaftlichkeit unserer Städte. Berlin.

ISS (Institut für Sozialarbeit und Sozialpädagogik) (2007): Öffnung von Institutionen für das bürgerschaftliche Engagement älterer Menschen. Dokumentation eines Workshops am 9. und 10.08.2007 in Münster. Frankfurt a. M.

Jagusch, Birgit (2011): Praxen der Anerkennung. „Das ist unser Geschenk an die Gesellschaft". Vereine von Jugendlichen mit Migrationshintergrund zwischen Anerkennung und Exklusion. Schwalbach/Ts.

Jakob, Gisela (2009): Kommunen und bürgerschaftliches Engagement –gegenwärtiger Stand, Probleme und Lösungsansätze. Expertise für den Bericht „Potenziale und Grenzen von Zivilgesellschaft und bürgerschaftlichem Engagement in Deutschland" im Auftrag des Wissenschaftszentrums Berlin für Sozialforschung. Darmstadt.

Kade, Sylvia (2001): Selbstorganisiertes Alter. Lernen in „reflexiven" Milieus. Bielefeld.

Kade, Sylvia (2002): Bildung und Freiwilligenarbeit – Ressourcen von Engagement und Engagementförderung. In: Institut für Soziale Infrastruktur (ISIS) (Hrsg.): Grundsatzthemen der Freiwilligenarbeit. Theorie und Praxis des sozialen Engagements und seine Bedeutung für ältere Menschen. Stuttgart/Marburg/Erfurt, S. 101-119.

Kade, Sylvia (2009): Altern und Bildung. Eine Einführung. 2., aktualisierte u. überarb. Aufl. Bielefeld.

Kaiser, Andreas (2007): Der Kommunitarismus und seine Rezeption in Deutschland. Göttingen.

Karl, Fred (2012): Einleitung. In: ders. (Hrsg.): Das Altern der „neuen" Alten. Eine Generation im Strukturwandel des Alters. Münster, S. 7-8

Karl, Fred/Aner, Kirsten/Bettmer, Franz/Olbermann, Elke (2008): Perspektiven einer neuen Engagementkultur. Praxisbuch zur kooperativen Entwicklung von Projekten. Wiesbaden.

Karl, Ute (2006): Soziale Altenarbeit und Altenbildungsarbeit – vom aktiven zum profilierten, unternehmerischen Selbst? In: Weber, Susanne/Maurer, Susanne (Hrsg.): Gouvernementalität und Erziehungswissenschaft. Wissen – Macht – Transformation. Wiesbaden, S. 301-319

Keupp, Heiner (2010): Visionen der Zivilgesellschaft: Der aufmüpfige Citoyen oder eine Mittelschichtveranstaltung? In: Pilch Ortega, Angela/Felbinger, Andrea/Mikula, Regina/Egger, Rudolf (Hrsg.): Macht – Eigensinn – Engagement: Lernprozesse gesellschaftlicher Teilhabe. Wiesbaden, S. 17-40.

Klages, Helmut (2000): Motivation und Motivationswandel bürgerschaftlichen Engagements. Gutachten für die Enquete-Kommission „Zukunft des Bürgerschaftlichen Engagements" (KDrs. Nr. 14/65). Speyer.

Klages, Helmut/Gensicke, Thomas (1999): Wertewandel und bürgerschaftliches Engagement an der Schwelle zum 21. Jahrhundert. Speyer.

Klein, Ansgar (2001): Der Diskurs der Zivilgesellschaft. Politische Kontexte und demokratietheoretische Bezüge der neueren Begriffsverwendung. Opladen.

Klein, Ansgar (2011): Zivilgesellschaft/Bürgergesellschaft. In: Olk, Thomas/Hartnuß, Birger (Hrsg.): Handbuch Bürgerschaftliches Engagement. Weinheim/Basel, S. 29-40.

Klein, Ansgar/Kern, Kristine/Kern, Brigitte (Hrsg.) (2004): Zivilgesellschaft und Sozialkapital. Wiesbaden.

Klein, Ansgar/Schwalb, Lilian (2013): Forschungsexpertise „Erster Engagementbericht". Engagementforschung als Teil der Zivilgesellschaftsforschung. Eine Forschungsagenda im Ausgang vom Engagementbericht der Bundesregierung. Ohne Ortsangabe. http://www.b-b-e.de/fileadmin/inhalte/PDF/publikationen/jb02_expertise_%20engagementforschung.pdf, Stand: 04.08.2013.

Klie, Thomas (2013): Zivilgesellschaft und Aktivierung. In: Hüther, Michael/Naegele, Gerhard (Hrsg.): Demografiepolitik. Herausforderungen und Handlungsfelder. Wiesbaden, S. 344-378.

Klie, Thomas (2014): Wen kümmern die Alten? Auf dem Weg in eine sorgende Gesellschaft. München.

Knodt, Michèle/Finke, Barbara (Hrsg.) (2005): Europäische Zivilgesellschaft. Konzepte, Akteure, Strategie. Bürgergesellschaft und Demokratie. Wiesbaden.

Knopf, Detlef (1989): „Erfahrungswissen älterer Menschen nutzen" – Gerontologische Implikationen einer sozialpolitischen Programmatik. In: Knopf, Detlef/Schäffter, Ortfried/Schmidt, Roland (Hrsg.): Produktivität des Alters. Berlin, S. 223-231.

Knopf, Detlef (1998): Über das Altern innovativer Projekte. Perspektiven des Berliner Programms Erfahrungswissen in der Bestandskrise. In: Schmidt, Roland/Braun, Helmut/Giercke, Klaus Ingo/Klie, Thomas/Kohnert, Monika (Hrsg.): Neue Steuerung in Pflege und Sozialer Altenarbeit. Regensburg, S. 371-382.

Knopf, Detlef (2002): Alter zwischen Ent- und Verpflichtung. In: Institut für Soziale Infrastruktur (Hrsg.): Grundsatzthemen der Freiwilligenarbeit. Theorie und Praxis des sozialen Engagements und seine Bedeutung für ältere Menschen. Stuttgart/Marburg/Erfurt, S. 69-84.

Knopf, Detlef/Hinsching, Wolf (2002): Fortbildung zum seniorTrainer – ein Rahmencurriculum im Multiplikatorenprogramm „Erfahrungswissen für Initiativen" (EFI). Berlin.

Knopf, Detlef/Schäffter, Ortfried/Schmidt, Roland (Hrsg.) (1989): Produktivität des Alters. Berlin.

Krais, Beate/Gebauer, Gunter (2002): Habitus. Bielefeld.

Krimmer, Holger/Priemer, Jana (2013): ZiviZ-Survey 2012. Zivilgesellschaft verstehen. Berlin.

Kruse, Andreas (2013): Alternde Gesellschaft – eine Bedrohung? Ein Gegenentwurf von Andreas Kruse. Freiburg i. B.

Kruse, Andreas (Hrsg.) (2010): Potenziale im Altern. Chancen und Aufgaben für Individuum und Gesellschaft. Heidelberg.

Kubisch, Sonja (2008): Habituelle Konstruktion sozialer Differenz. Eine rekonstruktive Studie am Beispiel von Organisationen der Freien Wohlfahrtspflege. Wiesbaden.

Kubisch, Sonja (2010a): Gemeinsam mit anderen etwas bewegen. Selbstorganisiertes freiwilliges Engagement älterer Menschen – Motive, Herausforderungen und Rahmenbedingungen. In: Bühlmann, Beat (Hrsg.): Die andere Karriere. Gesellschaftliches Engagement in der zweiten Lebenshälfte – am Beispiel von Innovage. Luzern, S. 42-53.

Kubisch, Sonja (2010b): Differenz(re)konstruktionen. Dokumentarische Evaluationsforschung in der Sozialen Arbeit. In: Bohnsack, Ralf/Nentwig-Gesemann, Iris (Hrsg.): Dokumentarische Evaluationsforschung. Theoretische Grundlagen und Beispiele aus der Praxis. Opladen/Farmington Hills, S. 252-266.

Kubisch, Sonja (2012): Differenzsensible Forschung in der Sozialen Arbeit. Intersektionalität nach rekonstruktivem Verständnis. In: Effinger, Herbert/Borrmann, Stefan/Gahleitner, Silke Birgitta/Köttig, Michaela/Kraus, Björn/Stövesand, Sabine (Hrsg.): Diversität und Soziale Ungleichheit. Analytische Zugänge und professionelles Handeln in der Sozialen Arbeit. Opladen/Berlin/Toronto, S. 97-108.

Kubisch, Sonja (2015): Soziale Differenz. In: Rätz-Heinisch, Regina/Völter, Bettina (Hrsg.): Wörterbuch Rekonstruktive Soziale Arbeit. Opladen/Farmington Hills, S. 198-200.

Kubisch, Sonja/Lamprecht, Juliane (2013): Rekonstruktive Responsivität – Zum Begriff des Wissens in der dokumentarischen Evaluationsforschung. In: Loos Peter/Nohl, Arnd-Michael/Przyborski, Aglaja/Schäffer, Burkhard (Hrsg.): Dokumentarische Methode. Grundlagen – Entwicklungen – Anwendungen. Opladen/Berlin/Toronto, S. 301-319.

Lamprecht, Juliane (2012): Rekonstruktiv-responsive Evaluation in der Praxis. Neue Perspektiven dokumentarischer Evaluationsforschung. Wiesbaden.

Lehr, Ursula (2010): Erfahrungswissen in der Zivilgesellschaft. Lebenserfahrung und Lebenswissen und ihre Bedeutung für Individuum, Gesellschaft und Kultur. In: Kruse, Andreas (Hrsg.): Potenziale im Altern. Chancen und Aufgaben für Individuum und Gesellschaft. Heidelberg, S. 31–40.

Lenger, Alexander/Schneickert, Christian/Schumacher, Florian (2013): Pierre Bourdieus Konzeption des Habitus, in: dies. (Hrsg.): Pierre Bourdieus Konzeption des Habitus. Grundlagen, Zugänge, Forschungsperspektiven. Wiesbaden, S. 13-41.

Linder, Wolf (2005): Schweizerische Demokratie. Institutionen, Prozesse, Perspektiven. Bern/Stuttgart/Wien.

Loenhoff, Jens (2012): Einleitung. In: ders. (Hrsg.): Implizites Wissen. Epistemologische und handlungstheoretische Perspektiven. Weilerswist, S. 7-30.

Loos, Peter/Nohl, Arnd-Michael/Przyborski, Aglaja/Schäffer, Burkhard (Hrsg.) (2013): Dokumentarische Methode. Grundlagen – Entwicklungen – Anwendungen. Opladen/Berlin/Toronto.

Loos, Peter/Schäffer, Burkhard (2001): Das Gruppendiskussionsverfahren. Opladen.

Lüders, Christian (2010): Beobachten im Feld und Ethnografie. In: Flick, Uwe/von Kardorff, Ernst/Steinke, Ines (Hrsg.): Qualitative Forschung. Ein Handbuch. 8. Aufl. Reinbek bei Hamburg, S. 384-401.

Maasen, Sabine (2008): Wissenssoziologie. 2. Aufl. Bielefeld.

Mannheim, Karl (1980 [Original: 1922-1925, unveröffentl. Manuskripte]): Strukturen des Denkens. Frankfurt a. M.

Mannheim, Karl (1995 [1929]): Ideologie und Utopie. 8. Aufl. Frankfurt a. M.

Mannheim, Karl (2004 [1921-1922]): Beiträge zur Theorie der Weltanschauungs-Interpretation. In: Strübing, Jörg/Schnettler, Bernt (Hrsg.): Methodologie interpretativer Sozialforschung. Klassische Grundlagentexte. Konstanz, S. 103-153.

Mensching, Anja (2008): Gelebte Hierarchien. Mikropolitische Arrangements und organisationskulturelle Praktiken am Beispiel der Polizei. Wiesbaden.

Meuser, Michael (2013): Repräsentation sozialer Strukturen im Wissen. Dokumentarische Methode und Habitusrekonstruktion. In: Bohnsack, Ralf/Nentwig-Gesemann, Iris/Nohl, Arnd-Michael (Hrsg.): Die dokumentarische Methode und ihre Forschungspraxis. Opladen, S. 223-240.

Motel-Klingebiel, Andreas/Wurm, Susanne/Tesch-Römer, Clemens (Hrsg.) (2010): Altern im Wandel. Befunde des Deutschen Alterssurveys (DEAS). Stuttgart.

Munsch, Chantal (2003): Sozial Benachteiligte engagieren sich doch. Über lokales Engagement und soziale Ausgrenzung und die Schwierigkeiten der Gemeinwesenarbeit. Weinheim.

Murphey, Murray G. (1988): Introduction. In: Boydston, Jo Ann (Hrsg.): Human Nature and Conduct. The Middle Works of John Dewey, 1899-1924. Volume 14: 1922. Carbondale [u. a.], S. ix-xxiii.

Nadai, Eva (1996): Gemeinsinn und Eigennutz. Bern.

Nadai, Eva (2004): Begrifflichkeit im Themenfeld der Freiwilligenarbeit. In: Münzel, Guido (Hrsg.): Studie zum Bericht zur Freiwilligenarbeit in der Schweiz. Expertenbericht im Auftrag des Bundesamtes für Statistik. Neuchâtel, S. 16-34.

Nadai, Eva/Sommerfeld, Peter/Bühlmann, Felix/Krattiger, Barbara (2005): Fürsorgliche Verstrickungen. Soziale Arbeit zwischen Profession und Freiwilligenarbeit. Wiesbaden.

Naegele, Gerhard (1993): Solidarität im Alter. Überlegungen zu einer Umorientierung der Alterssozialpolitik. In: Sozialer Fortschritt. 1993 (H. 8), S. 191-196.

Naegele, Gerhard (2006): Die Potenziale des Alters nutzen – Chancen für den Einzelnen und die Gesellschaft. In: Böllert, Karin/Hansbauer, Peter/Hasenjürgen, Brigitte/Langenohl, Sabrina (Hrsg.): Die Produktivität des Sozialen – Den Sozialstaat aktivieren. Wiesbaden, S. 147-156.

Naumann, Dörte/Romeu Gordo, Laura (2010). Gesellschaftliche Partizipation: Erwerbstätigkeit, Ehrenamt und Bildung. In: Motel-Klingebiel, Andreas/Wurm, Susanne/Tesch-Römer, Clemens (Hrsg.): Altern im Wandel. Befunde des Deutschen Alterssurveys (DEAS). Stuttgart, S. 118-141.

Naumann, Siglinde (2010): Bildungsprozesse in bürgerschaftlichen Initiativen. Eine empirische Studie zur Transformation konjunktiver Orientierungen. Wiesbaden.

Nentwig-Gesemann, Iris (2012): Das Gruppendiskussionsverfahren. In: Bock, Karin/Miethe, Ingrid (Hrsg.): Handbuch qualitative Methoden in der sozialen Arbeit. Opladen, S. 259-268.

Neubert, Stefan (2004): Pragmatismus, Konstruktivismus und Kulturtheorie. In: Hickman, Larry A./Neubert, Stefan/Reich, Kersten (Hrsg.): John Dewey. Zwischen Pragmatismus und Konstruktivismus. Münster, New York, München, Berlin, S. 114-131.

Nohl, Arnd-Michael (2006): Bildung und Spontaneität. Phasen biographischer Wandlungsprozesse in drei Lebensaltern: empirische Rekonstruktionen und pragmatistische Reflexionen. Opladen.

Nohl, Arnd-Michael (2010): Konzepte interkultureller Pädagogik. Eine systematische Einführung. 2. Aufl. Bad Heilbrunn.

Nohl, Arnd-Michael (2012): Interview und dokumentarische Methode. Anleitungen für die Forschungspraxis. Wiesbaden.

Nohl, Arnd-Michael (2013): Relationale Typenbildung und Mehrebenenvergleich. Neue Wege der dokumentarischen Methode. Wiesbaden.

Nohl, Arnd-Michael/Schäffer, Burkhard/Loos, Peter/Przyborski, Aglaja (2013): Einleitung: Zur Entwicklung der dokumentarischen Methode durch Ralf Bohnsack. In: Loos, Peter/Nohl, Arnd-Michael/Przyborski, Aglaja/Schäffer, Burkhard (Hrsg.): Dokumentarische Methode. Grundlagen – Entwicklungen – Anwendungen. Opladen, S. 9-40.

Nohl, Arnd-Michael/von Rosenberg, Florian/Thomsen, Sarah (2015): Bildung und Lernen im biografischen Kontext. Empirische Typisierungen und praxeologische Reflexionen. Wiesbaden.

Nolte, Paul (2004): Zivilgesellschaft und soziale Ungleichheit. Überlegungen zur deutschen Gesellschaftsgeschichte. In: Jessen, Ralph/Reichardt, Sven/Klein, Ansgar (Hrsg.): Zivilgesellschaft als Geschichte. Studien zum 19. Und 20. Jahrhundert. Wiesbaden, S. 305-326.

Olk, Thomas (1987): Das soziale Ehrenamt. In: Sozialwissenschaftliche Literatur Rundschau. 10/14, S. 84-101.

Olk, Thomas (1989): Vom „alten" und „neuen" Ehrenamt. Ehrenamtliches soziales Engagement außerhalb etablierter Träger. In. Blätter der Wohlfahrtspflege. 136. Jg. (H. 1), S. 7-10.

Olk, Thomas (2002): Modernisierung des Engagements im Alter – Vom Ehrenamt zum bürgerschaftlichen Engagement? In: Institut für Soziale Infrastruktur (Hrsg.): Grundsatzthemen der Freiwilligenarbeit. Theorie und Praxis des sozialen Engagements und seine Bedeutung für ältere Menschen. Stuttgart/Marburg/Erfurt, S. 25-48.

Olk, Thomas (2005): Netzwerkbildung – ein Instrument zur Stärkung der Bürgergesellschaft. Vortrag anlässlich der Auftaktveranstaltung des Kölner Netzwerks Bürgerengagement am 08.09.2005 in Köln.

Olk, Thomas (2009): Bestandsaufnahme und Chancen zur Verbesserung der Integration von älteren Menschen. In: Kocka, Jürgen/Kohli, Martin/Streeck, Wolfgang (Hrsg.): Altern: Familie, Zivilgesellschaft, Politik. Altern in Deutschland. Band 8. Stuttgart, S. 191-210.

Olk, Thomas (2011): Qualitative Forschung. In: Olk, Thomas/Hartnuß, Birger (Hrsg.): Handbuch Bürgerschaftliches Engagement. Weinheim/Basel, S. 705-718.

Olk, Thomas/Hartnuß, Birger (2011): Bürgerschaftliches Engagement. In: Olk, Thomas/Hartnuß, Birger (Hrsg.): Handbuch Bürgerschaftliches Engagement. Weinheim/Basel, S. 145-161.

Olk, Thomas/Rüttgers, Martin/Beinke, Inga (2011): Netzwerke der Engagementförderung in Deutschland. Analyse und Empfehlungen zur Weiterentwicklung. Projektbericht. Halle/Köln.

Paetow, Kai (2005): Organisationsidentität. Eine systemtheoretische Analyse der Konstruktion von Identität in der Organisation und ihrer internen und externen Kommunikation. Hamburg. http://ediss.sub.uni-hamburg.de/volltexte/2005/2413/pdf/Dissertation.pdf, Stand: 24.02.2013.

Peter, Colette (2010): Der Kitt unserer Gesellschaft. In: Bühlmann, Beat (Hrsg.): Die andere Karriere. Gesellschaftliches Engagement in der zweiten Lebenshälfte – am Beispiel von Innovage. Luzern, S. 140-156.

Pichler, Barbara (2010): Aktuelle Altersbilder: „junge Alter" und „alte Alte". In: Aner, Kirsten/Karl, Ute (Hrsg.): Handbuch Soziale Arbeit und Alter. Wiesbaden, S. 415-425.

Polanyi, Michael (1985 [1966]): Implizites Wissen. Frankfurt a. M.

Porschen, Stephanie (2008): Austausch impliziten Erfahrungswissens. Neue Perspektiven für das Wissensmanagement. Wiesbaden.

Prognos AG/Generali Holding AG (Hrsg.) (2009): Engagementatlas 2009. Daten. Hintergründe. Volkswirtschaftlicher Nutzen. Aachen.

Przyborski, Aglaja (2004): Gesprächsanalyse und dokumentarische Methode. Qualitative Auswertung von Gesprächen, Gruppendiskussionen und anderen Diskursen. Wiesbaden.

Przyborski, Aglaja/Wohlrab-Sahr, Monika (2014): Qualitative Sozialforschung. Ein Arbeitsbuch. 4., erw. Aufl. München.

Putnam, Robert D. (2000): Bowling Alone. The Collapse and Revival of American Community. New York.

Putnam, Robert D./Goss, Kristin A. (2001): Einleitung. In: Putnam, Robert D. (Hrsg.): Gesellschaft und Gemeinsinn: Sozialkapitalien im internationalen Vergleich. Gütersloh, S. 18-43.

Rauschenbach, Thomas/Zimmer, Annette (2011): Bürgerschaftliches Engagement unter Druck? Analysen und Befunde aus den Bereichen Soziales, Kultur und Sport. Opladen.

Reckwitz, Andreas (2003): Grundelemente einer Theorie sozialer Praktiken. Eine sozialtheoretische Perspektive. In: Zeitschrift für Soziologie. 32. Jg. (4), S. 282-301.

Reese-Schäfer, Walter (2001): Kommunitarismus. Frankfurt a. M.

Rehbein, Boike/Saalmann, Gernot (2009a): Habitus. In: Fröhlich, Gerhard/Rehbein, Boike (Hrsg.): Bourdieu-Handbuch. Leben – Werk – Wirkung. Stuttgart, S. 110-118.

Rehbein, Boike/Saalmann, Gernot (2009b): Feld. In: Fröhlich, Gerhard/Rehbein, Boike (Hrsg.): Bourdieu-Handbuch. Leben – Werk – Wirkung. Stuttgart, S. 99-103.

Reichertz, Jo (2011): Abduktion. In: Bohnsack, Ralf/Marotzki, Winfried/Meuser, Michael (Hrsg.): Hauptbegriffe qualitative Sozialforschung. Ein Wörterbuch. 3. durchges. Aufl. Opladen/Farmington Hills, S. 11-14.

Rese, Friederike (2014): Erfahrung als eine Form des Wissens. Freiburg/München.

Röbke, Thomas (2009): Netzwerke im Bürgerschaftlichen Engagement. Ohne Ortsangabe.

Röbke, Thomas (2011): Netzwerkmanagement. In: Olk, Thomas/Hartnuß, Birger (Hrsg.): Handbuch Bürgerschaftliches Engagement. Weinheim/Basel, S. 611-622.

Rosenmayr, Leopold (2002): Erfahrungswissen und die gesellschaftliche Stellung älterer Menschen. In: Modellprogramm „Erfahrungswissen für Initiativen". Eröffnungsveranstaltung Juli 2002 in Potsdam. ISAB-Berichte aus Forschung und Praxis Nr. 79. Köln.

Rosenmayr, Leopold (2010): Ist das Erfahrungswissen Älterer nicht doch eine Chimäre? In: Kruse, Andreas (Hrsg.): Potenziale im Altern. Chancen und Aufgaben für Individuum und Gesellschaft. Heidelberg S. 41-49.

Roth, Roland (2000): Bürgerschaftliches Engagement – Formen, Bedingungen, Perspektiven. In: Zimmer, Annette/Nährlich, Stefan (Hrsg.): Engagierte Bürgerschaft. Traditionen und Perspektiven. Opladen, S. 25-48.

Roth, Roland (2010): Engagementförderung als Demokratiepolitik: Besichtigung einer Reformbaustelle. In: Olk, Thomas/Klein, Ansgar/Hartnuß, Birger (Hrsg.): Engagementpolitik. Die Entwicklung der Zivilgesellschaft als politische Aufgabe. Wiesbaden, S. 611-636.

Roth, Roland/Rucht, Dieter (Hrsg.) (2008): Die sozialen Bewegungen in Deutschland seit 1945. Ein Handbuch. Frankfurt a. M./New York.

Rüttgers, Martin (2011): Netzwerke. In: Olk, Thomas/Hartnuß, Birger (Hrsg.): Handbuch Bürgerschaftliches Engagement. Weinheim, S. 513-524.

Ryle, Gilbert (1969 [1949]): Der Begriff des Geistes. Stuttgart

Schäffer, Burkhard (2012): Dokumentarische Methode. Einordnung, Prinzipien und Arbeitsschritte einer praxeologischen Methodologie. In: Schäffer, Burkhard/Dörner, Olaf (Hrsg.): Handbuch Qualitative Erwachsenen- und Weiterbildungsforschung. Leverkusen, S. 196-211.

Schäffter, Ortfried (1989): „Produktivität" aus der Perspektive von Praxisprojekten. In: Knopf, Detlef/Schäffter, Ortfried/Schmidt, Roland (Hrsg.): Produktivität des Alters. Berlin, S. 20-25.

Schmidt, Robert (2009): Praktischer Sinn (sense pratique). In: Fröhlich, Gerhard/ Rehbein, Boike (Hrsg.): Bourdieu-Handbuch. Leben – Werk – Wirkung. Stuttgart, S. 193-196

Schneider, Norbert F./Mergenthaler, Andreas/Staudinger, Ursula M./Sackreuter, Ines (Hrsg.) (2015): Mittendrin? Lebenspläne und Potenziale älterer Menschen beim Übergang in den Ruhestand. Opladen/Berlin/Toronto.

Schütze, Fritz (1983): Biographieforschung und narratives Interview. Neue Praxis. 3 (13), S. 283-293.

Schütze, Fritz (1987): Das narrative Interview in Interaktionsfeldstudien. Studienbrief der Fernuniversität Hagen, Teil 1. Hagen.

Schützeichel, Rainer (2007): Laien, Experten, Professionen. In: ders. (Hrsg.): Handbuch Wissenssoziologie und Wissensforschung. Konstanz, S. 546–578.

Schützeichel, Rainer (2012): „Implizites Wissen" in der Soziologie. Zur Kritik des epistemischen Individualismus. In: Loenhoff, Jens (Hrsg.): Implizites Wissen. Epistemologische und handlungstheoretische Perspektiven. Weilerswist, S. 108-128.

Schützeichel, Rainer (2014): Professionshandeln und Professionswissen – eine soziologische Skizze. In: Unterkofler, Ursula/Oestreicher, Elke (Hrsg.): Theorie-Praxis-Bezüge in professionellen Feldern. Wissensentwicklung und -verwendung als Herausforderung. Opladen, S. 43-55.

Schwandt, Thomas A. (1997): Evaluation as Practical Hermeneutics. In: Evaluation. Vol. 3 (1), S. 69-83.

Schwingel, Markus (2005): Bourdieu zur Einführung. 5., verb. Aufl. Hamburg.

Sevsay-Tegethoff, Nese (2007): Bildung und anderes Wissen. Zur „neuen" Thematisierung von Erfahrungswissen in der beruflichen Bildung. Wiesbaden.

Speck, Karsten/Backhaus-Maul, Holger/Friedrich, Peter/Krohn, Maud (2012): Freiwilligenagenturen in Deutschland. Potenziale und Herausforderungen einer vielversprechenden intermediären Organisation. Wiesbaden.

Spenger, Normann/Priemer, Jana (2011): Daten zur Zivilgesellschaft. Eine Bestandsaufnahme. Zivilgesellschaft in Zahlen. Band 2. Essen.

Stadelmann-Steffen, Isabelle/Freitag, Markus/Bühlmann, Marc (2007): Freiwilligen-Monitor Schweiz 2007. Zürich.

Stadelmann-Steffen, Isabelle/Traunmüller, Richard/Gundelach, Birte/Freitag, Markus (2010): Freiwilligen-Monitor Schweiz 2010. Zürich.

Statistisches Bundesamt (Hrsg.) (2015): Bevölkerung Deutschlands bis 2060. 13. koordinierte Bevölkerungsvorausberechnung. Wiesbaden.

Steinfort, Julia (2010): Identität und Engagement im Alter. Eine empirische Untersuchung. Wiesbaden.

Stiehr, Karin (2006): Bürgerschaftliches Engagement als Option für selbstbestimmte Gestaltung des Alters mit Zielorientierung in der offenen Altenarbeit. In: Böllert, Karin/Hansbauer, Peter/Hasenjürgen, Brigitte/Langenohl, Sabrina (Hrsg.): Die Produktivität des Sozialen – den sozialen Staat aktivieren. Wiesbaden, S. 163-168.

Tamm, Timo/ Hubrich, David-Karl/Spengler, Norman/Krimmer, Holger (2011): Nutzerhandbuch Zivilgesellschaftsdaten. Zivilgesellschaft in Zahlen. Band 3. Essen.

Tews, Hans Peter (1994): Alter zwischen Entpflichtung, Belastung und Verpflichtung. In: Verheugen, Günther (Hrsg.): 60 plus. Die wachsende Macht der Älteren. Köln, S. 51-60.

van Dyk, Silke/Lessenich, Stephan (2009) (Hrsg.): Die jungen Alten. Analysen einer neuen Sozialfigur. Frankfurt a. M.

Vogd, Werner (2006): Die Organisation Krankenhaus im Wandel. Eine dokumentarische Evaluation aus Perspektive der ärztlichen Akteure. Basel/Bern.

Vogd, Werner (2009): Rekonstruktive Organisationsforschung. Leverkusen.

Vogel, Claudia/Motel-Klingebiel, Andreas (2013): Altern im sozialen Wandel: Die Rückkehr der Altersarmut?. Wiesbaden

von Rosenberg, Florian (2011): Bildung und Habitustransformation. Empirische Rekonstruktionen und bildungstheoretische Reflexionen. Bielefeld.

von Rosenbladt, Bernhard (Hrsg.) (2000): Freiwilliges Engagement in Deutschland – Freiwilligensurvey 1999. Band 1: Gesamtbericht. Schriftenreihe des BMFSFJ. Band 194. Stuttgart/Berlin/Köln.

Wegner, Martina (2014): Produktives Altern. Ältere Menschen als Reserve des neoliberalen Sozialstaats. In: Hammerschmidt, Peter/Pohlmann, Stefan/Sagebiel, Juliane (Hrsg.): Gelingendes Alter(n) und Soziale Arbeit. Neu-Ulm, S. 145-163.

WHO (Weltgesundheitsorganisation) (2002): Aktives Altern. Rahmenbedingungen und Vorschläge für politisches Handeln. Madrid. http://whqlibdoc.who.int/hq/2002/WHO_NMH_NPH_02.8_ger.pdf?ua=1, Stand: 04.06.2015.

Wieland, Wolfgang (1982): Platon und die Formen des Wissens. Göttingen.

Worf, Maria (2011): Wissen und Erfahrung in intergenerationalen Lernkulturen. In: REPORT: Zeitschrift für Weiterbildungsforschung. 34. Jg., 02/2011. http://www.die-bonn.de/doks/report/2011-aelterer-mensch-01.pdf, Stand: 18.07.2014.

WZB (Wissenschaftszentrum Berlin für Sozialforschung) (Hrsg.) (2009): Bericht zur Lage und zu den Perspektiven des bürgerschaftlichen Engagements in Deutschland.

Zeman, Peter (2000): Selbsthilfe und Engagement im nachberuflichen Leben – Fragen und Antworten aus der sozialen Gerontologie, der Altenpolitik und der Erwachsenenbildung. In: ders. (Hrsg.): Selbsthilfe und Engagement im nachberuflichen Leben. Weichenstellungen, Strukturen, Bildungskonzepte. Regensburg, S. 1-12.

Zeman, Peter (2002): Zur Neugewichtung des Erfahrungswissens älterer Menschen. In: Institut für Soziale Infrastruktur (ISIS) (Hrsg.): Grundsatzthemen der Freiwilligenarbeit. Theorie und Praxis des sozialen Engagements und seine Bedeutung für ältere Menschen. Stuttgart/Marburg/Erfurt, S. 9-23.

Zeman, Peter (2005): Selbstorganisation in der Altenarbeit. In: Braun, Joachim/Kubisch, Sonja/Zeman, Peter (Hrsg.): Erfahrungswissen und Verantwortung. Zur Rolle von *senior*Trainer*innen* in ausgewählten Engagementbereichen. Köln, S. 76-115.

Zeman, Peter (2008): Rahmenbedingungen für das Engagement der Älteren. In: Informationsdienst Altersfragen. 35 (2), S. 2-7.

Zeman, Peter (2010): Impulse im Schnittpunkt von Altenarbeit und Engagementförderung und regionale Entwicklungen von Zivilgesellschaft. In: Informationsdienst Altersfragen. 37 (2), S. 10-16.

Zeman, Peter/Kubisch, Sonja (2005): Erfahrungswissen und Verantwortung. Zur Rolle von *senior*-Trainer*innen* in ausgewählten Engagementbereichen. In: Braun, Joachim/Kubisch, Sonja/Zeman, Peter (Hrsg.): Erfahrungswissen und Verantwortung. Zur Rolle von *senior*Trainer*innen* in ausgewählten Engagementbereichen. Köln, S. 7-26.

Zirfas, Jörg (2013): Zur pädagogischen Anthropologie der Lebenserfahrung. Über den pädagogischen Umgang mit Glück und dem Unglück des menschlichen Daseins. In: Bilstein, Johannes/Peskoller, Helga (Hrsg.): Erfahrung – Erfahrungen. Wiesbaden, S. 217-235.

Richtlinien der Transkription[132]

L	Das „Häkchen" markiert den Beginn einer Überlappung bzw. den direkten Anschluss beim Sprecherwechsel.
(.)	Kurzes Absetzen, Zeiteinheiten bis knapp unter einer Sekunde
(3)	Anzahl der Sekunden, die eine Pause dauert. Ab 4 Sekunden Pause erfolgt die Notation in einer Extrazeile. Auf diese Weise wird beim Lesen des Transkripts das Schweigen allen an der Interaktion Beteiligten zugeordnet (dem Interviewer und den Interviewten gleichermaßen oder etwa der ganzen Gesprächsgruppe), was bei längeren Pausen meist dem Eindruck des Gehörten entspricht. Ein technischer Vorteil liegt darin, dass Verschiebungen durch Korrekturen nur bis zu diesen Pausen Veränderungen bei den Häkchen nach sich ziehen.
Nein	Betonung
Nein	Laut in Relation zur üblichen Lautstärke der Sprecherin/des Sprechers
°nee°	Sehr leise in Relation zur üblichen Lautstärke der Sprecherin/des Sprechers
.	Stark sinkende Intonation
;	Schwach sinkende Intonation
?	Deutliche Frageintonation
,	Schwach steigende Intonation
brau-	Abbruch eines Wortes. So wird deutlich, dass man hier nicht einfach etwas vergessen hat.
oh=nee	Zwei oder mehr Worte, die wie eines gesprochen werden (Wortverschleifung)
nei:n ja:::	Dehnung von Lauten. Die Häufigkeit der Doppelpunkte entspricht der Länge der Dehnung.
(doch)	Unsicherheit bei der Transkription und schwer verständliche Äußerungen
( )	Unverständliche Äußerungen. Die Länge der Klammer entspricht etwa der Dauer der unverständlichen Äußerungen.

---

132 Die Transkriptionsregeln entsprechen dem Transkriptionssystem TiQ (Talk in Qualitative Research) und sind wörtlich der Veröffentlichung von Przyborski/Wohlrab-Sahr (2014: 168ff. entnommen. Dort finden sich auch weitere Hinweise zur Groß- und Kleinschreibung, zur Zeilennummerierung sowie zur Maskierung, auf die wir an dieser Stelle verzichten, weil entsprechende Erläuterungen an verschiedenen Stellen der Studie eingefügt sind.

((hustet))	Kommentar bzw. Anmerkungen zu parasprachlichen, nichtverbalen oder gesprächsexternen Ereignissen. Soweit das möglich ist, entspricht die Länge der Klammer etwa der Dauer des lautlichen Phänomens.
@nein@	Lachend gesprochene Äußerungen
@(.)@	Kurzes Auflachen
@(3)@	Längeres Lachen mit Anzahl der Sekunden in Klammern
//mhm//	Hörersignale, „mhm" der Interviewerin werden ohne Häkchen im Text des Interviewten notiert, vor allem, wenn sie in einer minimalen Pause, die ein derartiges Hörerinnensignal geradezu erfordert, erfolgen.

The manufacturer's authorised representative in the EU is Springer
Nature Customer Service Centre GmbH, Europaplatz 3, 69115 Heidelberg,
Germany. If you have any concerns regarding our products, please
contact ProductSafety@springernature.com

Printed and bound by CPI Group (UK) Ltd, Croydon, CR0 4YY
27/04/2026
02097652-0006